高等职业教育教材

生态环境执法实务

张晓缝　主编

孟建兴　易　皓　副主编

熊　辉　主审

化学工业出版社

·北京·

内容简介

本书共六个模块：模块一是认知生态环境执法，包括生态环境执法的定义、特点和原则，生态环境执法队伍改革、建设，生态环境执法人员的行为规范；模块二是污染物排放量核算及排污口规范化设置，介绍了污染物排放量核算方法、燃料燃烧废气污染物排放量核算、排污口规范化设置的要求等；模块三是生态环境现场执法，结合典型案例介绍了生态环境现场执法程序、内容及证据的收集；模块四是生态环境执法专项法律制度执法检查，结合典型案例介绍了建设项目环境管理相关制度、排污许可制、限期淘汰制和突发环境事件应急制度执法检查要点；模块五是污染源及其防治设施执法检查，结合典型案例介绍水、声、气、固污染源及其防治设施执法检查要点；模块六是重点行业主要污染源执法要点，主要介绍了造纸、印染、电镀、制革、水泥、火电等行业执法要点。

本书充分体现了党的二十大精神进教材，贯彻生态文明思想，践行绿水青山就是金山银山的理念。推动绿色发展，促进人与自然和谐共生。规范环境执法全过程，增强社会责任、法律责任意识等，坚持用最严格制度、最严密法治保护生态环境。

本书为高等职业教育本科、高职高专环境管理专业教材和环境保护类相关专业的选修教材，也可作为全国生态环境保护综合行政执法大练兵培训教材。

图书在版编目（CIP）数据

生态环境执法实务/张晓缝主编 .—北京：化学工业出版社，2023.12

高等职业教育教材

ISBN 978-7-122-44256-7

Ⅰ.①生… Ⅱ.①张… Ⅲ.①生态环境-环境保护-行政执法-中国-高等职业教育-教材 Ⅳ.①D922.68

中国国家版本馆 CIP 数据核字（2023）第 186270 号

责任编辑：王文峡　　　　　　　　　文字编辑：刘　莎　师明远
责任校对：刘曦阳　　　　　　　　　装帧设计：韩　飞

出版发行：化学工业出版社（北京市东城区青年湖南街 13 号　邮政编码 100011）
印　　刷：北京云浩印刷有限责任公司
装　　订：三河市振勇印装有限公司
787mm×1092mm　1/16　印张 12　字数 264 千字　2024 年 1 月北京第 1 版第 1 次印刷

购书咨询：010-64518888　　　　　　　售后服务：010-64518899
网　　址：http://www.cip.com.cn
凡购买本书，如有缺损质量问题，本社销售中心负责调换。

定　价：39.00 元　　　　　　　　　　　　　　　　　　　　版权所有　违者必究

前　言

本书充分体现党的二十大精神进教材，贯彻生态文明思想，践行绿水青山就是金山银山的理念。推动绿色发展，促进人与自然和谐共生。规范环境执法全过程，增强社会责任、法律责任意识等，坚持用最严格制度、最严密法治保护生态环境。我国全面推进生态环境保护综合行政执法改革，推动生态环境执法工作融入主战场，开创了新局面。目前生态环境保护综合行政执法改革的"前半篇文章"基本到位，但在执法职责、执法方式、执法机制、基础能力等方面还存在一些长期困扰基层的问题，与改革要求相比存在一定差距，不能满足新发展阶段对生态环境执法工作的新要求。《"十四五"生态环境保护综合行政执法队伍建设规划》指出站在新的历史起点上，坚决落实党的二十大精神，持续加强执法队伍建设，着力提升政治能力、依法行政能力、业务能力、执行落实能力，担负起生态环境保护铁军主力军的历史重任。本书的编写就是为了配合生态环境保护综合行政执法改革的需求，为我国生态环境保护事业打造出一支懂专业、高效率的环保铁军。

本书将理论与实践相结合，可作为职业教育本科、高职高专院校环境管理专业的专业课教材和环境类其他专业的选修教材、全国生态环境保护综合行政执法大练兵培训教材。为了便于学生加深对课程内容的理解和提高实际应用能力，书中编入了相当数量的典型案例，学生可依托案例的学习，掌握生态环境现场执法的技能。

本教材由从事生态环境执法工作多年，具有一定现场执法检查和办案经验的基层执法人员和专业从事生态环境执法教学研究的老师及专家共同编写，由长沙环境保护职业技术学院张晓缝担任主编，甘肃省生态环境厅督察办公室孟建兴、生态环境部华南科学研究所易皓担任副主编。参加编写的还有郴州市生态环境局苏仙分局张俊，长沙环境保护职业技术学院杨婵、闫淑梅、张小红、王丹君、叶小兰，汕头职业技术学院曾晶樱，江苏城市学院沈宏，西南政法大学彭旻瑄。全书由张晓缝统稿，湖南省环境保护科学研究院熊辉主审。

本书在编写过程中，参考并引用了大量文献资料，在此向所有被引用参考文献的作者致以诚挚的敬意！

由于编者学识和经验有限，书中难免存在不足之处，敬请读者和同行批评指正。

编者

2023 年 6 月

目 录

模块一　认知生态环境执法　1

项目一　生态环境执法概述 ———————————————————— 1
一、环境管理与生态环境执法 ———————————————————— 2
二、生态环境执法的特点和原则 ———————————————————— 4

项目二　生态环境执法队伍 ———————————————————— 9
一、生态环境执法队伍的改革 ———————————————————— 9
二、生态环境执法队伍的建设 ———————————————————— 11
三、生态环境执法人员行为规范 ———————————————————— 16

模块二　污染物排放量核算及排污口规范化设置　20

项目一　污染物排放量核算 ———————————————————— 20
一、污染物排放量核算方法 ———————————————————— 21
二、燃料燃烧废气污染物排放量核算 ———————————————————— 27

项目二　排污口规范化设置 ———————————————————— 31
一、排污口与排污口规范化设置定义 ———————————————————— 31
二、排污口规范化设置管理 ———————————————————— 32
三、排污口规范化设置要求 ———————————————————— 33

模块三　生态环境现场执法　38

项目一　生态环境现场执法的内容 ———————————————————— 38
一、生态环境现场执法常规内容 ———————————————————— 38
二、生态环境现场执法的方法 ———————————————————— 40
三、生态环境现场执法证据的收集 ———————————————————— 40

项目二　生态环境现场执法程序 ———————————————————— 44
一、生态环境现场执法程序 ———————————————————— 44
二、典型案例 ———————————————————— 47

模块四　生态环境执法专项法律制度执法检查　　51

项目一　建设项目环境管理相关制度执法检查　　51
　　一、建设项目环境影响评价制度执法检查　　52
　　二、"三同时"制度执法检查　　54
　　三、典型案例　　55
项目二　排污许可制执法检查　　57
　　一、排污许可制执法要点　　57
　　二、违反排污许可制的法律责任　　59
　　三、典型案例　　60
项目三　限期淘汰与突发环境事件应急制度执法检查　　61
　　一、限期淘汰制度执法要点　　61
　　二、突发环境事件应急制度执法要点　　63
　　三、典型案例　　66

模块五　污染源及其防治设施执法检查　　68

项目一　认知污染源与污染源调查　　68
　　一、污染源与污染物　　69
　　二、污染源调查与评价　　69
项目二　水污染源及其处理设施的执法检查　　71
　　一、水污染源及水污染物　　71
　　二、污水处理方法与流程　　74
　　三、水污染源执法要点　　76
　　四、典型案例　　81
项目三　废气污染源及其污染物防治设施的执法检查　　82
　　一、大气污染源及大气污染物　　83
　　二、大气污染物控制技术　　85
　　三、大气污染源执法要点　　88
　　四、典型案例　　91
项目四　固体废物污染源的执法检查　　92
　　一、固体废物及危险废物　　93
　　二、固体废物的处理处置　　95
　　三、固体废物污染源执法要点　　96
　　四、典型案例　　99
项目五　噪声污染源执法检查　　100
　　一、噪声污染概况　　101
　　二、噪声污染的控制　　102

  三、噪声污染源执法要点 …… 103
  四、典型案例 …… 104

模块六　重点行业主要污染源执法要点　　107

项目一　造纸行业执法要点 …… 107
  一、行业概况 …… 107
  二、材料审查 …… 110
  三、现场勘查 …… 112
  四、技术核算 …… 120
  五、常见的违法行为认定 …… 124
  六、典型案例 …… 128

项目二　印染行业执法要点 …… 129
  一、行业概况 …… 130
  二、材料审查 …… 133
  三、现场勘查 …… 133
  四、技术核算 …… 135
  五、常见的违法行为认定 …… 137
  六、典型案例 …… 138

项目三　电镀行业执法要点 …… 139
  一、行业概况 …… 139
  二、材料审查 …… 142
  三、现场勘查 …… 143
  四、技术核算 …… 147
  五、常见的违法行为认定 …… 148
  六、典型案例 …… 148

项目四　制革行业执法要点 …… 149
  一、行业概况 …… 150
  二、材料审查 …… 151
  三、现场勘查 …… 152
  四、技术核算 …… 154
  五、常见的违法行为认定 …… 155
  六、典型案例 …… 156

项目五　水泥行业执法要点 …… 157
  一、行业概况 …… 157
  二、材料审查 …… 159
  三、现场勘查 …… 159
  四、技术核算 …… 162

五、常见的违法行为认定 …………………………………… 162
　　六、典型案例 ………………………………………………… 162
　项目六　火电行业执法要点 …………………………………… 164
　　一、行业概况 ………………………………………………… 164
　　二、材料审查 ………………………………………………… 169
　　三、现场勘查 ………………………………………………… 170
　　四、技术核算 ………………………………………………… 172
　　五、常见的违法行为认定 …………………………………… 179
　　六、典型案例 ………………………………………………… 179

附录　181

参考文献　183

二维码一览表

序号	名称	类型	页码
1	《中华人民共和国环境保护法》	PDF	181
2	《中华人民共和国水污染防治法》	PDF	181
3	《中华人民共和国大气污染防治法》	PDF	181
4	《中华人民共和国固体废物污染环境防治法》	PDF	181
5	《中华人民共和国噪声污染防治法》	PDF	181
6	《建设项目环境保护管理条例》	PDF	181
7	《中华人民共和国环境影响评价法》	PDF	181
8	《建设项目环境影响评价分类管理名录》	PDF	181
9	《排污许可管理条例》	PDF	182
10	《固定污染源排污许可分类管理名录》	PDF	182
11	《生态环境保护综合行政执法事项指导目录》	PDF	182
12	《突发环境事件应急管理办法》	PDF	182
13	《国家危险废物名录(2021年版)》	PDF	182

模块一

认知生态环境执法

● 项目一　生态环境执法概述 ●

知识目标

1. 掌握环境管理与生态环境执法的关系；
2. 掌握生态环境执法的定义及特点。

能力目标

1. 具备运用生态环境执法的特点来解决生态环境执法中特殊问题的能力；
2. 具备开展生态环境执法的能力。

素质目标

1. 培养公平公正、诚实守信的意识；
2. 培养独立思考、勇于创新的精神。

案例导入

2022年1月10日，某区生态环境局接到群众举报，在当地高新区的一家制药企业，竟然用改装车冒充洒水车公然在深夜里把高浓度的废水洒在马路上。生态环境保护综合行政执法大队执法人员于10日晚上11时许赶往现场，执法人员苦等4个多小时，终于把偷排废水的"洒水车"抓了个正着。执法人员在现场发现，这辆槽罐车车头的右下角有一根延伸出来的管道，这根管道正在排放黄色废水。槽罐车沿途经过的道路上，都有一条水痕，还伴随一股刺鼻的气味。随后，执法人员立即对废水进行采样。经过监测，槽罐车中的废水多项指标都超过了排放限值，监测结果严重超标。经调查发现，这些废水来自某生物医药科技有限公司。依据《中华人民共和国水污染防治法》第八十三条第（二）项之规定，并参照《某省生态环境行政处罚裁量基准》，该市生态环境局对该公司作出罚款伍拾叁万（530000）元处罚，同时对相关责任人按照相关程序移交公安行政拘留的行政处罚。

> **【任务】**（1）请根据案例叙述生态环境执法的特点及原则有哪些。
> （2）请问生态环境执法的手段有哪些？

一、环境管理与生态环境执法

（一）环境与环境问题

1. 环境

环境是人类生存和发展的物质基础。《中华人民共和国环境保护法》（简称环境法）所称环境，是指影响人类生存和发展的各种天然的和经过人工改造的自然因素的总体，包括大气、水、海洋、土地、矿藏、森林、草原、湿地、野生生物、自然遗迹、人文遗迹、自然保护区、风景名胜区、城市和乡村等。

2. 环境问题

环境问题是指由于人类活动作用于周围环境所引起的环境质量变化，以及这种变化对人类的生产、生活和健康造成的影响。人类在改造自然环境和创建社会环境的过程中，自然环境仍以其固有的自然规律变化着。社会环境受自然环境制约的同时，也以其固有的规律运动着。人类与环境不断地相互影响和作用，产生环境问题。

环境问题多种多样，归纳起来有两大类：一类是自然演变和自然灾害引起的原生环境问题，也叫第一环境问题，如地震、洪涝、干旱、台风、崩塌、滑坡、泥石流等；另一类是人类活动引起的次生环境问题，也叫第二环境问题。次生环境问题一般又分为环境污染和生态破坏两大类，如乱砍滥伐引起的森林植被的破坏、过度放牧引起的草原退化、大面积开垦草原引起的沙漠化和土地沙化、工业生产造成大气和水环境恶化等。

环境保护是指采取行政、经济、技术、法律等措施，保护和改善生活环境与生态环境，合理利用自然资源，防治污染和其他公害，使之更适合人类的生存和发展。

（二）环境管理

1. 环境管理定义

环境管理就是综合运用经济、技术、法律、行政、宣传教育等手段，调整人类与自然环境的关系，通过全面规划使社会经济发展与环境相协调，达到既满足人类生存和发展的基本需要，又不超出环境的容许极限，最终实现可持续发展的目的。

环境管理的核心是实现社会经济与环境的协调发展，涉及人类社会经济和生活的方方面面，既关系到人民群众现实的生活质量和身体健康，又关系到人类长远的生存与发展。

2. 环境管理的手段

环境管理的手段主要有法律手段、经济手段、技术手段、行政手段、宣传教育手段。

（1）**法律手段** 依法管理环境是防治污染、保障自然资源合理利用并维护生态平衡的重要措施。我国已形成了由国家宪法、环境法、与环境保护有关的相关法、环境保护单行法、环保法规、环境标准等组成的环境保护法律体系，成为管理环境的基本依据。

（2）经济手段　指运用经济杠杆、经济规律和市场经济理论，促进和诱导人们的生产、生活活动遵循环境保护和生态建设的基本要求。例如按日连续计罚，国家规定的环境保护税法、废物综合利用的经济优惠政策、污染损失赔偿、生态资源补偿等。

（3）技术手段　指借助那些既能提高生产率，又能把对环境的污染和对生态的破坏控制到最低限度的管理技术、生产技术、消费技术及先进的污染治理技术等，达到保护环境的目的。例如国家推广的环境保护最佳实用技术和清洁生产技术等。

（4）行政手段　指国家通过各级行政管理机关，根据国家的有关环境保护方针、政策、法律、法规和标准实施的环境管理措施。例如对污染严重而又难以治理的"15小"企业实行的关、停、取缔。

（5）宣传教育手段　指通过基础的、专业的和社会的环境宣传教育，不断提高环保人员的业务水平和社会公民的环境意识，使全民爱护环境，实现科学管理环境，提倡社会监督。例如各种专业环境教育、环保岗位培训、社会环境教育等。

环境管理的重要工作之一是抓好生态环境执法，这是环境管理得以有效实施的重要途径。

（三）生态环境执法

执法，有广义和狭义之分。广义的执法是指国家行政机关、司法机关及其公职人员依照法定的职权和程序，贯彻执行法律的活动，即广义的执法包括司法机关的司法活动和行政机关的行政执法活动。狭义的执法是指国家行政机关和法律法规授权的组织及其公职人员，依照法定的职权和程序，贯彻执行法律的活动。

环境执法是国家执法活动的一个组成部分，是指有关国家机关按照法定权限和程序将环境法律规范中抽象的权利义务变成环境主体具体的权利义务的过程，或者说是国家有关机关将环境法律规范适用于具体环境主体的过程。

环境执法根据执法机关的不同可分为环境行政执法和环境司法执法。环境行政执法即环境行政机关的执法，是指有关行政管理机关执行环境法律规范的活动，又可分为环境保护行政主管部门的执法和环境行政相关部门的执法。

基于以上所述，生态环境执法是指国家或者地方各级生态环境行政主管部门或者其他有生态环境保护职能的行政部门在各自法定的职权范围内，依照法定的程序，对单位和个人实施的对环境造成影响或者可能造成影响的事件以及行为进行行政管理的活动。生态环境执法是国家执法活动的一个重要组成部分。

生态环境执法包括对企业等社会主体履行环保社会责任的监督执法，还包括对履行公职的环保机构及人员依法履职情况的监督执法，即包括"督企"和"督政"。

二、生态环境执法的特点和原则

（一）生态环境执法的特点

生态环境执法的特点具有特殊性，这种特殊性，一方面具有环境法的特点，另一方面具有执法的特点，是环境法特点与执法特点的有机结合。掌握生态环境执法的特点，有利于有针对性地解决生态环境执法中的特殊问题，提高执法水平。生态环境执法主要有以下几个特点。

1. 生态环境执法具有多部门性

生态环境执法的多部门性是由环境法内容的综合性和保护范围的广泛性决定的。从事生态环境执法的部门除各级人民政府外，还包括县级以上各级人民政府的生态环境主管部门和多个相关部门。环境法的保护对象包括了人类赖以生存和发展的各种天然的和经过人工改造的自然因素如大气、水、海洋、土地、矿藏、森林、草原、野生生物、自然遗迹、人文遗迹、自然保护区、风景名胜区、城市和乡村等。众多的环境要素要求各有关部门分别负起保护和管理职责，相应地也就必然要赋予其生态环境执法的权力。同时，各环境要素在法律上又是作为一个整体加以保护的，那么各有关部门的环境管理及其执法也就需要统一协调，并对环境保护进行统一监督管理。因此，国家设立了进行统一生态环境执法的部门，从而形成了统一执法与分级、分部门执法相结合的生态环境执法体制。本书把这些从事生态环境执法的部门统称为生态环境执法机构。

2. 生态环境执法具有技术性

生态环境执法的技术性是由环境法的科学技术性特点决定的。首先表现在生态环境执法人员必须具有一定的环境科学技术知识。由于环境法包含许多技术性规范，这就要求生态环境执法人员不仅要全面掌握环境法律知识，而且还要掌握一定的环境科学技术知识，包括环境地理学、环境生物学、环境化学、环境物理学、环境医学、环境工学等知识。否则，生态环境执法人员就难以发现和认定生态环境违法行为，也难以正确地理解和运用环境法律规范。其次表现在生态环境执法必须借助一定的技术手段。环境破坏是否形成，环境是否受到污染，人身和财产是否受到损害，仅靠人的感觉往往是不够的，而必须通过环境监测、化验、试验，取得准确的数据资料，才能加以认定。因此，生态环境执法就必须具备一定的技术、设备、仪器，并按照科学技术方法进行监测、采样、化验，从而使生态环境执法具有一定的技术性。

3. 生态环境执法具有超前性

生态环境执法在许多情况下不是在环境污染或破坏事件发生之后进行，而是在环境污染或破坏事件发生之前进行。这是由环境法中以预防为主的原则决定的。因为环境污染和破坏一旦发生，往往难以消除和恢复，甚至具有不可逆转性，而且造成环境污染和破坏以后再进行治理，往往要耗费巨额资金，从经济上来说也是不合算的。所以，生态环境执法应当具有一定的超前性而足以防止环境污染和破坏行为的发生。事实上，我国的生态环境执法也确实具有一定的超前性，比如，对环境规划制度、环境影响评价制度、"三同时"制度、许可证制度的执行，都具有超前执法的性质。

（二）生态环境执法的原则

生态环境执法的原则，是生态环境执法机构执法时必须遵循的指导思想，贯穿生态环境执法的全过程，是具有约束力且必须普遍遵守的法律规范，是合法、适当行使环境行政管理权的法律保障。准确理解和把握生态环境执法的原则，对于依法行政，提高行政执法水平和效率，保障行政相对人的合法权益具有重要意义。

生态环境执法的原则主要概括为：法定原则；罚责相当原则；处罚与教育相结合原则；保障当事人权利原则；公平、公正、公开原则；效率性原则。

1. 法定原则

法定原则，是指生态环境执法机构必须严格依照环境法规定的依据、形式、程序，开展执法活动。这是依法行政对生态环境执法的基本要求和具体化，包含如下三层意思：

（1）法定的执法主体　生态环境执法必须是法定的生态环境行政主体，即享有生态环境执法权的生态环境执法机构，其职责必须由环境法律、法规或者规章明确规定。根据环境法的规定，具有行政执法主体资格的部门有：县级以上人民政府的生态环境保护行政主管部门；其他依照法律规定行使生态环境监督管理权的部门以及地方县级以上人民政府。未经环境法律、法规授权或者生态环境执法机构委托的任何组织和个人均不能擅自执法。

（2）法定的执法依据　执法的依据必须是环境法律、法规、规章明确规定的。例如，《中华人民共和国行政处罚法》在关于行政处罚设定权的规定上，明确规定只有环境法律、法规和规章才能在各自的权限范围内设定相应的行政处罚权，也就是说只有环境法律、法规及规章才能作为行政处罚的依据，除此之外其他的规范性文件一律不得设定行政处罚，不能作为环境行政处罚的依据，否则处罚无效。

（3）法定的执法程序　执法的程序必须是环境法律、法规、规章明确规定的。例如，行政处罚法规定了行政处罚的简易程序、一般程序、听证程序。生态环境执法机构实施行政处罚必须严格执行上述法定程序。

2. 罚责相当原则

在生态环境执法中对生态环境违法行为实施处罚时，必须根据生态环境违法行为的事实、性质、情节以及社会危害程度决定给予行政处罚的轻重程度，这就是罚责相当原则。该原则要求给予的行政处罚必须合法，要求给予的行政处罚必须适当。罚责相当原则包含以下三个方面的内容：

（1）生态环境行政处罚规范必须与生态环境行政责任规范相当　即首先要求立法部门在生态环境立法中设定行政处罚规范与义务性规范时必须前后呼应，相互配合，协调一致，既不能遗漏，也不能相互脱节，罚不当责。

（2）必须全面、准确认定违法事实，正确适用法律　这是对生态环境执法机构的要求。违法事实包括违法行为发生的时间、地点、侵害的对象、违法的手段、违法者的心理状态（故意或过失）、违法行为造成社会危害后果的大小以及违法者违法前后的表现等。这些客观与主观事实都需要全面收集、仔细分析、正确评判。在实践中只把污染和破坏环境造成损失的大小作为确认行政处罚轻重的主要或者唯一根据的做法是不可取的，这种做法忽略了行为人的过错形式。事实上在同样的损害结果情况下，故意要比过失造成的社会危害性更大。在一些场合，过失行为并不违法。

（3）行政处罚的轻重必须在法定形式与幅度之内　我国环境法针对不同的行政违法行为，设定了不同的处罚形式和处罚幅度。因此，生态环境执法机构在实施行政处罚时必须根据行为者的违法情节，正确认定违法事实和准确量罚，做到既合法适当，又利于控制污染，保护环境。

3. 处罚与教育相结合原则

处罚与教育相结合的原则，是指生态环境执法机构在实施行政处罚之前，首先要对行政相对人进行环境法治宣传，通过教育和帮助使其认识违法行为的危害，提高守法意识，在此基础上给予必要的处罚，同时不免除当事人防治和消除污染、排除危害和赔偿损失的责任以及法律、行政法规规定的其他责任，以达到制止和预防违法的目的。该项原则有两层含义：

（1）实施行政处罚必须以教育为先　实施行政处罚不是目的，更不是唯一的手段，实施行政处罚是为了纠正违法行为，教育行政相对人自觉守法。即通过"惩"已然违法行为，达到"戒"未然违法行为的目的，以保障生态环境执法机构有效地实施环境监督管理。

（2）教育必须以行政处罚为后盾　教育的特殊功能在于启发、感化和引导，但教育不是万能的，教育也不能代替行政处罚，教育必须借助行政处罚的强制手段才能发挥其最大功效。因此，对违法者进行环境法治教育和帮助的同时，给予必要的适当的行政处罚，二者必须兼顾，不可偏废，才能达到制止和预防违法的目的。

4. 保障当事人权利原则

保障当事人权利原则，是指生态环境执法机构执法时，在执法的整个过程中必须依法保障相对人的合法权益不受任何侵害。当事人依法享有如下权利：

（1）陈述、申辩权　陈述、申辩是当事人在生态环境执法中依法享有的最基本的权利。当事人通过行使这项权利，可以充分发表自己的意见，进一步了解生态环境执法机构作出处罚决定的事实、理由及依据，切实维护自身的合法权益；生态环境执法机构通过当事人的陈述和申辩，可以防止和避免处罚错误，以便提高行政处罚的质量和效率。

（2）听证权　听证是为加大行政处罚的透明度，保证行政处罚的公开、公正、公平，更好地接受行政相对人的监督而设置的当事人依法享有的一项重要权利。行政相对人在可能受到较重的处罚或者较高额罚款且符合法定条件时，可以要求生态环境执法机构举行听证会；反之，生态环境执法机构在实施较重的处罚或者较高额罚款时，必须告知行政相对人有要求听证的权利。当事人要求听证的，必须按照法定程序举行听证会。由于听证公开举行，可以当面辩论、质证，允许旁听，允许报道，对生态环境执法机构而言是一项有效的监督制约机制，因此，各级生态环境执法机构必须依法行政，保障当事人的听证权利。

（3）申请行政复议和提起行政诉讼权　行政复议和行政诉讼作为行政处罚最有效的救济途径，是行政相对人依法享有的一项最大、最重要的权利。行政复议和行政诉讼有严格的法定程序和时效，有保障行政相对人在复议、诉讼过程中与生态环境执法机构处于平等地位的各项制度规定，从而使这一监督和制约更加公正、有效，其范围更加广泛。因此，一方面，生态环境执法机构在作出行政处罚决定后，必须向行政相对人告知这一诉权；另一方面，行政相对人一旦申请复议或提起行政诉讼，生态环境执法机构必须严格按照法定程序和时效作出复议决定或积极应诉。

（4）行政赔偿请求权　行政赔偿是行政处罚的一种特殊救济方式。这里有两层意思，一是行政相对人对生态环境执法机构违法实施处罚造成其合法权益损害的，可以在法定期限内请求作出该处罚决定的生态环境执法机构给予赔偿。如果生态环境执法机构不予赔偿或者行政相对人对赔偿数额有异议的，可以在申请行政复议或提起行政诉讼时一并提出赔偿请求。二是生态环境执法机构发现自己违法实施行政处罚侵犯行政相对人合法权益造成损害时，应当主动给予赔偿或者根据当事人的请求（或者根据行政复议决定、法院判决）依法给予必要的赔偿。正确实施行政赔偿请求权，对于保障行政相对人的合法权益，促使生态环境执法机构依法行政，控制和减少职务违法行为具有十分重要的意义。

5. 公平、公正、公开原则

公平、公正、公开原则，是指生态环境执法机构执法时，必须做到客观、公平和有透明度。公正、公开原则的含义和要求如下：

（1）公平、公正原则　一是生态环境执法机构执法时必须以事实为根据，要查明违法事实，没有违法事实，不得给予处罚；二是执法必须以法律为准绳，处罚与违法行为的事实、情节、性质以及社会危害程度相符合，不得滥罚；三是与当事人有直接利害关系的生态环境执法人员应当回避；四是听证应当由生态环境执法机构指定的非本案调查人员主持；五是对情节复杂或者重大违法行为需要给予较重行政处罚的应当集体讨论决定。

（2）公开原则　一是生态环境执法所依据的环境法律、法规和规章必须正式公开，即凡是要求行政相对人遵守的，应当事先公布；二是对违法者依法给予行政处罚等处理必须要公开，即要公开程序。公开处罚程序要求生态环境执法机构及其执法人员实施行政处罚时必须做到如下几点：

① 告知当事人作出行政处罚决定的事实、理由及依据，并告知当事人依法享有的权利。值得注意的是，如果不告知，行政处罚决定不能成立。

② 充分听取当事人的意见。如果拒绝听取当事人的陈述或者申辩，行政处罚决定不能成立。

③ 符合法定条件且当事人要求听证的，应当组织听证。

④ 决定给予行政处罚的，应当制作行政处罚决定书（简易程序除外）。

⑤ 行政处罚决定书应当在宣布后当场交付当事人，当事人不在场时，应当依法送达。

（三）生态环境执法的手段

生态环境执法的手段也就是环境行政执法手段，是指环境行政执法机构的具体执法手段、方法、措施，包括环境行政处理决定、环境行政监督检查、环境行政合同、环境行政指导等。

1. 环境行政处理决定

环境行政处理决定是指生态环境执法机构依法针对特定对象所作的具体的、单方面的、能直接发生行政法律关系的决定。常见环境行政处理决定有实施强制性应急措施的决定、批准环境影响报告书（表）的决定、批准建设项目初步设计环境保护篇章的决定、批准颁发排污许可证的决定、环境行政处罚的决定等等。

2. 环境行政监督检查

环境行政监督检查是指生态环境执法机构为实现环境管理的职能，对相对人是否遵守环境保护法律法规和具体行政决定所进行的监督检查。即包括两种情况：一种是对相对人是否遵守环境法律法规所作的监督检查；另一种是对相对人是否执行环境行政处理决定和环境行政处罚决定所作的监督检查。环境行政监督作为一种管理职能是普遍存在的，不仅包括针对经济行为主体的环境监督，而且还包括对各类经济行为主体行政主管部门的环境监督——行政主体监督；不仅包括对生产行为的环境监督——污染防治监督，还包括对资源开发行为的环境监督——生态保护监督；不仅包括对执法主体的环境监督——内部监督，还包括对执法客体的监督——外部监督等。

环境行政监督检查既是一项生态环境执法手段，又是生态环境执法的一个重要步骤，与其他生态环境执法手段有着密切的联系。

3. 环境行政合同

环境行政合同是指生态环境行政主体为行使行政职权，实现特定的生态环境行政目标，与公民、法人或其他组织经协商一致所达成的协议，如生态环境部门与排污单位签订的环境保护目标责任书。环境行政合同是生态环境行政主体行使职权和相对方积极参与相结合的一种法律形式。

环境行政合同是一种灵活的行政方式，是双方意思表示一致与保留环境行政主体一定特权的有机统一体，在环境行政领域发挥着日益重要的作用。

4. 环境行政指导

环境行政指导是指生态环境执法机构在其职责范围内，为实现一定的行政目的而采取的符合法律精神、原则、规则或政策的指导、劝告、建议等，不具有国家强制力的行为。

环境行政指导虽是一种非权力手段，但它是环境行政主体依据其法定职权实施的行为，所以借助于其主体的优势性，环境行政指导可以发挥重要作用。

环境行政指导具体采用什么样的执法方式是由环境行政执法的内容决定的，并为履行环境行政执法的内容服务。这些执法方式并不是各自独立、互不关联的，相反，它们之间的联系相当紧密。

项目二　生态环境执法队伍

知识目标

1. 掌握生态环境执法队伍建设的相关情况；
2. 掌握生态环境执法人员行为规范。

能力目标

1. 具备建设生态环境执法队伍的能力；
2. 具备作为生态环境执法人员最基本的能力。

素质目标

1. 培养公平、正义的工作作风；
2. 培养勇于创新、与时俱进的精神。

案例导入

2023 年 3 月 8 日，A 市生态环境局某分局执法人员对某环保科技有限公司进行现场检查发现，该企业在微过滤器和沉淀池之间私设暗管，污水经过微过滤器后通过暗管绕过沉淀池直接排放；微过滤器和沉淀池之间主排水管道上私设自来水管道，自来水通过私设管道进入沉淀池稀释污水浓度后排放。

该公司私设暗管的行为违反了《中华人民共和国水污染防治法》第三十九条的规定。依据《中华人民共和国水污染防治法》第八十三条第（三）项之规定，参照《某省生态环境行政处罚裁量基准》，A 市生态环境局对该公司作出罚款柒拾叁万（730000）元处罚。该公司通过稀释排放干扰自动监测设施的行为，符合《最高人民法院、最高人民检察院关于办理环境污染刑事案件适用法律若干问题的解释》第一条第七项规定的"严重污染环境"情形，该分局将案件移交公安机关调查处理。

【任务】请以组为单位讨论并演示生态环境执法人员在上述案例执法过程中要注意的行为规范。

一、生态环境执法队伍的改革

2018 年，中共中央办公厅、国务院办公厅印发了《关于深化生态环境保护综合行政执法改革的指导意见》（以下简称为《指导意见》）的通知。《指导意见》指出整合生态环境保护领域执法职责和队伍，整合环境保护和国土、农业、水利、海洋等部门相关污染防治和生态保护执法职责，到 2020 年基本建立职责明确、边界清晰、行为规范、保障有力、运转高效、充满活力的生态环境保护综合行政执法体制，基本形成与生态环境保护事业相适应的行政执法职能体系。

根据原相关部门工作职责，将环境保护部门污染防治、生态保护、核与辐射安全等方面的执法权，海洋部门海洋、海岛污染防治和生态保护等方面的执法权，国土部门地下水污染防治执法权和对因开发土地、矿藏等造成生态破坏的执法权，农业部门农业面源污染防治执法权，水利部门流域水生态环境保护执法权，林业部门对自然保护地内进行非法开矿、修路、筑坝、建设造成生态破坏的执法权整合，建立生态环境综合行政执法队伍（支队或大队）。

生态环境综合行政执法队伍以本级生态环境部门的名义，依法统一行使污染防治、生态保护、核与辐射安全的行政处罚权以及与行政处罚相关的行政检查、行政强制权等执法职能。除法律法规另有规定外，相关部门不再行使上述行政处罚权和行政强制权。

1. 生态环境综合行政执法队伍设置

依法合规设置执法机构，除直辖市外，县（市、区、旗）执法队伍在整合相关部门人员后，随同级生态环境部门并上收到设区的市，由设区的市生态环境局统一管理、统一指挥。县级生态环境分局一般实行"局队合一"体制，地方可根据实际情况探索具体落实形式，压实县级生态环境分局履行行政执法职责和加强执法队伍建设的责任，改变重审批轻监管的行政管理方式，把更多行政资源从事前审批转到加强事中事后监管上来。实行"局队合一"后，县级生态环境部门要强化行政执法职能，将人员编制向执法岗位倾斜，同时通过完善内部执法流程，解决一线执法效率问题。

推进人财物等资源向基层下沉，增强市县级执法力量，配齐配强执法队伍，强化属地执法。乡镇（街道）要落实生态环境保护职责，明确承担生态环境保护责任的机构和人员，确保责有人负、事有人干。开发区的生态环境保护综合行政执法体制由各省、自治区、直辖市确定。

根据污染防治和生态保护需要，建立健全区域协作机制，推行跨区域跨流域环境污染联防联控，加强联合监测、联合执法、交叉执法。鼓励市级党委和政府在全市域范围内按照生态环境系统完整性实施统筹管理，统一规划、统一标准、统一环评、统一监测、统一执法，整合设置跨市辖区的生态环境保护执法和生态环境监测机构。

2. 生态环境执法职能配置

生态环境综合行政执法队伍主要职能是依法查处生态环境违法行为，依法开展污染防治、生态保护、核与辐射安全等方面的日常监督检查。

生态环境部门负责监督管理污染防治、生态保护、核与辐射安全，统一负责生态环境保护执法工作，支持生态环境保护综合行政执法队伍实施行政执法。自然资源、林业草原、水利等行业管理部门负责资源开发利用的监督管理、生态保护和修复，应当依法履行生态环境保护"一岗双责"，积极支持生态环境综合行政执法队伍依法履行执法职责。在日常监督管理中，行业管理部门发现环境污染和生态破坏行为的，应当及时将案件线索移交生态环境综合行政执法队伍，由其依法立案查处。

3. 生态环境执法层次明确

按照属地管理、重心下移的原则，减少执法层级，合理划分各级生态环境综合行政执法队伍的执法职责。省、自治区生态环境部门应强化统筹协调和监督指导职责，主要负责监督指导、重大案件查处和跨区域执法的组织协调工作，原则上不设执法队伍，已设立的执法队伍要进行有效整合、统筹安排，现有事业性质执法队伍逐步清理消化。省级生态环境部门负责省级执法事项和重大违法案件调查处理，加强对市县生态环境综合行政执法队伍的业务指导、组织协调和稽查考核。监督指导市县生态环境综合行政执法队伍建设，制定执法标准规范，开展执法稽查和培训。

执法事项主要由市、县两级生态环境综合行政执法队伍承担，设区的市生态环境综合行政执法队伍还应承担所辖区域内执法业务指导、组织协调和考核评价等职能。按照设区的市与市辖区原则上只设一个执法层级的要求，副省级城市、省辖市整合市区两级生态环境综合行政执法队伍，原则上组建市级生态环境综合行政执法队伍。对于有特殊执法需要的区或偏远的区，可设置派出机构。

二、生态环境执法队伍的建设

目前全国生态环境综合行政执法队伍人数占生态环境系统总人数 30% 以上，是生态环境保护铁军中的主力军。加强执法队伍建设是打造生态环境保护铁军的重要举措，是深化生态环境保护综合行政执法改革的具体要求。

（一）建设现状

"十三五"时期，各级生态环境执法队伍全面推进生态环境保护综合行政执法改革，推动生态环境执法工作融入主战场，开创了新局面。

1. 构建生态环境监督执法体系迈上新台阶

协同推进生态环境保护综合行政执法与环保垂直管理改革，推动生态环境执法队伍正式列入国家综合行政执法序列，整合组建生态环境保护综合行政执法队伍，发布《生态环境保护综合行政执法事项指导目录（2020年版）》，初步建立权责明确、边界清晰的生态环境保护综合行政执法体制。

2. 推动生态环境法律法规落地见效取得新成绩

全国实施环境行政处罚案件 83.3 万件，罚款金额 536.1 亿元，分别较"十二五"期间增长 1.4 倍和 3.1 倍。联合公安部、最高检印发《环境保护行政执法与刑事司法衔接工作办法》，组织开展严厉打击危险废物环境违法犯罪行为活动，畅通"两法"衔接，切实形成执法合力。

3. 打好污染防治攻坚战标志性战役收获新成效

持续开展大气重点区域监督帮扶，累计检查企业（点位）210 万个，帮助地方发现问题 27.2 万个，推动完成 6.2 万家涉气"散乱污"企业清理整顿；持续开展集中式饮用水水源地环境保护专项行动，完成全国 2804 个水源地 10363 个问题整治，累计取缔涉及水源保护区的违法排污口 6402 个，搬迁治理工业企业 1531 家；强力推进垃圾焚烧整治、"清废行动"及"洋垃圾专项行动"，推动 556 家垃圾焚烧发电厂、1302 台焚烧炉实现"装、输、联"，基本实现稳定达标排放。

4. 推进生态环境综合行政执法队伍建设取得新进步

生态环境综合行政执法队伍统一着装取得突破，连续 5 年开展"全年、全员、全过程"执法大练兵活动，培训人员近 12 万人次，实现执法人员岗位培训"全覆盖"，建成以移动执法系统为基础的生态环境监管执法平台，整合收录 130 万家污染源和 4.3 万名执法人员基础信息，初步实现执法工作和执法人员数字化管理。

（二）存在的问题

生态环境执法队伍正式列入国家综合行政执法序列并实现统一着装，但目前执法队伍仍面临一些问题亟须系统性解决。

1. 体制机制尚不健全

目前生态环境保护综合行政执法改革的"前半篇文章"基本到位，但在执法职责、执法方式、执法机制、队伍管理等方面，存在一些长期困扰基层的体制机制问题，排污许可执法监管机制需进一步完善，与改革要求相比存在一定差距，不能满足新发展阶段对生态环境执法工作的新要求。

2. 基础能力依然薄弱

全国执法队伍职业化、专业化水平偏低，从事一线执法的专业人才空缺，力量明显不足。全国用于执法的车辆，数量少且多为老旧车。用于细颗粒物（$PM_{2.5}$）与臭氧（O_3）协同治理、应对气候变化等执法新领域的辅助执法仪器配备不够，现代化的执法装备匮乏。

3. 现代化水平亟待提高

全国移动执法系统应用覆盖率和规范性需进一步提高，执法信息数据整合需进一步加强。大数据分析应用于执法工作的机制、渠道亟待完善。发现违法问题手段不足。企业守法意识不强，部分企业以更加隐蔽的方式违法排污、逃避监管，日常执法手段难以发现环境违法问题，借助"高科技"技术手段发现环境违法问题的能力亟须加强。

4. 基础研究能力支撑不够

生态环境保护综合行政执法基础性的技术支撑体系亟待加强，海洋生态环境、应对气候变化、农业农村、新污染物治理及生态保护等新领域执法问题研究不深入、不系统。

（三）建设规划

《"十四五"生态环境保护综合行政执法队伍建设规划》指出规划的总体目标为：到 2025 年，生态环境保护综合行政执法队伍建设取得重大进展，基本实现与新时期生态环境执法工作任务相匹配，生态环境执法效能大幅提升，构建企业持证排污、政府依法监督、社会共同监督的生态环境执法监管新格局，建成机构规范化、装备现代化、队伍专业化、管理制度化的综合行政执法队伍。

1. 开展机构规范化建设

（1）完善执法机构管理　积极推动出台相关政策，进一步明确生态环境保护综合行政执法机构的职责定位、运行机制等。省级生态环境部门进一步理顺与统筹内设执法机构职责和执法事项，规范运行机制。推进生态环境执法权限和力量向市县下移，县级生态环境分局探索"局队站合一"运行方式，将承担执法监测任务的监测人员逐步纳入生态环境保护综合行政执法体系。

（2）规范综合行政执法职能　生态环境部门与自然资源、农业农村、水利、林草等相关行业主管部门建立完善执法信息移交、反馈机制。加强与已划转生态环境保护综合行政执法事项相关主管部门的沟通协作，厘清源头防范、过程监管、末端执法的职责边界，建立健全部门间无缝衔接的监管机制。行业主管部门发现污染防治和生态保护方面违法行为，及时将案件线索移交生态环境部门，生态环境部门接到线索后，按照职责依法立案查处。

（3）建设规范化试点单位　省级生态环境部门大胆探索、积极创新，从工作流程、人员管理、装备配备、信息化建设、执法效能等方面开展机构规范化试点单位建设，充分发挥试点引领作用。到 2025 年，建成一批市县执法机构规范化试点单位。

2. 加强装备现代化建设

（1）推动执法装备标准化建设　地方按照国家有关规定积极推进执法用车和执法装备配备，建立完善执法装备使用台账和日常维护与管理制度。重点地区和重点流域可根据实际需求，积极装备特种专业技术用车、热成像夜视仪、探地雷达、移动源执法监测设备、ODS 快速检测设备、便携式噪声自动监测设备、便携式恶臭监测设备及便携式辐射监测设备等。加快补齐海洋生态环境、应对气候变化、土壤、农业农村、新污染物治理、生态保护、应急处置及核与辐射安全监管等领域执法装备不足的短板。

（2）加强新技术新装备应用　积极推动新技术、新装备在大气监督帮扶等重点执法工作中的应用。加强卫星遥感技术在优化饮用水水源地监管方式、支持自然保护地执法、重点时段露天焚烧监控、排查重点流域沿岸非法倾倒、堆放的固体废物及污染地块违规开发等方面的应用。通过视频监控技术加强危废出入库和运输车辆管理。加大无人机、无人船及走航车的应用，进一步拓展日常执法检查手段。

3. 推动队伍专业化建设

（1）加强队伍思想政治建设　继续加强思想政治理论学习，弘扬"支部建在连上"光荣传统，坚持党建工作和执法工作一起谋划、一起部署、一起落实、一起检查，全力打造组织、凝聚、服务党员干部的"战斗堡垒"和"前沿阵地"。持续加强党风廉政建设，建立执法人员廉洁守纪承诺制度，规范执法人员行为，加大以案为鉴警示教育作用，促进执法人员自觉接受社会监督和纪检监察监督，推动全面从严治党向纵深发展。

（2）建立人员资格管理制度　加强执法人员行政执法资格管理，加强专业培训，严格考试管理，建立动态管理制度。严格新招录人员准入门槛，不断提高执法人员学历水平。设区的市级综合行政执法机构应争取配备 1 名取得国家统一法律职业资格的执法人员。

（3）构建执法岗位培训体系　建立国家、省两级执法培训体系，制定全国统一的分类培训大纲和考试大纲，编制培训教材及考试题库。实行全员轮训制度，到 2025 年实现全国生态环境保护综合行政执法人员岗位培训全部轮训一遍，在完成政治理论教育和党性教育学时的基础上，确保每人每年接受不少于 60 学时的专业知识和法律法规培训。实施"百千万"执法人才培养工程，到 2025 年培养 100 名优秀执法培训教师，1000 名执法领军人才，10000 名执法骨干人员。完善继续教育等政策措施，支持执法人员参加脱岗培训。建立执法与监测联合培训制度，将现场监测等内容纳入执法培训计划，探索实行纳入执法体系的监测人员持有执法证、执法人员持有现场监测上岗证。

（4）持续开展大练兵活动　按照"全年、全员、全过程"要求持续开展执法大练兵活动。聚焦重点行业，充分利用现代科技手段开展现场实战练兵。组织开展常态化知识竞赛、案卷评查等工作，全面提升执法队伍综合业务素质。

（5）建设执法实战实训基地　国家、省两级生态环境部门分别组织实战培训，建设一批环境要素及行业特色突出、可情景模拟、能使用辅助执法装备的实战实训基地。

4. 推进管理制度化建设

（1）健全执法监管机制　将排污许可执法工作全面纳入"双随机、一公开"监管制度，推行以排污许可证载明事项为重点的清单式执法检查，建立发现问题、督促整改、问题销号的排污许可执法监管机制。推行行政执法公示制度，落实执法全过程记录制度，规范行政处罚自由裁量权，逐步实现裁量电子化，严格约束行政执法行为。推动差异化执法监管，深入实施正面清单制度。

（2）建立执法联动协作机制　建立完善多要素、跨领域的生态环境保护综合行政执法检查机制，完善区域交叉检查制度，调用行政区域内执法力量，统筹对生态环境保护各项要素综合行政执法。建立案情重大、影响恶劣及后果严重的生态环境违法案件的专案查办制度。完善典型执法案例指导制度，完善生态环境部门与公安、检察院、法院的联动协作机制，加大环境污染犯罪打击力度。健全执法监测工作机制，鼓励有资质、能力强、信用好的社会环境监测机构参与辅助性执法监测工作。

（3）全面开展执法稽查检查　建立健全国家、省两级执法稽查工作机制，加强对现场执法规范性、执法案卷质量、移动执法系统建设使用、行政执法"三项制度"执行情况、着装规范等方面稽查，每年至少开展 1 次执法稽查检查。

（4）建立完善队伍保障机制　建立领导干部违法违规干预生态环境保护执法活动、插手具体案件查处工作登记报告制度，实行干预留痕和报告。建立容错纠错机制，制定容错的正面清单与纠错的对策清单，切实保护履职尽责、担当作为的执法人员。鼓励探索通过购买人身意外伤害保险提高职业伤害保障水平。按照国家有关规定落实相关表彰奖励政策，激励广大执法人员干事创业。

5. 强化执法信息化建设

（1）构建执法信息化管理体系　建立以移动执法系统为核心的执法信息化管理体

系,到 2022 年底全国移动执法系统建设和应用已实现全覆盖,实现省、市、县执法活动全流程、全要素留痕。制定《生态环境移动执法系统建设应用指南》,规范移动执法系统建设及执法终端在执法检查中的应用。鼓励升级改造移动执法系统,进一步拓展移动执法系统功能,实现指挥调度、执法检查、案件办理、稽查考核一体化,推动环境行政处罚全链条电子化管理。加强卫星遥感、热点网格等技术手段的应用,逐步构建形成空地协同立体化监督帮扶体系,快速、精准地发现违法问题,支持现场执法帮扶工作。

(2) 整合完善执法监管信息平台 按照《国家"互联网+监管"系统监管数据标准》,加快整合生态环境部环境监察信息管理系统、重点污染源自动监控与基础数据库系统及环境监管执法平台等系统,组建统一的生态环境执法信息综合展示平台,实现实时展示全国执法人员、在线监测数据、垃圾焚烧发电监管、京津冀高架源和污水处理厂等信息。积极推动移动执法系统和全国排污许可证信息管理平台对接,运用排污许可数据全面支撑执法监督活动,探索利用大数据分析、研判技术,实现违法问题自动识别、预警。

(3) 整合完善污染源监控中心 整合完善国家、省、市三级生态环境部门 366 个监控中心,不断提升监控质量和效果,支撑国家层面和指导地方对重点污染源的监管执法。建立健全国家污染源在线监控中心工作机制,保障国家、省、市污染源监控中心和全国重点排污单位自动监控体系稳定联网运行,积极推动将在线监测数据作为执法依据。鼓励与用电、用水、用能数据以及商业信用、税务信用等数据互联互通。

(4) 完善自动监控执法体系 提升排污单位自动监控水平,督促重点排污单位安装 VOCs、总磷、总氮、重金属等特征污染物自动监测设备,实现重点排污单位自动监测设备安装联网全覆盖。鼓励具备条件的噪声重点排污单位按照国家规定,安装噪声自动监测设备,与生态环境主管部门的监控设备联网。推动自动监控系统运行监管和信息公开,提高监控质量,打击数据造假。修订完善《污染源自动监控管理办法》《污染源自动监控设施现场监督检查管理办法》。开展火电、水泥和造纸行业污染物排放自动监测数据标记和电子督办试点工作,将"自动监测数据自主标记+电子督办"的执法方式拓展应用到其他行业。研究制定医疗废物、危险废物焚烧行业的自动监测数据标记规则。

6. 营造良好执法环境

(1) 完善普法长效机制 制定生态环境执法普法工作指引,执法和普法相结合,实现执法办案全员普法、全程普法。利用面对面陈述申辩、听证等程序,加强对行政相对人的普法。以说理性文书为突破,推行全程说理式执法。定期对中小企业开展普法培训,增强守法意识,促进企业自觉守法。制定普法宣传手册,与企业集团、行业协会联合举办环境守法培训,持续开展"送法入企"活动,向企业赠送环保法律法规学习读本等宣传资料。鼓励企业负责人带头讲法,将环境法治作为企业入职人员的培训内容,促进企业增强环保、法律意识。支持企业通过线上渠道反馈自证守法、问题整改、信用维护等信息。

(2) 畅通公众参与渠道 畅通和规范社会工作者、志愿者等参与生态环境普法途径。加强环境普法讲师团建设,充分发挥环境法务工作者、法学教师的作用。充分发挥微信微博公众号、"学习强国"等平台优势，宣传新的环境法律法规及政策。建设全国统一的环境法律法规库，免费向公众开放。完善生态环境典型案例发布制度，加强案例宣传，扩展案例应用。

（3）完善举报投诉机制　充分利用各种投诉举报渠道，加强环境污染问题信息搜集，强化媒体与行政监管部门问题线索信息互通，建立完善环境舆情的搜索、监控、调处和回应制度。完善举报奖励制度，明确获奖条件，细化奖励标准，积极探索互联网支付新模式，简化发放流程，丰富奖励形式。

7. 提升基础研究能力

（1）构建执法技术支撑体系　国家层面继续加强以生态环境部环境工程评估中心为重点的生态环境保护综合行政执法技术支撑能力建设，鼓励有条件的地区加强与科研院所、高校等机构合作，构建"上下联动、点面结合"的执法基础研究技术支撑体系。鼓励支持生态环境损害鉴定评估机构建设。加强执法专家智库建设，邀请专家、律师参与重大复杂案件办理，提供专业技术支持。

（2）加强执法难点问题研究　加快生态环境保护综合行政执法体制机制、重点领域综合行政执法新技术、新装备、新方法的运用及排污许可执法监管机制等方面研究，出台重点行业排污许可证执法手册或要点，研究制定新技术、新装备使用规范。

（3）组织开展执法效能评估　建立完善效能评估办法，开展生态环境保护综合行政执法事项指导目录和生态环境行政处罚执行情况评估。开展污染防治攻坚战、区域交叉检查、常规执法等效能评估，提出优化完善建议。

三、生态环境执法人员行为规范

（一）一般规范

1. 严格执法

依法行政，坚持有法必依、执法必严、违法必究，不得包庇、纵容、袒护环境违法行为。

2. 规范执法

熟悉掌握执法依据、执法流程，按照法定的权限、时限和程序履行职责，服从和执行上级依法作出的决定和命令。

3. 公正执法

坚持以事实为依据、以法律为准绳。程序公正与实体公正相统一，程序优先，不得滥用自由裁量权。

4. 文明执法

不断提升执法素养和执法水平，尊重和保护当事人的陈述、申辩、听证等合法权利，保守当事人的商业秘密，不得粗暴执法。

5. 廉洁执法

严格遵守廉政规定，做到：不得收受当事人的礼品、礼金、有价证券和报销应由个人支付的费用；不得接受当事人的宴请、参加其邀请的娱乐活动和营销活动；不得胁迫当事人、向其索要钱物、推销环保商品和服务、干预和承揽环保工程以及其他谋取私利行为。

（二）执法人员现场执法行为规范示例

（1）生态环境行政执法人员执行公务时，应当用语规范、准确、文明，语音清晰，语速适中。

（2）表明身份时，使用问候语，出示执法证件，并清楚地告知对方执法主体的名称。例如：

你好！我们是××市生态环境局（××分局）的执法人员，这是我们的行政执法证件，请过目。

（3）检查行政相对人时，清楚明了地告知检查事项和检查依据。例如：根据××××的工作计划（双随机抽查、举报或投诉等），我们依法在这里进行××××（检查事项）检查，请你配合。

（4）要求出示有关证照时，清楚简洁地告知所要检查的证照名称。例如：请出示你的××××证照（证照完整名称）。

（5）勘验（检查）现场时，明确告知现场勘验（检查）的事项。例如：根据《×××》（法律、法规、规章完整名称），我们正在进行现场勘验（检查），请你协助。

（6）要求提供有关资料时，清楚地告知所依据的法律、法规、规章及所要检查的资料的名称。例如：根据《××××××》（法律、法规、规章完整名称），请提供××××（资料名称），按规定，对涉及有关的秘密信息，我们有义务为你保守有关秘密。

（7）调查取证时，准确无误地告知调查取证的事项、依据，以及行政相对人依法享有的权利、应当履行的义务。涉及案件定性的问题，凡未经查证属实，不得向行政相对人发表结论性意见。例如：

① 现在向你询问有关问题，我们依法对询问情况制作笔录，请如实回答。如果你不如实回答，你将承担相应的法律责任。

② 根据法律规定，我们现在进行录音（或录像）取证，请如实回答。若你不如实回答，你将承担相应的法律责任。

③ 根据法律规定，现对××××进行抽样取证，请你配合。这是抽样清单，请你签字确认。

④ 由于××××（证据名称）可能灭失（以后难以取得），根据《中华人民共和国行政处罚法》的规定，经本单位负责人批准，我们现在需要对××××采取证据登记保存措施，并将在7日内及时作出处理决定。在此期间，你不得销毁或者转移××××（证据名称）。你（单位）负有保管责任，如证据灭失或转移，将承担法律责任。这是证据登记保存清单，请你核对。如果没有异议，请你在此处签署姓名和时间。

（8）制作笔录后，要将笔录交行政相对人阅读，要求行政相对人核对笔录，并清楚地告知行政相对人应当在笔录上签署的具体内容。如遇到行政相对人有不识字或其他阅读障碍时，应该当场将笔录内容向行政相对人宣读。例如：这是我们制作的××笔录，请你仔细核对笔录内容，如果你认为笔录不全或者有错误，可以要求补正。如果没有异议请你在此处写明"以上笔录无误"，并请写清你的姓名和时间（无书写能力的，由行政相对人按手印）。

（9）在调查取证时，如遇到行政相对人拒绝在有关行政执法文书上签字，应当简单明了地告知拒绝签字的后果。例如：请你再次考虑是否签字。如果你拒绝签字，我们将记录在案，依法处理。

（10）行政执法检查等完毕时，应向对方的配合表示感谢，例如：谢谢你的配合，再见！耽误你的时间了！

（11）在作出行政处罚决定前，适用简易程序实施行政处罚时，应当向行政相对人准确无误地告知违法事实、处罚理由、依据、种类、幅度以及依法享有的权利。

例如：经调查，你（单位）的××××行为，违反了《××××》（法律、法规、规章的名称）第××条（第××款第××项）的规定，有×××× （证据名称）证据证实，请你主动停止违法行为。根据《××××》（法律、法规、规章的名称）第××条（第××款第××项）的规定，拟给予×××× （处罚种类和幅度）。

你（单位）对以上处罚意见有陈述、申辩的权利。如果你对以上事实、依据和处罚意见有不同看法，可以进行陈述、申辩。

（12）适用一般程序进行行政处罚时，要向行政相对人出示（送达）《行政处罚告知书》，除准确无误地告知违法事实、处罚理由、依据、种类、幅度，还应当告知依法享有的权利。例如：这是《行政处罚告知书》，请你认真阅看，并在此处写清你的姓名和时间。根据《中华人民共和国行政处罚法》的规定，你享有陈述、申辩权利，你是否要行使这些权利？

如果符合听证条件的，应当告知当事人听证权，例如：根据《中华人民共和国行政处罚法》的规定，你有听证的权利，你是否要求听证？

（13）对行政相对人的陈述、申辩意见进行复核时，要告知当事人是否采纳的理由和依据。

例如：经过复核，我们认为你在陈述、申辩时提出的事实、理由或证据成立，决定予以采纳。经过复核，我们认为你在陈述、申辩时提出的事实、理由或证据不成立，决定不予采纳。

（14）宣告行政处罚决定书时，应向行政相对人告知违法行为事实、理由、处罚依据，依法享有的权利。

例如：经查实，你（单位）有××××行为，违反了《××××》（法律、法规、规章的完整名称）第××条（第××款第××项）的规定，根据《××××》（法律、法规、规章的完整名称）第××条（第××款第××项）的规定。××市生态环境局现作出×××× （行政处罚决定书编号），决定对你（单位）处以×××× （行政处罚的种类和数额）。

（15）告知救济权利时，准确无误地告知行政相对人行使救济权利的具体方式、期限和途径，以及行政复议机关的具体名称。

例如：如果你（单位）不服《行政处罚决定书》中的行政处罚决定，可以在知道作出行政处罚决定之日起六十日内向××人民政府申请行政复议；或者在知道作出行政处罚决定之日起六个月内向××人民法院提起行政诉讼。行政复议、诉讼期间不停止行政处罚的执行。

（16）当场将《行政处罚决定书》交付当事人时，应当告知当事人在《送达回证》上签字。

例如：这是《行政处罚决定书》，请你确认签收。

（17）行政相对人拒绝签收《行政处罚告知书》《行政处罚决定书》等文书时，要明确告知拒绝签字的后果。例如：由于你拒绝签收《行政处罚决定书》，我们将按照有关规定留置送达，并将有关情况记录在案。

（18）依法向银行缴纳罚款的，要明确告知行政相对人缴纳罚款的地点和期限。

例如：依据《中华人民共和国××××××法》第×××条，以及《××省生态环境行政处罚裁量基准规定》的规定：我局决定对你（单位）处以××万元罚款，并通过《××省统一行政处罚办案系统》平台出具行政处罚决定书一份送达你（单位）。请你（单位）限于接到本处罚决定书之日起 15 日内缴至指定银行和账号（收款银行：××××××××××户名：××××××××××××账号：××××××××××××）。

（19）行政相对人拒绝缴纳罚款的，要告知法律后果。

例如：如果你拒绝缴纳罚款，根据《中华人民共和国行政处罚法》第五十一条的规定，每日将按罚款数额的 3% 加处罚款，并采取必要的方式强制执行。

（20）当对方妨碍公务时，警告对方不得妨碍公务，并告知法律后果。

例如：请保持冷静！我们是××市生态环境局（××分局）的执法人员，正在依法执行公务。妨碍执行公务是违法的，将会受到法律制裁。请大家配合。

 习题

1. 简要叙述环境管理与生态环境执法的关系。
2. 请问生态环境执法的原则和手段有哪些？
3. 简要叙述生态环境执法队伍的建设规划。
4. 请问生态环境执法人员的行为规范有哪些？

模块二

污染物排放量核算及排污口规范化设置

项目一 污染物排放量核算

📚 知识目标

1. 掌握污染物排放量核算的三种方法；
2. 掌握燃料燃烧废气污染物排放量的核算方法。

能力目标

1. 具备用实测法、物料平衡法、产排污系数法核算污染物排放量的能力；
2. 具备核算燃料燃烧废气污染物排放量的能力。

素质目标

1. 培养精益求精、专心细致的工作作风；
2. 培养实践操作能力和基本的职业素养。

案例导入

1. 2021年3月12日，某市生态环境保护综合行政执法支队执法人员通过调阅环境自动监测监控系统（v6.0）及全国排污许可证管理信息平台，发现一屠宰制品企业2020年度COD年排放量9.67t，超过其重点污染物排放总量控制指标1.9倍。通过全国排污许可证管理信息平台进一步调查核实企业填报的年度排污许可执行报告，发现其申报的有关污染因子存在超许可总量排放行为，经进一步调查取证，该企业对超总量排污违法行为供认不讳。

【任务】请你写出案例中执法人员核实涉案企业COD排放量可能采用的方法。

2. 某市生态环境保护综合行政执法支队执法人员通过调阅全国排污许可证管理信息平台获悉，某企业二氧化硫排放源为燃煤锅炉，排污登记信息显示其排放总量为2.3t。根据企业报送资料上一年企业耗煤量230t，燃煤含硫率为0.7%。

【任务】请核定该企业二氧化硫实际排放量是否符合排污许可登记要求。

一、污染物排放量核算方法

污染物排放量是进行排污申报最重要的基础数据,通常可以采用三种方法,即实测法、物料衡算法和排放系数法。这三种方法各有所长,互为补充,应用时可以根据具体情况选择一种方法进行计算。

(一)实测法

实测法就是按照监测规范,连续或间断采集样品,分析测定工程或车间外排的废水和废气的量和浓度。废水、废气污染排放量计算公式如下:

$$G = KCQ \tag{2.1}$$

式中　G——废水、废气中污染物排放量,t/a 或 t/d;
　　　C——污染物的实测浓度,mg/L(废水)或 mg/m³(废气);
　　　Q——单位时间废水、废气排放量,m³/a 或 m³/d;
　　　K——单位换算系数,废水为 10^{-6},废气为 10^{-9}。

如果污染源有多个排放口,每个排放口所排放废水或废气中的污染物不止一种,则污染源中每种污染物的排放总量为各个排放口分量之和。

由于 C 是实测污染物浓度,因此比较接近实际,但其前提是所测定的数据具有代表性、准确性。因此,测定时常常不能只测定一次,而是需进行多次测定,获得多个浓度值。此时,污染物最终浓度 C 取值可有两种情况:如果废水或废气流量只有一个测定值,而污染物的浓度测定反复多次,C 可取算术平均值;如果废水或废气流量反复测定多次,此时废水或废气的流量可取算术平均值,而污染物的浓度则取加权算术平均值。计算公式如下:

$$\bar{Q} = \frac{1}{m}\sum_{k=1}^{m} Q_k \tag{2.2}$$

$$\bar{C} = \frac{\sum_{k=1}^{m} Q_k C_k}{\sum_{k=1}^{m} Q_k} \tag{2.3}$$

式中　$\bar{Q}$——废水或废气的平均流量,m³/h;
　　　C_k——第 k 次实测的污染物浓度,mg/L(废水)或 mg/m³(废气);
　　　m——测定的总次数;
　　　k——测定次数的下标变量;
　　　$\bar{C}$——污染物加权算术平均浓度,mg/L(废水)或 mg/m³(废气)。

【例 2.1】某厂共有两个污水排放口。第一排放口每小时排放废水 400t,COD 平均浓度 300mg/L;第二排放口每小时排放废水 500t,COD 平均浓度 120mg/L,该厂全年连续工作,求该厂全年 COD 排放量。

解：该厂全年工作时间 $T=365\times24=8760$（h），则全年 COD 排放量为：

$$G_{COD}=(400t/h\times300mg/L+500t/h\times120mg/L)\times8760h$$
$$=(400m^3/h\times300\times10^{-6}t/m^3+500m^3/h\times120\times10^{-6}t/m^3)\times8760h$$
$$=1576.8t$$

【例 2.2】通过监测，某企业排气筒烟气排放量为 $4m^3/s$，测得其中颗粒污染物浓度为 $40mg/m^3$，请计算该企业颗粒污染物每小时的排放量。

解：颗粒污染物每小时排放量计算如下：

$$G=C_iQK$$
$$=40\times4\times3600\times10^{-6}$$
$$=0.576(kg/h)$$

（二）物料衡算法

1. 物料衡算法的原理

物料衡算法是对生产过程中所使用的物料情况进行定量分析的一种科学方法，它是根据质量守恒定律对某系统进行物料的数量平衡计算。在生产过程中，投入某系统的物料质量必须等于该系统产生物质的质量，即等于所得产品的质量和物料流失量之和，根据质量守恒定律，可以得到通用数学公式：

$$\sum G_{投入}=\sum G_{产品}+\sum G_{流失} \tag{2.4}$$

式中 $\sum G_{投入}$——投入系统的某种物料总量；
$\sum G_{产品}$——产出产品中含有的某种物料总量；
$\sum G_{流失}$——某种物料在生产过程中的流失总量。

根据污染物的排放情况，某物料总的衡算公式如下：

$$\sum G_{排放}=\sum G_{投入}-\sum G_{回收}-\sum G_{处理}-\sum G_{转化}-\sum G_{产品} \tag{2.5}$$

式中 $\sum G_{排放}$——污染物的排放量；
$\sum G_{回收}$——进入回收产品中的量；
$\sum G_{处理}$——污染物经净化装置处理掉的量；
$\sum G_{转化}$——生产过程中被分解、转化的量。

2. 物料衡算法的步骤

一般而言，物料衡算法的步骤大致分为以下几步。

（1）确定物料衡算的对象范围或边界（系统、一个或多个设备），画出物料衡算方框图。物料衡算一般分为两类：一类是整个工艺（或生产）过程，包括各步骤的物料衡算；另一类是仅针对个别设备设计的物料衡算。有时是仅进行其中一类计算，有时是两类计算先后均需进行。因此，在进行物料衡算以前，要根据所研究问题的性质、目的和要求，以及有利于分析和计算，正确地确定所研究的系统或体系，确定好边界线。

（2）收集物料衡算的基础资料。根据物料衡算的要求，画出生产工艺流程示意图并写出相应生产过程中的化学反应方程式(包括主副反应)，以此作为计算依据。收集物料衡算的各种资料和数据,包括物料流量、污染物年(日)排放量、废物去除率、排放要求、年工作天数等。

(3) 选定计算基准。基准选择分为三种情况:一是根据工艺过程的状态即稳态过程与批处理过程来选定,前者以单位时间消耗的原料量或产出的产量为基准,如每天消耗的原料(t/d)、每小时产出产品(kg/h)等;后者以每批处理量为基准,如加入设备的每批原料(kg/批)、产出产品(kg/批)、排出废物(kg/批、m³/批)等。二是根据进出物料的组成即质量分数与摩尔分数来选定,前者常以1t、100kg进料(或出料)为计算基准;后者常用1kmol或1mol进料(或出料)为计算基准;三是在计算过程中将所有的污染物转换到某一基准物进行衡算,以便进行比较和评价,如将所有的铬酸盐、重铬酸盐、铬的氧化物都折算成基准物铬来进行计算和比较,将所有的硝基物都折算成硝基苯来进行计算和比较。

(4) 应用以上衡算模式,进行物料衡算。衡算以简便、精确为原则来选择计算方法。

(5) 物料衡算结果的分析及应用。根据前面衡算结果,确定最终污染物的排放量。

3. 物料衡算基本模型

(1) 无化学反应的物料衡算 物料进出系统过程中,如果不发生化学反应,即其分子结构没有变化,而只有形状温度等物理性能的变化,对于这种情况的物料衡算,其计算过程比较简单,现举例说明其计算方法。

【例2.3】设进入某除尘系统的烟气量Q_0为12000m³/h(标准状态),含尘浓度c_0为2200mg/m³,收下的粉尘量G_2为22kg/h,若不考虑除尘系统漏风的影响,试求净化后废气的含尘浓度c_1及除尘效率η。

解:进入除尘系统的烟尘量

$$G_0 = Q_0 \times c_0 = 12000 \times 2200 \times 10^{-6} = 26.4 (kg/h)$$

该烟尘分为收集下来的粉尘G_2和外排的粉尘G_1两部分,对该除尘系统作物料衡算得

$$G_0 = G_1 + G_2$$
$$G_1 = G_0 - G_2 = 26.4 - 22 = 4.4 (kg/h)$$

如果系统不漏风,则

$$Q_1 = Q_0 = 12000 m^3/h$$

外排粉尘浓度为

$$c_1 = G_1/Q_1 = 4.4 \times 10^6/12000 = 366.67 (mg/m^3)$$

该系统的除尘效率为

$$\eta = G_2/G_0 = 22/26.4 = 83.33\%$$

(2) 具体化学反应的物料衡算 由于过程中有化学反应发生,物料转变为新物质,反应前后物质及分子量均发生变化,物料衡算应根据化学反应式进行,这时的衡算可以按以下步骤进行。

① 将反应前后化学计量关系及分子量变化关系带进衡算式中,进行衡算;

② 选用某一基准物质，对该基准物在反应前后及物料流中的迁移情况进行衡算；

③ 利用反应前后各元素原子相等的原理，对选定的衡算范围作原子衡算。

【例2.4】 某化工厂年产重铬酸钠（$Na_2Cr_2O_7 \cdot 2H_2O$）2010t，纯度为98%，每吨重铬酸钠耗用铬铁矿粉（$FeO \cdot Cr_2O_3$）1440kg，铬铁矿粉含Cr_2O_3量为50%，重铬酸钠转炉焙烧转化率为80%，含铬废水处理品量为75000m^3，处理前废水六价铬浓度c_0为0.175kg/t，处理后废水六价铬浓度c_1为0.005kg/t，铬渣、铁渣、芒硝未处理，试求该厂全年六价铬的流失量。已知生产过程中化学反应方程式为：

$$FeO \cdot Cr_2O_3 + 2Na_2CO_3 + H_2SO_4 + \frac{7}{4}O_2 \longrightarrow$$

$$Na_2Cr_2O_7 + Na_2SO_4 + \frac{1}{2}Fe_2O_3 + H_2O + 2CO_2 \uparrow$$

解：计算中选择铬作为基准物，以铬的迁移转化作为物料衡算的基础。

铬铁矿粉中铬与产品重铬酸钠分子量比值为104/298，它与铬铁矿粉中Cr_2O_3分子量比值为104/152，原料中总耗量中有效使用的铬量为

$$G_原 = 2010 \times 1440 \times 0.5 \times (104/152) \times 0.8 = 792152 (kg)$$

重铬酸钠产品中的铬含量为

$$G_产 = 2010 \times 0.98 \times (104/298) \times 1000 = 687447 (kg)$$

废水处理中处理掉的铬量为

$$G_处 = 75000 \times (c_0 - c_1) = 75000 \times (0.175 - 0.005) = 12750 (kg)$$

则铬的总流失量为

$$G_总 = G_原 - G_产 - G_处 = 792152 - 687447 - 12750 = 91955 (kg)$$

其中废水中铬的流失量为

$$G_{水流失} = 75000 c_1 = 75000 \times 0.005 = 375 (kg)$$

在铬渣、铁渣、芒硝中流失的铬量为

$$G_{渣流失} = G_总 - G_{水流失} = 91955 - 375 = 91580 (kg)$$

（三）产排污系数法

1. 产排污系数概述

污染物的产生量和排放量与消耗原材料、产品产量等因素有关，并且在一定的工艺、规模、技术、管理条件下具有稳定性，将这种污染物的产生和排放规律归纳总结出来，即为产排污系数，产排污系数是长期反复实践的经验积累。

我国环境统计等工作已有较为完善的产排污系数，具体有如下三类。

【第一类】 是《工业污染物产生和排放系数手册》（原国家环境保护局科技标准司编制）和《排污申报登记实用手册》（原国家环保总局编制）编入的排放系数。因系数编制较早，工艺资料粗略，不少设备和工艺国家已经明令淘汰，难以适应技术的发展更新。

【第二类】 是2007~2009年第一次全国污染源普查期间，环保以及农业等部门联

合编制的《第一次全国污染源普查产排污系数》，系数包含工业源、农业源、生活源、集中污染治理设施几大类污染源。这一版系数较旧版在工艺描述上有了较大改善，可根据详细的工艺、原材料、规模、污染治理选择污染物产排系数，部分行业还增加了一些目前国家产业政策鼓励的新生产工艺。农业污染源产排污系数包括全国华东、华北、华南、中南、西南五个区域的畜禽养殖、种植、渔业养殖等污染物产排系数；生活污染源系数包含全国五大区域居民生活和第三产业污染物的产排污系数；集中污染治理设施产排污系数包括污水处理厂污泥产生量、垃圾填埋场、危险废物处置场等集中污染治理设施的污染物产生、排放系数。该系数在2017年第二次污染源普查期间，在第一次污染源普查系数的基础上做了修订与完善，是目前最为权威与全面的产排污系数。

【第三类】是排污许可证核发技术规范中，在具体规范中针对具体行业设定的排放系数。近年来随着排污许可审核发放工作的推进，排污许可证核发的技术规范中也针对行业指定了不少污染物排放系数。此类系数亦可作为其他环境保护工作的参考。

产排污系数数据量巨大，涉及面广，目前已经有公开发行的产排污系数资料，在生态环境部网站上也有含具体行业产排污系数的相关技术规范标准，读者感兴趣可以查阅参考。本教材主要讲解产排污系数使用过程中的注意事项，方便读者在使用具体产排污系数时参考。

产排污系数形式通常为单位产品污染物产生（排放）量、使用单位原材料污染物产生（排放）量，如某工艺生产1t纸浆会产生12t废水，沸腾炉燃烧1t灰分为30%的燃煤会产生烟尘170.1kg❶。

系数法核算污染物计算公式如下：

$$G_i = K_i W \qquad (2.6)$$

式中　G_i——污染物i年排放量，t/a；

　　　K_i——污染物i的产（排）污系数，kg/t$_{产品}$或kg/t$_{原材料}$；

　　　W——产品产量或原材料消耗量，t/a。

公式中系数K_i的单位为kg/t$_{产品}$或kg/t$_{原材料}$，表示生产1t产品或使用1t原材料，会产生（排放）K_i（kg）的污染物i，通过核定产品产量以及原材料使用情况，可以核算出污染物i的产生（排放）量。因此在产排污系数中应注意系数的使用条件以及系数的单位。

2. 产排污系数应用实例

工业污染源产排污系数通常按照行业类别来制定的，工业行业种类繁多，本教材不会全部列举，只参考第二次污染源普查以及排污许可发放工作中的污染源强核定系数，以黄酒制造行业（C1514）为例讲解工业污染源核算，其他行业的产排污系数应用方式基本雷同，同学可在需要时查阅相应系数。

黄酒制造行业（C1514）的产排污系数见表2.1，主要罗列的是产物系数。选择系数的原则是产品名称、原料名称、工艺名称、规模等级要与计算工序的基本情况一致。

---

❶《燃煤锅炉烟尘和二氧化硫排放总量核定技术方法——物料衡算法（试行）》（HJ/T 69—2001）。

表 2.1 黄酒制造行业（C1514）产排污系数（摘录）

产品名称	原料名称	工艺名称	规模等级	污染物指标	系数单位	产污系数	末端治理技术	末端治理技术去除效率/%
黄酒	谷物原料（糯米、籼米、粳米、其他大米、粟米、小米、黄米、小麦、其他粮食等）	机械化发酵法	所有规模	工业废水量	吨/千升产品	11.0	—	
				废水 化学需氧量	克/千升产品	1.32×10^5	物理法+厌氧/好氧组合法+化学法	96
				氨氮	克/千升产品	8.8×10^5	物理法+厌氧/好氧组合法+化学法	96
				总氮	克/千升产品	1.10×10^5	物理法+厌氧/好氧组合法+化学法	96
				总磷	克/千升产品	1650	物理法+厌氧/好氧组合法+化学法	95
	稻米（糯米、籼米、粳米、其他大米等）	传统手工发酵法	所有规模	工业废水量	吨/千升产品	13.0	—	
				废水 化学需氧量	克/千升产品	1.56×10^5	物理法+厌氧/好氧组合法+化学法	96
				氨氮	克/千升产品	1.04×10^5	物理法+厌氧/好氧组合法+化学法	96
				总氮	克/千升产品	1.30×10^5	物理法+厌氧/好氧组合法+化学法	96
				总磷	克/千升产品	1950	物理法+厌氧/好氧组合法+化学法	95

系数在选择与计算重要注意单位，否则容易出现数量级的错误，表 2.1 中工业废水量的单位为吨/千升产品，即每生产 1000 升黄酒会产生 11.0 吨的工业废水；同理化学需氧量产排污系数的单位为克/千升产品，表示每生产 1000 升黄酒会产生 1.32×10^5 克的化学需氧量。

本系数没有列出排污系数，这是因为排污量与企业的污染治理效率有关，因此排污量在产污量的基础上，剔除污染治理的削减量计算而来。

【例 2.5】 某黄酒生产厂年产黄酒 30 万升，其工艺为传统手工发酵法，原料为糯米，请核算该企业的废水、化学需氧量、氨氮产生量计算，企业采用物理法＋厌氧/好氧组合＋化学法处理污染物，根据设计方案，其化学需氧量削减效率为 90%，氨氮削减率为 75%，请估算企业的污染物排放量。

解： 第一步选择系数，根据产品、原料、工艺、规模四个条件选择系数如下：

工业废水量系数为 13 吨/千升产品、化学需氧量 1.56×10^5 克/千升产品、氨氮 1.04×10^5 克/千升产品。计算污染物产生量如下：

废水产生量：$13\times300000\times10^{-3}=3900(t)$

化学需氧量：$1.56\times10^5\times300000\times10^{-3}\times10^{-6}=46.8(t)$

氨　　　氮：$1.04\times10^5\times300000\times10^{-3}\times10^{-6}=31.2(t)$

污染物排放量计算如下：

化学需氧量：$46.8\times(1-90\%)=4.68(t)$

氨　　　氮：$31.2\times(1-75\%)=7.8(t)$

二、燃料燃烧废气污染物排放量核算

（一）燃煤烟尘量的计算

燃煤烟尘主要包括黑烟和飞灰两部分。黑烟是指烟气中未完全燃烧的炭粒，燃烧越不完全，烟气中黑烟的浓度越大。飞灰是指烟气中不可燃烧矿物质的细小固体颗粒。黑烟和飞灰的产生量都与炉型和燃烧状态有关。烟尘的计算可采用以下两种方法。

1. 实测法

在一定的测试条件下，测出烟气中烟尘的排放浓度，然后用下式计算。

$$G_d=10^{-6}Q_y\bar{C}T \qquad (2.7)$$

式中　G_d——烟尘排放量，kg/a；

Q_y——烟气平均流量，m^3/h；

$\bar{C}$——烟尘排放平均浓度，mg/m^3；

T——排放时间，h/a。

2. 估算法

对于无测试条件和数据的或无法进行测试的，可采用式(2.8)计算。

$$G_d = \frac{BAd_{fh}(1-\eta)}{1-C_{fh}} \tag{2.8}$$

式中 B——耗煤量，t/a；

A——煤的灰分，%；

η——烟尘系统的除尘效率，未装除尘器时，$\eta=0$；

C_{fh}——烟尘中的可燃物的质量分数，%，一般取15%~45%，电厂煤粉炉可取4%~8%，沸腾炉可取15%~25%；

d_{fh}——转化为烟尘的灰分占总灰分的百分数，与燃烧方式有关，见表2.2。

表 2.2　各种炉型 d_{fh} 值

炉型	d_{fh}/%	炉型	d_{fh}/%
手烧炉	15~25	沸腾炉	40~60
链条炉	15~25	煤粉炉	70~80
往复推饲炉	15~20	天然气炉	0
振动炉排	20~40	油炉	0
抛煤机炉	25~40	化铁炉	25~35

注：参考《锅炉机组热力计算标准方法》《锅炉及锅炉房设备》等。

【例 2.6】某煤粉锅炉年耗煤量2000t，其中灰分含量为30%，企业采用静电除尘，平均除尘效率$\eta=90\%$，问该锅炉烟尘排放量为多少？

解：d_{fh}取75%，C_{fh}取5%，利用式(2.8)计算烟尘排放量：

$$G_d = \frac{BAd_{fh}(1-\eta)}{1-C_{fh}}$$

$$= \frac{2000 \times 30\% \times 75\% \times (1-90\%)}{1-5\%}$$

$$= 47.37(t)$$

（二）二氧化硫的计算

各类燃料中都含有硫分，硫燃烧会生成二氧化硫同时释放热量，化学反应方程式如下：

$$S + O_2 === SO_2 \tag{2.9}$$

通过上述物质转化规律可以推导出燃料燃烧二氧化硫的产生量，由于不同燃料中硫分存在形式略有差异，因此燃料二氧化硫产生量的计算方式也略有不同。本节将介绍不同燃料形式的二氧化硫产生量物料衡算公式。

1. 燃煤二氧化硫产生量

各类燃料中，煤的硫分含量最高。煤炭中硫分包括有机硫、硫铁矿、硫酸盐三类。前两部分为可燃性硫，在煤的燃烧过程中可转化为二氧化硫。第三部分硫酸盐为不可燃硫分，计入灰分。可燃硫分占总硫分的70%~90%，具体计算中可取80%。

从硫燃烧的化学反应方程式(2.10)可以看出二氧化硫的产生规律。

$$S + O_2 = SO_2 \qquad (2.10)$$
$$\text{1mol} \qquad \text{1mol}$$
$$\text{32g} \qquad \text{64g}$$

1mol 硫燃烧会生成 1mol 二氧化硫，1mol 硫与二氧化硫的质量分别为 32g 和 64g，折算后可知，1g 硫燃烧会生成 2g 二氧化硫，则燃煤二氧化硫的物料衡算公式见式(2.11)。

$$G_{SO_2} = BS \times 80\% \times 2 \qquad (2.11)$$

式中　G_{SO_2}——二氧化硫产生量，kg；

　　　B——耗煤量，kg；

　　　S——煤中的全硫分含量，%，我国各地的煤含硫量不一样，具体数值可由煤炭生产厂提供煤质报告或自行测定所使用煤的含硫量。

2. 燃油二氧化硫产生量

燃油产生的二氧化硫计算公式与燃煤基本相似，具体如下：

$$G_{SO_2} = 2BS \qquad (2.12)$$

式中　B——耗油量，kg；

　　　S——燃油中的硫含量，%。

3. 天然气燃烧二氧化硫产生量

天然气燃烧产生的二氧化硫主要由其中所含的硫化氢燃烧产生的，因此二氧化硫产生量计算公式如下：

$$G_{SO_2} = 2.857 B \varphi_{H_2S} \qquad (2.13)$$

式中　B——气体燃料量，m³；

　　　φ_{H_2S}——气体燃料中硫化氢的体积分数，%；

　　　2.857——1 标准状态下 1m³ 二氧化硫的质量，kg。

以上燃烧系统如果没有配置脱硫设施，燃烧产生的二氧化硫将全部排放；如果燃烧系统有脱硫装置，则二氧化硫的排放量为

$$G_p = (1-\eta)G_{SO_2} \qquad (2.14)$$

式中　G_p——二氧化硫排放量，kg；

　　　η——脱硫效率，%。

【例 2.7】 某县城全年耗煤量 150 万吨，平均含硫率 0.7%，燃料油消耗 20 万吨，含硫率约为 0.3%，求该县城全年二氧化硫产生量为多少？

解：将耗煤量及其含硫率、燃油及其含硫率分别代入式(2.11)和式(2.12)可得燃煤二氧化硫产生量为

$$G_{SO_2 产} = 150 \times 0.7\% \times 80\% \times 2 + 20 \times 0.3\% \times 2$$
$$= 1.68 + 0.12$$
$$= 1.8 (万吨)$$

（三）氮氧化物的计算

物质的转化规律和转化途径不会是单一，例如化石燃料燃烧产生的氮氧化物以一氧化氮（NO）为主，占氮氧化物总量的90%，其余基本上为二氧化氮（NO_2），占比为5%～10%，氮氧化物可写成NO_x。燃料燃烧过程氮氧化物产生途径如下：

一是燃料中的含氮化合物，在高温下燃烧氧化产生氮氧化物，称为燃料型氮氧化物；

二是空气中的氮气在高温条件下被氧化为氮氧化物，称为热力型氮氧化物；

三是由于燃料挥发物中碳氢化合物高温分解生成的自由基CH·与空气中的氮气反应生成HCN和N，再进一步与氧气作用以极快的速度生成氮氧化物，称为快速型氮氧化物。

因此在用物料衡算方法核算污染物产生量时，往往需要加入一些经验数据，用来完善物料衡算中无法确定的物质转化系数与比例。氮氧化物的物料衡算公式即是如此。

根据氮氧化物的转化规律，用物料衡算的方法可以推导出燃料燃烧氮氧化物产生量的经验公式(2.15)。

$$G_{NO_x} = 1.63B(\beta N + 10^{-6}V_y C_{NO_x}) \tag{2.15}$$

式中　G_{NO_x}——燃烧过程氮氧化物产生量，kg；

B——燃料消耗量，kg；

β——燃料中氮向NO_x的转变率，与燃烧设备有关：燃煤层燃炉为25%～50%（$N \geq 0.4$），燃油锅炉32%～40%，煤粉炉20%～25%；

N——燃料中氮的含量，%，见表2.3，使用过程中常取平均值；

$10^{-6}V_y C_{NO_x}$——热力型氮氧化物的核算经验计算值；

V_y——1kg燃料生成的烟气量，m^3；

C_{NO_x}——燃烧时生成的热力型NO_x浓度，mg/m^3，常取93.8mg/m^3。

表2.3　燃料含氮量

燃料名称	含氮质量分数/%	
	范围	平均值
煤	0.5～2.5	1.5
劣质重油	0.2～0.4	0.2
一般重油	0.08～0.4	0.14
优质重油	0.005～0.08	0.02

设燃煤产生烟气量$V_y=10m^3/kg$，则式(2.15)可简化为式(2.16)。

$$G_{NO_x} = 1.63B(\beta N + 0.000938) \tag{2.16}$$

【例2.8】求耗煤量2000t的煤粉锅炉氮氧化物产生量为多少？

解：取$\beta=20\%$，$N=1.5\%$，将数据代入式(2.16)得：

$$G_{NO_x} = 1.63 \times 2000 \times (20\% \times 1.5\% + 0.000938)$$

$$\approx 12.84(t)$$

项目二　排污口规范化设置

知识目标

1. 掌握排污口规范化设置的步骤；
2. 掌握排污口规范化设置的要求。

能力目标

1. 具备规范化设置排污口的能力；
2. 具备执法检查排污口规范化设置的能力。

素质目标

1. 培养独立思考、团结合作的意识；
2. 培养实事求是、与时俱进、求真务实的精神。

案例导入

2022年7月10日，某市生态环境执法支队执法人员对某表面处理有限公司进行现场执法检查时，发现该单位镀锌车间正在使用，经查，该表面处理有限公司主要从事金属表面处理（镀铬、镀镍、镀锌、镀铜）及机械加工，产生的废气主要为盐酸雾和铬酸雾，按规定应当进行集中收集处理，设置相应的排污口。但在实际情况中，该公司未在镀锌车间依法配置相应的废气收集装置、处理装置及排气筒设施。上述行为涉嫌违反《中华人民共和国大气污染防治法》第二十条第一款"企业事业单位和其他生产经营者向大气排放污染物的，应当依照法律法规和国务院生态环境主管部门的规定设置大气污染物排放口"的规定，该市生态环境局依法对该表面处理有限公司进行立案查处，并依据《中华人民共和国大气污染防治法》第一百条第（五）项对该公司处十五万元的罚款。

【任务】请问如何设置规范的大气污染物排放口？

一、排污口与排污口规范化设置定义

根据环境保护法律、法规和《污水综合排放标准》（GB 8978—1996）、《大气污染物综合排放标准》（GB 16297—1996）、《环境保护图形标志》（GB 15562.1—1995，GB 15562.2—1995）等标准的有关规定，对污（废）水排放口、废气排气筒、固定噪声污染源扰民处和固体废物贮存（处置）场所实行规范化管理。

排污口是指污（废）水排放口、废气排气筒、固定噪声污染源扰民处和固体废物贮存（处置）场所。

排污口的规范化设置,主要是指污染物要集中排放,要对排污口的几何形状进行必要的、合理的整治,以方便人工或者自动采样、测流,条件成熟时可方便地安装流量计量装置,并设置排污口标志牌。排放口规范化设置是落实国务院提出的实施污染物总量控制和确保"节能减排"的一项重要的环境基础工作,有利于强化环境监督,加大执法力度,便于环境监测工作和日常环境执法检查的顺利进行,逐步实现污染源自动监控,实现污染物排放的科学化、定量化、信息化管理。

排污口设置应符合"一明显,二合理,三便于"的要求,即环保标志明显,排污口设置合理、排污去向合理,便于采集样品、便于监测计量、便于公众参与监督管理。

二、排污口规范化设置管理

按照《污水监测技术规范》(HJ 91.1—2019)、《固定源废气监测技术规范》(HJ/T 397—2007)、《环境噪声监测技术规范 城市声环境常规监测》(HJ 640—2012)、《工业固体废物采样制样技术规范》(HJ/T 20—1998)对废水、废气、噪声和固体废物的采样要求,排污口的规范化建设应设置便于计量监测的采样点,应满足今后安装污染源在线监测装置和日常现场监督检查的要求,对排污口进行规范化设置。

按照排污口管理要求,由各级生态环境主管部门在各排污口规定的位置竖立环境保护标志牌,颁发中华人民共和国规范化排污口标志登记证,登记证与标志牌配套使用,由各级生态环境主管部门签发给排污口所属的单位,完成排污口的立标工作(标志牌图形见表2.4、图2.1~图2.6)。登记证一览表中的标志牌编号、登记卡上的标牌编号与标志牌辅助标志上的编号相一致。统一规定为:污水,WS—×××××;废气,FQ—×××××;噪声,ZS—×××××;固体废物,GF—×××××。

编号的前两个字母为类别代号,后五位为排放口顺序编号,排放口顺序编号由各地环保部门自行规定。

表2.4 环境保护图形标志

类型	形状	背景颜色	图形颜色
警告标志	三角形边框	黄色	黑色
提示标志	正方形边框	绿色	白色

图2.1 污水排放口标志

图 2.2　废气排放口标志

图 2.3　噪声排放源标志

图 2.4　一般固体废物　　图 2.5　一般固体废物堆放场　　图 2.6　危险废物

未经生态环境部门许可，任何单位和个人不得擅自设置、移动和扩大排污口，有下列情况之一必须变更时，须履行排污变更申报登记手续，更换标志牌和更改登记注册内容：

（1）排放主要污物种类发生变化的；

（2）位置发生变化的；

（3）需拆除或闲置的；

（4）需增加、调整、改造或更新的。

生态环境部门应在接到报告之日起十五日内予以批复，逾期不批复视为同意。

三、排污口规范化设置要求

排污单位的排污口必须符合国家环保部门关于排污口规范化的要求，并按规定要求安装监控设施，纳入环保部门的监控网络系统。

（一）污水排放口的整治

1. 合理确定污（废）水排放口位置

（1）凡在城镇集中式生活饮用水地表水源一级和二级保护区、国家和省划定的自然保护区和风景名胜区内的水体、重要渔业水体、其他有特殊经济文化价值的水体保护区，以及海域中的海洋特别保护区、海上自然保护区、海滨风景旅游区、盐场保护区、海水浴场和重要渔业水域等需要特殊保护的水域内，不得新建排污口。在生活饮用水地表水源一级保护区内已设置的排污口，限期拆除。

（2）城镇集中式生活饮用水地表水源准保护区、一般经济渔业水域和风景游览区内的水体等重点保护水域，从严控制新建排污口。

2. 合理确定污（废）水排放口数量

凡生产经营场所集中在一个地点的单位，原则上只允许设污水和"清下水"排污口各一个；生产经营场所不在同一地点的单位，每个地点原则上只允许设一个排污口。因特殊原因需要多设置排污口的，须报经当地环保部门审核同意。超过允许数量设置排污口的，必须结合清污分流、厂区实际地形和排放污染物种类情况进行管网归并。

3. 确定污（废）水排放口采样点

应按《污水综合排放标准》（GB 8978—1996）和《水质 采样方案设计技术规定》（HJ 495—2009）的规定，对一类污染物的监测，在车间或车间废水处理设施排污口设置采样点；对二类污染物的监测，在排污单位的总排污口设置采样点。

4. 安装污染物在线监测仪

实施水污染物排放总量控制的排污单位应在排污口安装污染物在线监测仪。一般排污单位的排污口也应尽量安装污水流量计，有困难的可安装堰槽式测流装置或其他计量装置。

5. 设置环境保护图形标志

排放污水的，环境保护图形标志牌原则上应设在排污口附近醒目处。若排污口隐蔽或距厂界较远的，则标志牌也可设在监测采样点附近醒目处。

（二）废气排放口的整治

1. 合理确定废气排放口位置

一类环境空气质量功能区、自然保护区、风景名胜区和其他需要特别保护的地区，不得新建排气筒，对于无组织排放有毒有害气体、粉尘、烟尘的排放点，凡能做到有组织排放的，均要通过整治，实现有组织排放。

2. 确定排放口的高度及数量

对有组织排放废气的排气筒数量、高度和泄漏情况进行整治，有组织排放废气的排气筒高度应符合国家大气污染物排放标准的有关规定，还应高出周围 200m 半径内建筑物 5m 以上，两个排放相同污染物（不论其是否由同一生产工艺过程产生）的排气筒，若其距离小于其几何高度之和，应视为一根等效排气筒。新污染源的排气筒一般不应低于15m。新污染源的无组织排放应从严控制，一般情况下不应有无组织排放存在。

3. 合理设置采样点，采样平台规范化

排气筒（烟囱）应设置便于采样、监测的采样口和采样监测平台。有净化设施的，应在其进出口分别设置采样口。采样孔、点数目和位置应按《固定污染源排气中颗粒物测定与气态污染物采样方法》（GB/T 16157—1996）和《固定源废气监测技术规范》（HJ/T 397—2007）的规定设置。

4. 设置环境保护图形标志牌

排放废气的，环境保护图形标志牌应设在排气筒附近地面醒目处。

（三）固体废物贮存、堆放场的整治

露天贮存冶炼废渣、化工废渣、炉渣、粉煤灰、废矿石、尾矿和其他工业固体废物的，应设置符合环境保护要求的专用贮存设施或贮存场。对易造成二次扬尘污染的固体废物，应采取适时喷洒防尘等防治措施。对非危险固体废物贮存、处置场所占用土地超过 $1km^2$ 的，应在其边界各进出口设置标志牌；面积大于 $100m^2$、不超过 $1km^2$ 的，应在其边界主要路口设置标志牌；面积不大于 $100m^2$ 的应在醒目处设置1个标志牌。危险固体废物贮存、处置场所，无论面积大小，边界都应采用墙体或铁网封闭设施，并在其边界各进出路口设置标志牌，有毒有害等固体危险废物，应设置专用堆放场地，且必须有防扬散、防流失、防渗漏等防治措施。临时性固体废物贮存、堆放场也应根据情况，进行相应整治。

（四）固定噪声源的整治

凡厂界噪声超出功能区环境噪声标准要求的，其噪声源均应进行整治，使其达到功能区标准要求。在固定噪声源厂界噪声敏感区且对外界影响最大处设置该噪声源的监测点。固定噪声污染源对边界影响最大处，须按《工业企业厂界环境噪声排放标准》（GB 12348—2008）的规定，设置环境噪声监测点，并在该处附近醒目处设置环境保护图形标志牌。

边界上有若干个在声环境中相对独立的固定噪声污染源扰民处，应分别设置环境噪声监测点和环境保护图形标志牌。

（五）排污口立标建档要求

1. 排污口立标要求

（1）一切排污单位的污染物排放口（源）和固体废物贮存、处置场，必须实行规范化整治，按照国家标准《环境保护图形标志》（GB 15562.1—1995，GB 15562.2—1995）的规定，设置与之相适应的环境保护图形标志牌。

（2）开展排放口（源）和固体废物贮存、处置场规范化整治的单位，必须使用由国家生态环境部门统一定点制作和监制的环境保护图形标志牌。

（3）环境保护图形标志牌设置位置应距污染物排放口（源）及固体废物贮存（处置）场或采样点较近且醒目处，并能长久保留，其中噪声排放源标志牌应设置在距选定监测点较近且醒目处。环境保护图形标志牌上缘一般距离地面 2 米。

（4）重点排污单位的污染物排放口（源）或固体废物贮存、处置场，以设置立式标志牌为主；一般排污单位的污染物排放口（源）或固体废物贮存、处置场，可根据情况分别选择设置立式或平面固定式标志牌。

（5）一般性污染物排放口（源）或固体废物贮存、处置场，设置提示性环境保护图形标志牌；排放剧毒、致癌物及对人体有严重危害物质的排放口（源）或危险废物贮存、处置场，设置警告性环境保护图形标志牌。

（6）环境保护图形标志牌的辅助标志上，需要填写的栏目，应由环境保护部门统一组织填写，要求字迹工整，字的颜色与标志牌颜色要总体协调。

2. 排污口建档要求

（1）各级环保部门和排污单位均须使用由生态环境部统一印制的中华人民共和国规范化排污口标志登记证，并按要求认真填写有关内容。

（2）登记证与标志牌配套使用，由各地环境保护部门签发给有关排污单位。登记证一览表中的标志牌编号及登记卡上标志牌的编号应与标志牌辅助标志上的编号相一致。

（3）各地环境保护部门根据登记证的内容建立排污口管理档案，如：排污单位名称，排污口性质及编号，排污口地理位置，排放主要污染物种类、数量、浓度，排放去向，立标情况，设施运行情况及整改意见等。

习题

1. 污染物排放量的核算方法主要有哪些？
2. 某企业 2016 年生产时间为 8760h，废水排放量为 2452.8 万 t，全年共有四次监督性监测，监测数据见下表所示，请核算该企业主要污染物 COD 排放量（m^3/h）。

监测时间	COD/(mg/L)	废水流量/(m^3/h)
1	75.1	1600
2	76.4	1602
3	76.8	1588
4	79.2	1580

3. 设进入某除尘系统的烟气量 Q_0 为 $15500m^3/h$，含尘浓度为 C_0 为 $2000mg/m^3$，经除尘后排放的尘量 G_1 为 $2kg/h$，除尘系统漏风量为 $500m^3/h$，漏风含尘浓度为 $1000mg/m^3$，试求净化后废气含尘浓度 C_1 及除尘率。

4. 某冶炼厂生产钢 9000t，经查物料衡算排放系数为每吨钢生产高炉煤气 $5000m^3$，其中高炉煤气的回收率为 98%，求该厂废气产生量和排放量。

5. 某冶炼厂排气筒截面 $0.4m^2$，排气平均流速 $15m/s$，实测所排废气中 SO_2 平均浓度 $20mg/m^3$，粉尘浓度 $30mg/m^3$，计算该排气筒每小时 SO_2 和粉尘的排放量。

6. 某锅炉为煤粉炉，每小时耗煤 0.8t，煤的灰分、硫分分别为 12%、0.7%，请核算该锅炉的烟尘产生量与二氧化硫产生量。

7. 什么是排污口规范化设置？排污口规范化整治的要求有哪些？

模块三

生态环境现场执法

● 项目一　生态环境现场执法的内容 ●

学习目标

1. 掌握生态环境现场执法检查的内容；
2. 掌握生态环境现场执法证据类型及收集要求。

能力目标

1. 具备开展生态环境执法检查的能力；
2. 具备收集生态环境执法所需证据的能力。

素质目标

1. 培养理论创新、实事求是精神；
2. 培养热爱劳动、吃苦耐劳的品质。

案例导入

2022年5月，某市生态环境局对某畜牧科技有限公司进行现场检查，发现该单位厂区东侧饲料加工区青贮窖产生的、有酸臭味的发酵液通过排水沟排放至厂区东侧的低洼地内。

【任务】1. 请叙述本案件执法检查的内容有哪些。采用哪些方法展开执法检查？

2. 为使本案件的调查证据充足，在本案中需要收集哪些证据？在收集这些证据时有哪些要求？

一、生态环境现场执法常规内容

生态环境现场执法是指生态环境执法机构依法对涉及污染源的排污单位实施现场监督检查，并根据法定程序或适用环境法律法规，直接强制地影响行政相对人权利和义务的具体行政行为。生态环境现场执法是生态环境执法的常用手段。

在开展生态环境现场执法时，主要执法检查的内容有以下几点。

（一）企业环境管理制度检查

企业落实自身环境管理制度主要检查以下几方面：

（1）企业环境影响评价制度和"三同时"制度　检查排污单位环评审批和验收手续是否齐全；检查环评文件是否存在弄虚作假等违法行为；检查建设项目环保设施是否按规定要求建成，建成后是否验收、是否与主体工程一起投产使用。

（2）企业排污许可制度　检查排污单位是否申领排污许可证；检查排污单位是否建立符合要求的自行监测管理体系；检查排污单位环境管理台账等相关内容。

（3）其他专项环境管理制度　为了使企业的各项环境保护工作规范化，企业还应根据自身的生产排污特点，制定一些相关的具体规章制度，常见的有环境监测制度、污染防治设施运行操作规程及管理制度、危险化学品的管理制度、环境突发事件的防范和报告制度、污染源档案管理制度、环保人员的岗位责任制度等制度，以及排污单位处罚记录和处罚决定执行情况等。

（二）生产情况检查

环境执法人员应深入企业的生产车间，检查排污者的工艺、设备及生产状况，确定是否有国家规定淘汰的工艺、设备和技术；了解污染物的来源、生产规模、排污去向，检查是否有非正常产污和排污行为及污染隐患，确定产物、排污水平。检查的内容主要有：①原辅材料、中间产品、产品的类型、数量及特性等情况；②生产工艺、设备及运行情况；③原辅材料、中间产品、产品的贮存场所与输移过程；④生产变动情况。

（三）污染治理设施检查

调查排污单位污染治理设施的类型、数量、性能和污染治理工艺，检查是否符合环境影响评价文件的要求；查看污染治理设施管理维护情况、运行情况及运行记录，检查是否存在停运或不正常运行情况，是否按规程操作；检查污染物处理量、处理率及处理达标率，有无违法、违章的行为。

（四）污染物排放情况检查

检查污染物排放口（源）的类型、数量、位置的设置是否规范；检查是否与排污许可证要求设置一致；检查排污单位是否按照《环境保护图形标志——排放口（源）》（GB 15562.1—1995）、《环境保护图形标志——固体废物贮存（处置）场》（GB 15562.2—1995）以及《〈环境保护图形标志〉实施细则（试行）》的规定，在废水、废气排放口及固体废物的堆放场所设置了环境保护图形标志；检查排放口等排放污染物的种类、数量、浓度、排放方式等是否满足国家或地方污染物排放标准的要求；检查是否有暗管排污等偷排行为。

（五）环境应急管理检查

开展现场环境事故隐患排查及治理情况检查；检查排污者是否编制和及时修订突

发性环境事件应急预案，应急预案是否具有可操作性，是否按预案配置应急处置设施和落实应急处置物资，是否定期开展应急预案演练。

（六）污染源自动监控系统检查

按照《污染源自动监控管理办法》等规章的要求检查污染源自动监控系统。

此外，现场执法检查时，执法人员还应该按照环境管理要求开展宣传教育，指导企业实施生态环境治理、创建引领绿色发展行业企业等。

二、生态环境现场执法的方法

（一）资料检查

（1）检查资料的完备性：需要检查的资料内容视各生态环境现场执法要点的不同而不同。

（2）检查资料内容：与相关法律法规相比较。

（3）检查资料的真实性：根据不同资料在时间和工况上的一致性进行判断。

（二）现场勘查

根据所收集资料在现场对企业生产车间、污染物收集系统和处理系统、环境管理、公共设施及纳污环境周边状况进行观察，主要检查现场与收集资料的一致性和运行状态等，对可能存在环境违法行为的关键设备、场所、物品应拍照取证，对污染防治设施运行状态不稳定或关键参数不符合要求的，应及时取样、监测。

（三）现场核算

现场核算主要包括被检查对象生产能力核算和产排污量核算，产排污量核算的方法主要包括物料衡算法、实测法和产排污系数法，准确核算污染物的产生、排放量是开展环境管理的基础，也是开展生态环境现场执法工作的基础。

（四）现场访谈

（1）与企业内部人员访谈：与车间工人进行随机性的访谈，了解企业生产概况，寻找企业环境违法行为线索，核实企业提供信息的真实性。

（2）与周边居民访谈：走访企业周边居民，核实企业提供信息的真实性，了解企业长期运行过程中是否给附近居民造成废水、废气、噪声、固体废物等方面的污染。对居民提出的意见进行判断筛选后，反馈于执法报告中。

三、生态环境现场执法证据的收集

（一）证据的类型

证据能确认环境违法行为的实施人，能证明环境违法事实、执法程序事实、行使自由裁量权的基础事实，能反映环保部门实施行政处罚的合法性和合理性。环境行政处罚证据主要有书证、物证、证人证言、视听资料和计算机数据、当事人陈述、监测报告和其他鉴定结论、现场检查（勘查）笔录等形式。证据应当符合法律、法规、规章和最高人民法院有关行政执法和行政诉讼证据的规定，并经查证属实才能作为认定事实的依据。

1. 书证

书证指以文字、符号、图形等在物体（主要是纸张）上记载的内容、含义或表达的思想来反映案件情况的材料，如环境影响评价文件、企业生产记录、环保设施运行记录、合同、发票等缴款凭据，环保部门的环评批复、验收批复、排污许可证、危险废物经营许可证，举报信等。

收集书证尽可能收集书证原件，书证的原本、正本和副本均属于书证的原件。收集原件有困难的，可以对原件进行复印、扫描、照相、抄录，经提供人和执法人员核对后，在复制件、影印件、抄录件或者节录本上注明"原件存××处，经核对与原件无误"。书证要注明调取时间、提供人和执法人员姓名，并由提供人、执法人员签名或者盖章。要收集当事人的身份证明。

2. 物证

物证指以其存在状况、形状、特征、质量、属性等反映案件情况的物品和痕迹，如厂房、生产设施、环保设施、排污口标志牌、暗管、污水、废气、固体废物，受污染的农作物、水产品等。

尽可能收集物证原物，并附有对该物证的来源、调取时间、提供人和执法人员姓名、证明对象的说明，并由提供人、执法人员签名或者盖章。对大量同类物，可以抽样取证。

收集原物有困难的，可以对原物进行拍照、录像、复制。物证的照片、录像、复制件要附有对该物证的保存地点、保存人姓名、调取时间、执法人员姓名、证明对象的说明，并由执法人员签名或者盖章。

3. 视听资料

视听资料指以录音、拍照、摄像等方式记录声音、图像、影像来反映案件情况的资料，如录音、录像、照片等。

视听资料和自动监控数据要提取原始载体。无法提取原始载体或者提取原始载体有困难的，可以采取打印、拷贝、拍照、录像等方式复制，制作笔录记载收集时间、地点、参与人员、技术方法、过程、事项名称、内容、规格、类别等信息。声音资料还要附有该声音内容的文字记录。

4. 证人证言

证人证言指当事人以外的其他人员就了解的案件情况向环保部门所作的反映案件情况的陈述，如企业附近居（村）民的陈述、污染受害人的陈述等。证人证言必须由证人亲自陈述或亲笔书写。重要的证人如果不具备口述或书写能力，可以聘请具有手语能力的人士，或由证人口述，他人代写，证人本人核对无误的方式处理。在调查取证过程中，还应注意对证人信息的保护，避免泄露可能带来的负面影响。

5. 当事人陈述

当事人陈述指当事人就案件情况向环保部门所作的陈述，如当事人的陈述申辩意见、当事人的听证会意见等。

当事人对自己是否实施环境违法行为最为清楚，多数当事人因实施违法行为对执法人员存有躲避、恐惧的心理。因此，在调查取证过程中，执法人员要准确判断、抓住时机，争取在第一时间、第一现场要求当事人正面做出陈述，即使此时违法行为人试图否认或有意回避违法事实，往往也会因无充足准备时间而露出破绽。

一旦从当事人陈述中抓到破绽，要立即固定证据，指认违法行为发生现场，全面、准确记录违法行为发生的时间、地点、过程、参与人等细节。

6. 环境监测报告

环境监测报告指具有资质的监测机构，按照有关环境监测技术规范，运用物理、化学、生物、遥感等技术，对各环境要素的状况、污染物排放状况进行定性、定量分析后得出的数据报告和书面结论，如水、气、声等环境监测报告。

环境监测报告要载明委托单位、监测项目名称、监测机构全称、国家计量认证标志（CMA）和监测字号、监测时间、监测点位、监测方法、检测仪器、检测分析结果等信息，并有编制、审核、签发等人员的签名和监测机构的盖章。

7. 自动监控数据

自动监控数据指以污染源自动监控系统、DCS 系统、CEMS 系统等计算机系统运行过程中产生的反映案件情况的电子数据，如污染源自动监控数据、DCS 系统数据、CEMS 系统数据、监控仪器运行参数数据等。

8. 鉴定结论

鉴定结论指具有资质的鉴定机构，受环保部门、当事人或者相关人委托，运用专门知识和技能，通过分析、检验、鉴别、判断，对专门性问题做出的数据报告和书面结论，如环境污染损害评估报告、渔业损失鉴定、农产品损失鉴定等。

鉴定结论要载明委托人、委托鉴定的事项、向鉴定部门提交的相关材料、鉴定依据和使用的科学技术手段、鉴定部门和鉴定人的鉴定资格说明，并有鉴定人的签名和鉴定部门的盖章。

9. 现场检查（勘查）笔录

现场检查（勘查）笔录指执法人员对有关物品、场所等进行检查、勘查时当场制作的反映案件情况的文字记录，如现场检查笔录、现场勘查笔录等。

现场检查（勘查）笔录要记录执法人员出示执法证件表明身份和告知当事人申请回避权利、配合调查义务的情况；现场检查（勘查）的时间、地点、主要过程；被检查场所概况及与当事人的关系；与违法行为有关的物品、工具、设施的名称、规格、数量、状况、位置、使用情况及相关书证、物证；与违法行为有关人员的活动情况；当事人及其他人员提供证据和配合检查情况；现场拍照、录音、录像、绘图、抽样取证、先行登记保存情况；执法人员检查发现的事实；执法人员签名等内容。现场图示要注明绘制时间、方位。

10. 调查询问笔录

调查询问笔录指执法人员向案件当事人、证人和其他有关人员询问案件情况时当场制作的文字记录，如对当事人的询问笔录、对证人的询问笔录、对污染受害人的询问笔录等。

调查询问笔录要记录执法人员出示执法证件表明身份和告知当事人申请回避权利、配合调查义务的情况；被询问人基本信息；问答内容；被询问人对笔录的审阅确认意见；执法人员签名等。调查询问笔录应当有被询问人的签名、盖章或者按指印。被询问人拒不审阅确认或者拒不签名、盖章或者按指印的，由记录人予以注明，并附反映询问过程的现场录像、录音。

（二）环境行政执法证据收集要求

1. 证据收集工作要求

（1）依法、及时、全面、客观、公正地收集证据。

（2）执法人员不得少于两人，出示中国环境监察执法证或者其他行政执法证件，告知当事人申请回避的权利和配合调查的义务。

（3）保守国家秘密、商业秘密，保护个人隐私。对涉及国家秘密、商业秘密或者个人隐私的证据，提醒提供人标注。

（4）收集证据时应当通知当事人到场。但在当事人拒不到场、无法找到当事人、暗查等情形下，当事人未到场不影响调查取证的进行。当事人拒绝签名、盖章或者不能签名、盖章的，应当注明情况，并由两名执法人员签名。有其他人在现场的，可请其他人签名。执法人员可以用录音、拍照、录像等方式记录证据收集的过程和情况。

（5）证据收集工作在行政处罚决定作出之前完成。

（6）禁止违反法定程序收集证据。

（7）禁止采取利诱、欺诈、胁迫、暴力等不正当手段收集证据。

（8）不得隐匿、毁损、伪造、变造证据。

2. 证据收集方式

收集证据可以采取下列方式：

（1）查阅、复制保存在国家机关及其他单位的相关材料；

（2）进入有关场所进行检查、勘查、采样、监测、录音、拍照、录像、提取原物原件；

（3）查阅、复制当事人的生产记录、排污记录、环保设施运行记录、合同、缴款凭据等材料；

（4）询问当事人、证人、受害人等有关人员，要求其说明相关事项、提供相关材料；

（5）组织技术人员、委托相关机构进行监测、鉴定；

（6）调取、统计自动监控数据；

（7）依法采取先行登记保存措施；

（8）依法采取查封、扣押（暂扣）措施；

(9) 申请公证进行证据保全；

(10) 听取当事人陈述、申辩，听取当事人听证会意见；

(11) 依法可以采取的其他措施。

项目二　生态环境现场执法程序

知识目标

1. 掌握生态环境现场执法检查的程序；
2. 编写生态环境现场执法检查计划和案件执法检查调查报告。

能力目标

1. 具备开展生态环境执法检查的能力；
2. 具备编写生态环境执法方案和执法调查报告的能力。

素质目标

1. 培养自主学习意识、安全意识、团队协作意识；
2. 培养艰苦奋斗的品质。

案例导入

2021年1月3日，×××市生态环境局接到信访件举报该市××塑料厂环境问题。1月3日下午，执法人员对××塑料厂进行突击检查，发现厂区东边百里大河处存在排放口，黄色浑浊废水正在排入河道。执法人员当即对当事人展开调查询问，固定现场证据，然后沿着厂区雨水管网进行倒查。最终查实该厂在回用水池西北角处设置了一根暗管和一个阀门，该暗管为白色PVC管，与厂区雨水管网的窨井相连通。据调查，当事人自2020年以来曾多次在生产过程中将未经有效处理的废水通过该管排放至厂区雨水管网，最终流入百里大河。

【任务】1. 根据案例请编写某市××塑料厂现场执法检查计划。
2. 根据案例请阐述××塑料厂开展生态环境现场执法检查的程序与步骤。

一、生态环境现场执法程序

（一）污染源信息管理

按污染源的位置分布、所属行业类别、排放污染物的类型、规模大小、经济类别、所属流域、污染物排放去向等分类，建立污染源信息的动态数据库，并利用计算机等现代化管理设备对数据进行管理。目的是对辖区内的污染源进行污染调查、排污核算分类管理，在此基础上制定具体的生态环境现场执法计划。

1. 信息收集

为了对污染源进行分类管理，首先要收集污染源的信息，污染源的信息采集有以下方法：

（1）污染源调查　通过污染源普查和详查，搞清辖区污染源的基本情况，在此基础上建立重点污染源、一般污染源名录和各污染源排放主要污染物的动态数据库。

（2）排污许可管理　由生态环境保护行政主管部门审批、监管排污许可管理，作为污染源进行监督管理的参考依据。

（3）环境保护档案材料登记　环保部门在环境统计中获得的污染源信息，执行环境影响评价制度、"三同时"制度等监督管理中积累的污染源档案材料，以及生态环境执法机构在日常环境监察中对有关污染源进行调查、处理和减排核查中积累的材料，均为获取污染源信息的重要来源。

（4）其他信息来源　污染源自动监控数据、群众举报和信访、"12369"环保热线、领导批示、媒体报道、其他部门转办等信息来源。

2. 信息资料加工整理

对收集的污染源信息进行加工整理，按污染源位置、所属流域、所属行业类别、排放污染物类别、规模、去向建立污染源原始数据库。然后采用科学的评价方法，结合本辖区环境的特点，找出不同地区、不同行业的主要污染源和主要污染物，确定目前的主要环境危害，绘制重要污染源分布图，图中不仅仅要标示出污染源的位置和名称，还应该将污染负荷标识清楚。在此基础上，制定污染源现场检查计划。

（二）制定执法检查计划

生态环境现场执法检查计划应包括检查目的、时间、范围、对象、检查重点、参加人员和设备工具等

1. 对象

污染源检查的对象是辖区内的一切排污单位。被检查单位有义务接受现场检查，应该如实反映情况，不得弄虚作假。

2. 内容

同生态环境现场执法常规检查内容，但每次具体制定计划方案时要明确检查目的和检查重点内容

3. 检查频次和时间

重点污染源和一般污染源，应保证规定的现场执法频率，对于严重扰民及群众来信来访和举报的污染源应及时开展执法检查。同时还需要根据本地区的污染源特点和环境特点以及案情的调查情况确定检查频次和检查时间。

4. 人员、设备配置与路线安排

（1）现场检查人员　每次污染源现场执法检查计划的制定要确定具体的人员安排，以及有哪些部门参与。生态环境现场执法活动必须由两名以上生态环境执法人员实施，

并明确执法主办人、协办人。生态环境执法人员必须取得生态环境执法资格，开展执法任务时，应当出示生态环境保护综合行政执法证件或有效的地方行政执法证件。

（2）设备配备 根据污染源现场检查的具体任务，可选择配备必要的装备，主要包括：记录本及执法文书（便携式执法记录仪）；交通工具；通信器材；全球定位系统；无人机录音、照相、摄像器材；必要的防护服及防护器材；现场采样设备；快速分析设备；便携式电脑；打印设备及其他必要的设备。

此外，制定计划时要对路线进行科学、合理的安排。

（三）污染源现场执法

按制定的生态环境现场执法计划开展生态环境现场执法。执法人员进入执法现场，应当出示执法资格证件，异地执法应当同时出示临时工作证件。提出明确要求，告知被检查人申请回避的权利和配合调查的义务，及时展开检查。配备执法记录仪的应当使用执法记录仪进行全过程记录，并填写《现场执法检查记录表》。对于阻挠、拒绝检查的，执法人员应当使用执法记录仪或者拍照、录音、摄像等方式进行连贯性取证。

执法人员检查要认真、细致、全面，现场执法人员有权进入有关场所进行检查，检查的内容同生态环境现场执法检查内容。主要有核实被检查单位基本信息，审核企业建设项目环评审批及验收、排污许可证、环保管理台账、历年检查及问题整改记录等文档资料。检查排污单位的污染物排放情况、生产工况情况、污染治理设施运行管理情况和监测记录台账、建设项目环境管理制度执行情况、污染事故及纠纷的情况等。如发现异常情况，应及时处理。现场检查需要取样的，可委托具备合法资质的机构、人员按照技术规范进行，取样过程应在现场检查记录、笔录中显示，以获取违法排污的确凿证据。

现场检查活动中取得的证据有书证、物证、证人证言、视听材料和计算机数据、当事人陈述、环境监测报告和其他鉴定结论现场检查笔录等。现场取得的证据须经相关人员签字。

（四）视情处理

现场调查的结果一般分为两类，即正常和异常，检查结果正常情况下直接总结归档，检查结果异常则需视情处理，现场执法检查中发现环境管理问题的应当填写行政指导管理文书，根据问题性质、情节轻重，可以按照法律法规的规定，当场采取责令减轻、消除污染，责令限制排污、停止排污，责令改正等处理措施。

现场检查发现违法行为符合立案条件的，除按要求及时调查取证外，应当在7个工作日内补办立案手续，填写《环境违法行为立案审批表》，履行行政处罚程序。对涉嫌环境违法犯罪的，移送公安机关处理。

（五）定期复查

对异常情况按规定期限进行复查，以监督检查污染源单位整改措施的落实，切实保证违法行为得到纠正。

（六）总结归档

要求按期总结生态环境现场执法情况，注明发现的问题、处理意见以及处理结果等。按照执法检查要求，及时撰写现场执法检查工作报告。对所有的原始记录、材料要分类归档备查。

二、典型案例

（一）案件简介

2021年4月15日，××市生态环境局接到举报×××建材公司污染严重。当日，生态环境综合行政执法人员赶赴现场检查，发现该公司生产区北侧堆存有1.2万吨煤粉灰和4000吨铁尾矿砂，且未采取防扬散、防流失、防渗漏等防止污染环境的措施。该市生态环境局于4月21日下达责令改正违法行为决定书，责令立即采取措施改正；4月25日作出行政处罚，对该公司未采取"三防"措施贮存固体废物的违法行为依据《中华人民共和国固体废物污染环境防治法》罚款10万元。5月8日，对涉案单位开展后督察检查，涉案固体废物已全部采取三防措施贮存。5月10日结案。

（二）单位基本情况

该建材公司位于××市××区××镇××村八组，统一社会信用代码为××××××××××××××，法定代表人张××。

该公司从事干混砂浆、石灰石粉的生产及销售，普通货物罐车道路运输，工业废渣利用，粉煤灰加工、销售等。

主要环境管理制度落实情况：年产12万吨脱硫石粉、20万吨煤粉灰建设项目。该项目环境影响报告表于2015年3月11日获得该市环境保护局某分局的批复，因资金、市场等原因的影响，公司长期处于停产状态，2019年7月新股东入股后，逐渐完善生产设备和环保设施，2020年5月开始试生产。于2020年12月31日完成建设项目竣工环境保护自主验收。排污许可证有效期为2020年7月25日至2025年7月24日。

（三）编写生态环境现场执法计划

执法人员：××市生态环境保护综合行政执法支队三大队的李××（执法证号：××××××××××）、雷××（执法证号：××××××××××）。

执法检查对象：××市某建材公司。

执法检查时间：因2021年4月15日接群众投诉××市某建材公司污染严重，我局执法人员当天对该市某建材公司开展随机现场检查，若证据不足可随机增加调查次数。

设备准备：记录本及执法文书（便携式记录仪）、交通工具、通信器材、全球定位系统、录音、照相、摄像器材等常用设备。

路线安排：科学规划路线。

（四）现场执法检查

接群众投诉，2021年4月15日，我局执法人员对××市某建材公司进行了现场检查，执法人员李××和雷××向公司出示生态环境执法资格证件并说明来意。现场检查时，该公司未生产，执法人员发现该公司生产区内擅自露天堆放大量固体物料，且未采取防扬散、防流失、防渗漏措施。经核实，露天堆放的固体物料是该公司从某电厂购买的煤粉灰（约1.2万吨）和某资源再生有限责任公司购买的铁尾矿砂（约4000t），并作为公司的主要生产原料。表3.1为现场收集到的证据。

表 3.1 现场收集证据

现场照片（图片、影像资料）证据
 露天堆放的粉煤
 露天堆放的铁尾矿
证明对象：××建材公司将1.2万吨煤粉灰和4000吨铁尾矿砂堆存厂区北侧，堆存过程中未采取防扬散、防流失、防渗漏措施。
拍摄时间：2021年4月15日16时15分，2021年4月15日16时17分
拍摄地点：厂区北侧
拍摄人：王××
当事人：李××
见证人：
执法人员（签名）：李×× 雷××

同时还收集了该厂的地理位置图、排污许可证、法人授权委托书、建设项目环境影响报告表等相关证据。

（五）违法事实认定及处理

1. 违法行为的认定

该公司擅自露天堆放生产原料，未按环评及其批复要求将原辅料贮存在具有防扬散、防流失、防渗漏措施的厂棚内。依照案件调查的结果和相关法律法规，××市生态环境局于2021年4月21日对××建材公司下达了《责令改正违法行为决定书》。

××建材公司违反了《中华人民共和国固体废物污染环境防治法》第二十条"产生、收集、贮存、运输、利用、处置固体废物的单位和其他生产经营者，应当采取防扬散、防流失、防渗漏或者其他防止污染环境的措施，不得擅自倾倒、堆放、丢弃、遗撒固体废物"的规定。

2. 处理意见

依据《中华人民共和国固体废物污染环境防治法》第一百零二条第十款规定，"贮存工业固体废物未采取符合国家环境保护标准的防护措施的"，"由生态环境主管部门责令改正，处以罚款，没收违法所得；情节严重的，报经有批准权的人民政府批准，可以责令停业或者关闭"，"处十万元以上一百万元以下的罚款"，参照《环境行政处罚办法》第六条的相关要求，对该公司罚款人民币十万元，责令改正。

习题

2022年5月16日，市民通过新浪微博投诉，反映××村口塑料加工厂排放有毒气体，气味扰民的环境问题。某生态环境综合行政执法大队立马组织执法人员赶往现场展开调查。该塑料加工厂全称为"××市××区××铝塑装饰板厂"，经营场所在××市××区××村，经营范围：铝塑装饰板的加工、销售，产品名称为铝塑装饰板，规模为每年投入生产铝塑装饰板3万张。该厂办理了个体工商户营业执照，注册号：5301116000××××，项目总投资10万元，占地面积300平方米。

经现场调查及对企业法人的询问和企业有关材料的翻阅，核实：该厂于2005年10月办理了环保审批手续，并于2021年3月办理了建设项目竣工环境保护验收申请登记卡，法人为"陈××"，检查中发现该企业无排污许可证。该厂生产设备破碎设备3套（破碎、打磨、静电分离），生产线一条，修边机一台，生产工艺为外购聚乙烯颗粒料经电加热挤塑、使用直接冷却水冷却制板、经复合机复合铝箔、制成铝塑复合板、经修边机裁边、包装即成为产品。边角废料破碎后，回收用于生产。生产过程中，颗粒塑料加热挤塑产生塑料恶臭气体无污染防治措施，无组织排放塑料烟气、异味，对周围环境造成一定的影响。

任务

(1) 结合案例所给信息试述本案例生态环境执法检查的方法有哪些。

(2) 技能实训：根据案例资料，4～5人一组进行讨论，提出对××市××区××铝塑装饰板厂执法检查的内容和现场取证手段，对检查结果的事实进行分析和违法行为认定，并撰写一份生态环境现场执法调查报告。

模块四

生态环境执法专项法律制度执法检查

项目一 建设项目环境管理相关制度执法检查

知识目标

1. 掌握建设项目环境影响评价制度执法检查的内容；
2. 掌握"三同时"制度执法检查内容。

能力目标

1. 具备执法检查建设项目环境影响评价制度的能力；
2. 具备执法检查"三同时"制度的能力。

素质目标

1. 培养公平、公正、正义的意识；
2. 培养学思用贯通、知信行统一的品质。

案例导入

1. 某企业在2016年1月获取已审批的建设项目环评报告书，因资金问题一直没有建设，到2023年3月该企业以持有2015年已审批建设项目环评报告书为由开始动工建设。

【任务】请问环境执法人员执法检查时如何判断该企业是否存在环境违法行为？该案件环境执法检查的要点是什么？

2. 2022年5月27日、5月28日某生态环境分局执法人员现场检查及调查发现，某单位主要从事塑胶家具的加工生产［无电镀工艺的；年用溶剂型涂料（含稀释剂）10吨及以下的］，原有项目经生态环境主管部门审批验收同意后已经建设并投入使用。但该单位在2022年12月未经生态环境主管部门审批同意的情况下，增加混料、挤出工序和混料机1台、塑胶抽管机2台等设备。新增建设项目的总投资额为一百万元。

【任务】（1）请分析该单位的环境违法行为及其依据并提出处理意见；

（2）请分析本案件环境执法检查的要点。

3. 2022 年 3 月 23 日，某生态环境分局执法人员现场检查及调查发现，某塑料袋加工厂，设有吹膜、印刷、分切、包装等工序和吹膜机 5 台、印刷机 3 台、切封机 11 台、拌料机 4 台、收卷膜机 1 台等设备，其配套的环境保护设施未进行自主验收，已投入生产。

【任务】请分析该塑料袋加工厂的环境违法行为及环境执法检查要点。

一、建设项目环境影响评价制度执法检查

（一）建设项目环境影响评价制度执法要点

根据《中华人民共和国环境影响评价法》（以下简称《环评法》）指出，建设项目环境影响评价指在进行建设活动之前，对建设项目的选址、设计和建成投产使用后可能对周围环境产生的不良影响进行调查、预测和评定，提出防治措施，并按照法定程序进行报批的法律制度。在开展建设项目环境影响评价制度执法检查时主要检查以下内容。

1. 建设项目环境影响评价"未批先建"

生态环境部门首先要检查建设单位是否存在"未批先建"现象存在。建设项目环境影响评价"未批先建"违法行为是指，建设单位未依法报批建设项目环境影响报告书（表），或者未按照《环评法》第二十四条的规定重新报批或者重新审核环境影响报告书（表），擅自开工建设的违法行为，以及建设项目环境影响报告书（表）未经批准或者未经原审批部门重新审核同意，建设单位擅自开工建设的违法行为。

除火电、水电和电网项目外，建设项目开工建设是指，建设项目的永久性工程正式破土开槽开始施工，在此以前的准备工作，如地质勘探、平整场地、拆除旧有建筑物、临时建筑、施工用临时道路、通水、通电等不属于开工建设。

火电项目开工建设是指主厂房基础垫层浇筑第一方混凝土。电网项目中变电工程和线路工程开工建设是指主体工程基础开挖和线路基础开挖。水电项目筹建及准备期相关工程按照《关于进一步加强水电建设环境保护工作的通知》（环办〔2012〕4 号）执行。

2. 建设项目环境影响评价文件的监督管理

（1）建设项目环境影响评价文件的分类管理　建设单位根据规定应当组织编制环境影响报告书、环境影响报告表或者填报环境影响登记表（以下统称环境影响评价文件）：可能造成重大环境影响的，应当编制环境影响报告书，对产生的环境影响进行全面评价；可能造成轻度环境影响的，应当编制环境影响报告表，对产生的环境影响进行分析或者专项评价；对环境影响很小、不需要进行环境影响评价的，应当填报环境影响登记表。

具体项目如何分类管理见国务院生态环境主管部门制定并公布的《建设项目的环

境影响评价分类管理名录》。因此生态环境部门需检查建设单位是否严格按照《建设项目的环境影响评价分类管理名录》的要求开展建设项目环境影响评价分类管理。建设项目环评文件的编制应符合《建设项目环境影响评价分类管理名录》要求，不得擅自更改和降低环评文件类别。

（2）建设项目的环境影响报告书的内容　应当包括下列内容：①建设项目概况；②建设项目周围环境现状；③建设项目对环境可能造成影响的分析、预测和评估；④建设项目环境保护措施及其技术、经济论证；⑤建设项目对环境影响的经济损益分析；⑥对建设项目实施环境监测的建议；⑦环境影响评价的结论。

环境影响报告表和环境影响登记表的内容和格式，由国务院生态环境主管部门制定。

环境执法人员在执法检查时要确定实际情况是否与以上内容相符。

3. 建设过程中或投产使用后监督检查

（1）《环评法》第二十六条规定："建设项目建设过程中，建设单位应当同时实施环境影响报告书、环境影响报告表以及环境影响评价文件审批部门审批意见中提出的环境保护对策措施。"第二十七条："在项目建设、运行过程中产生不符合经审批的环境影响评价文件的情形的，建设单位应当组织环境影响的后评价，采取改进措施，并报原环境影响评价文件审批部门和建设项目审批部门备案；原环境影响评价文件审批部门也可以责成建设单位进行环境影响的后评价，采取改进措施。"

（2）《环评法》第二十八条规定："生态环境主管部门应当对建设项目投入生产或者使用后所产生的环境影响进行跟踪检查，对造成严重环境污染或者生态破坏的，应当查清原因、查明责任。对属于建设项目环境影响报告书、环境影响报告表存在基础资料明显不实，内容存在重大缺陷、遗漏或者虚假，环境影响评价结论不正确或者不合理等严重质量问题的，依照本法第三十二条的规定追究建设单位及其相关责任人员和接受委托编制建设项目环境影响报告书、环境影响报告表的技术单位及其相关人员的法律责任；属于审批部门工作人员失职、渎职，对依法不应批准的建设项目环境影响报告书、环境影响报告表予以批准的，依照本法第三十四条的规定追究其法律责任。"

（二）违反建设项目环境影响评价制度的法律责任

建设项目违反《环评法》承担的法律责任详见表4.1。

表4.1　建设项目违反《环评法》行为及法律责任

序号	违法行为	责任条款	法律责任
1	建设单位未依法报批建设项目环境影响报告书、报告表，或者未依照《环评法》第二十四条的规定重新报批环境影响报告书、报告表或者报请重新审核未经批准，擅自开工建设的	《环评法》第三十一条	责令停止建设，根据违法情节和危害后果，处建设项目总投资额百分之一以上百分之五以下的罚款，并可以责令恢复原状；对建设单位直接负责的主管人员和其他直接责任人员，依法给予行政处分
2	建设单位未依法备案建设项目环境影响登记表	《环评法》第三十一条	责令备案，处五万元以下的罚款

续表

序号	违法行为	责任条款	法律责任
3	建设项目环境影响报告书、环境影响报告表存在基础资料明显不实,内容存在重大缺陷、遗漏或者虚假,环境影响评价结论不正确或者不合理等严重质量问题	《环评法》第三十二条	对建设单位处五十万元以上二百万元以下的罚款,并对建设单位的法定代表人、主要负责人、直接负责的主管人员和其他直接责任人员,处五万元以上二十万元以下的罚款
4	接受委托编制建设项目环境影响报告书、环境影响报告表的技术单位违反国家有关环境影响评价标准和技术规范等规定,致使其编制的建设项目环境影响报告书、环境影响报告表存在基础资料明显不实,内容存在重大缺陷、遗漏或者虚假,环境影响评价结论不正确或者不合理等严重质量问题的	《环评法》第三十二条	对技术单位处所收费用三倍以上五倍以下的罚款;情节严重的,禁止从事环境影响报告书、环境影响报告表编制工作;有违法所得的,没收违法所得

二、"三同时"制度执法检查

《建设项目环境保护管理条例》(以下简称《条例》)指出建设项目需要配套建设的环境保护设施,必须与主体工程同时设计、同时施工、同时投产使用。

(一)"三同时"制度执法要点

1. 主体工程和环境保护设施是否做到"三同时"

《条例》第十六条规定:"建设项目的初步设计,应当按照环境保护设计规范的要求,编制环境保护篇章,落实防治环境污染和生态破坏的措施以及环境保护设施投资概算。建设单位应当将环境保护设施建设纳入施工合同,保证环境保护设施建设进度和资金,并在项目建设过程中同时组织实施环境影响报告书、环境影响报告表及其审批部门审批决定中提出的环境保护对策措施。"

2. 配套建设的环境保护设施是否建成、建成后是否验收,验收是否合格

《条例》第十七条规定第一款规定"编制环境影响报告书、环境影响报告表的建设项目竣工后,建设单位应当按照国务院环境保护主管部门规定的标准和程序,对配套建设的环境保护设施进行验收,编制验收报告。"

《条例》第十九第一款规定:"编制环境影响报告书、环境影响报告表的建设项目,其配套建设的环境保护设施经验收合格,方可投入生产或者使用;未经验收或者验收不合格的,不得投入生产或者使用。"

3. 建设项目竣工验收报告是否弄虚作假

《条例》第十七条第二款规定:"建设单位在环境保护设施验收过程中,应当如实查验、监测、记载建设项目环境保护设施的建设和调试情况,不得弄虚作假。"

(二)违反"三同时"制度的法律责任

建设项目违反《条例》行为及法律责任详见表4.2。

表 4.2　建设项目违反《条例》行为及法律责任

序号	违法行为	责任条款	法律责任
1	建设单位编制建设项目初步设计未落实防治环境污染和生态破坏的措施以及环境保护设施投资概算,未将环境保护设施建设纳入施工合同,或者未依法开展环境影响后评价的	《条例》第二十二条	责令限期改正,处 5 万元以上 20 万元以下的罚款;逾期不改正的,处 20 万元以上 100 万元以下的罚款
2	需要配套建设的环境保护设施未建成、未经验收或者验收不合格,建设项目即投入生产或者使用,或者在环境保护设施验收中弄虚作假的	《条例》第二十三条	责令限期改正,处 20 万元以上 100 万元以下的罚款;逾期不改正的,处 100 万元以上 200 万元以下的罚款;对直接负责的主管人员和其他责任人员,处 5 万元以上 20 万元以下的罚款;造成重大环境污染或者生态破坏的,责令停止生产或者使用,或者报经有批准权的人民政府批准,责令关闭
3	建设单位未依法向社会公开环境保护设施验收报告的	《条例》第二十三条	责令公开,处 5 万元以上 20 万元以下的罚款,并予以公告

三、典型案例

【案情简介】2021 年 7 月 2 日,Y 市生态环境局执法人员对某生物化学有限责任公司(以下简称建设单位)现场检查时发现,该公司补办的《80 吨/天废水生化处理项目及 500 平方米危废仓库项目环境影响报告表》未如实反映污水处理站废气治理设施实际建设内容,引用的监测数据与原始监测报告中的数据不一致。经查,建设单位废水生化污水处理站及其废气治理设施实际于 2020 年 1 月建成投用。2019 年 4 月,该公司以 4000 元价格委托某勘察设计有限公司(以下简称环评编制单位)编制《80 吨/天废水生化处理项目及 500 平方米危废仓库项目环境影响报告表》(补办环评手续),并于 2019 年 6 月 26 日取得环评批复。2020 年 1 月至 2021 年 7 月期间,该建设单位陆续将综合治理车间 8 个百草枯工艺废水储罐含有氨和非甲烷总烃的呼吸尾气接入污水处理站废气处理装置内处理,补办环评手续编制的环评文件中未能如实反映工艺改造过程,仍按照原有工艺编写。同时,环评文件编制过程中,该建设单位委托某环境科技集团股份有限公司进行现状监测,原始监测报告显示废气处理装置出口非甲烷总烃第一次监测结果和均值监测结果分别为 39.1 毫克/立方米和 13.5 毫克/立方米,而环评编制单位出具的环评文件引用的监测数据与原始监测结果不一致。

【查处情况】Y 市生态环境局于 2021 年 7 月 9 日送达《行政处罚决定书》,告知该企业违法事实、处罚依据和拟作出的处罚决定,并告知企业有权进行陈述申辩和听证。根据《中华人民共和国环境影响评价法》第三十二条第一款规定,Y 市生态环境局对该建设单位处以 50 万元罚款,并责令改正违法行为;对建设单位法定代表人赵某某和项目主要负责人陈某某各处 5.2 万元罚款。对环评文件编制单位某勘察设计有限公司处以 1.2 万元罚款,并责令改正违法行为。根据失信记分办法对环评编制单位予以失信记分,环境影响评价信用平台已注销编制主持人段某某的诚信档案。

【案例分析】本案的关键是了解环境影响评价文件的内容。

《环评法》第十七条规定，建设项目的环境影响报告书应当包括下列内容：

(1) 建设项目概况；

(2) 建设项目周围环境现状；

(3) 建设项目对环境可能造成影响的分析、预测和评估；

(4) 建设项目环境保护措施及其技术、经济论证；

(5) 建设项目对环境影响的经济损益分析；

(6) 对建设项目实施环境监测的建议；

(7) 环境影响评价的结论。

环境影响报告表和环境影响登记表的内容和格式，由国务院生态环境主管部门制定。

第二十条规定，"建设单位应当对建设项目环境影响报告书、环境影响报告表的内容和结论负责，接受委托编制建设项目环境影响报告书、环境影响报告表的技术单位对其编制的建设项目环境影响报告书、环境影响报告表承担相应责任。

设区的市级以上人民政府生态环境主管部门应当加强对建设项目环境影响报告书、环境影响报告表编制单位的监督管理和质量考核。

负责审批建设项目环境影响报告书、环境影响报告表的生态环境主管部门应当将编制单位、编制主持人和主要编制人员的相关违法信息记入社会诚信档案，并纳入全国信用信息共享平台和国家企业信用信息公示系统向社会公布。"

第二十八条规定，"生态环境主管部门应当对建设项目投入生产或者使用后所产生的环境影响进行跟踪检查，对造成严重环境污染或者生态破坏的，应当查清原因、查明责任。对属于建设项目环境影响报告书、环境影响报告表存在基础资料明显不实，内容存在重大缺陷、遗漏或者虚假，环境影响评价结论不正确或者不合理等严重质量问题的，依照本法第三十二条的规定追究建设单位及其相关责任人员和接受委托编制建设项目环境影响报告书、环境影响报告表的技术单位及其相关人员的法律责任；属于审批部门工作人员失职、渎职，对依法不应批准的建设项目环境影响报告书、环境影响报告表予以批准的，依照本法第三十四条的规定追究其法律责任。"

第三十二条规定，"建设项目环境影响报告书、环境影响报告表存在基础资料明显不实，内容存在重大缺陷、遗漏或者虚假，环境影响评价结论不正确或者不合理等严重质量问题的，由设区的市级以上人民政府生态环境主管部门对建设单位处五十万元以上二百万元以下的罚款，并对建设单位的法定代表人、主要负责人、直接负责的主管人员和其他直接责任人员，处五万元以上二十万元以下的罚款。"

【执法要点】依据环境影响评价法第十七条、二十条、二十八条相关规定，执法人员应清楚了解环境影响评价文件的内容，了解建设单位及编制环境影响评价文件的单位应该承担的责任。

项目二　排污许可制执法检查

知识目标

1. 掌握排污许可制的主要管理内容；
2. 掌握排污许可制执法检查的要点。

能力目标

具备执法检查排污许可制的能力。

素质目标

1. 培养公平、公正、正义的意识；
2. 培养学思用贯通、知信行统一的品质。

案例导入

1. 2021年8月10日，某市生态环境局某分局执法人员对某县某印染有限公司进行现场勘查。该公司主要从事针织面料染整加工，检查时正在生产。检查发现，企业厂区内有各种型号染缸34台。其中只有20台染缸为2018年12月申领的排污许可证核定的。其余14台新增染缸无排污许可证核定但已投入生产。执法过程中该公司负责人狡辩他们已经取得了审批的排污许可证，新增14台染缸无须再申报排污许可证。

【任务】（1）根据信息，请判断该公司是否存在环境违法行为，并说明理由。

（2）分析该案件执法检查的要点。

2. 2022年5月9日，某市生态环境局某分局执法人员对某建材科技有限公司现场检查，发现该公司2021年7月取得的排污许可证要求自行监测的因子为13项，12项为半年监测一次，1项为两季度一次，但该单位未制定自行监测计划，也未能提供2021年下半年及2022年上半年自行监测报告。

【任务】（1）根据信息，请判断该公司是否存在环境违法行为，并说明理由。

（2）分析该案件执法检查的要点。

一、排污许可制执法要点

排污许可制是固定污染源管理的核心制度，为固定污染源管理制度更加成熟定型更加完善奠定了法规基础，为改善生态环境质量提供了长牙齿的制度利器。

实行排污许可管理的企业事业单位和其他生产经营者（以下称排污单位），应当依照《排污许可管理条例》（以下简称《管理条例》）规定申请取得排污许可证；未取得排污许可证的，不得排放污染物。现有排污单位应当在生态环境部规定的实施时限内申请取得排污许可证或者填报排污登记表。新建排污单位应当在启动生产设施或者发生实际排污之前申请取得排污许可证或者填报排污登记表。

排污许可制试点以来，虽然大部分省（自治区、直辖市）已经开始颁发排污许可证，为加强固定污染源管理发挥了重要作用，但有些地区也一定程度上存在重发证轻证后监管，持证排污单位不按证排污、不达标排放的问题，排污许可证的权威性需要强化。而许可证的权威不是发出来的，是证后监管出来的。因此加强排污许可证后管理显得尤为重要。

排污许可制执法检查主要包括以下内容。

（一）排污许可证核发质量

生态环境主管部门在排污许可证检查中应重点对排污许可证上载明的基本信息、登记事项、许可事项及相关附件等内容进行检查，重点检查排污单位的基本信息、生产设施、主要产品及产能、原辅材料及燃料、产排污环节、污染防治设施、排放口的信息与实际情况是否相符，自行监测方案是否符合相关技术规范要求，是否存在需要整改的问题等内容。检查中发现存在需要整改的问题，应及时通知排污单位。对发现在检查过程中存在瞒报或提供虚假信息的排污单位，生态环境主管部门应依法予以处置。

（二）环境管理台账

生态环境主管部门检查排污单位环境管理台账，应对照排污许可证载明要求，重点检查环境管理台账中排污单位基本信息、生产设施运行管理信息、污染治理设施运行管理信息、监测记录信息及其他环境管理信息是否完整、真实，环境管理台账与执行报告相应内容是否一致，记录频次和记录形式是否规范，是否记录非正常工况及污染治理设施异常情况等内容。

（三）执行报告

生态环境主管部门核查执行报告，应重点核查执行报告的上报内容、报送频次是否满足排污许可证要求，结合环境管理台账记录、监测数据以及其他监控手段等，核查执行报告的真实性，判定是否符合许可排放浓度和许可排放量，是否落实自行监测、信息公开等环境管理要求，同时重点关注排污单位是否报告了超标排放或污染防治设施异常情况、竣工环境保护验收情况、排污许可证内容变化、公众举报投诉及环境行政处罚的处理情况等内容。对于在执行报告检查中发现排污单位存在实际执行情况与环境管理台账、执行报告内容等不一致的，生态环境主管部门应责令排污单位作出说明。对于未能提供相关说明且无法提供自行监测原始记录的，应依法予以处置。对于有违规记录的排污单位，应提高检查频次，并纳入排污单位环保信用信息中。

（四）自行监测

生态环境主管部门组织开展排污单位自行监测检查，应重点检查排污单位自行监测方案制定规范性、监测行为完整性、监测过程规范性、监测数据真实性以及监测信息公开情况等，重点检查监测点位、指标、频次、采样方法、监测分析方法和信息记录等是否符合排污许可证要求；监测期间生产负荷是否符合技术规范要求；自动监测设施不能正常运行期间是否按规定开展手工监测并报送生态环境主管部门。对于委托第三方监测机构开展监测的，对检查中发现存在疑问的可延伸至第三方监测机构进行检查；对于安装使用在线监测设施的排污单位，应视情况开展在线设施的比对检查。

（五）信息公开

在排污许可证有效期内，生态环境主管部门应至少开展一次排污单位信息公开情况检查，并对信息公开情况检查结果对外公开，接受社会监督。对于实施重点管理的排污单位，可通过年度执行报告中记录的信息公开情况，核实履行信息公开的方式、时间节点和内容是否符合排污许可证要求，同时重点关注排污单位运营期间的排污信息、污染防治设施建设和运行情况等信息公开内容。

二、违反排污许可制的法律责任

排污单位违反《管理条例》行为及应承担的法律责任见表4.3。

表4.3 排污单位违反《管理条例》行为及法律责任

序号	违法行为	责任条款	法律责任
1	①未取得排污许可证排放污染物； ②排污许可证有效期届满未申请延续或者延续申请未经批准排放污染物； ③被依法撤销、注销、吊销排污许可证后排放污染物； ④依法应当重新申请取得排污许可证，未重新申请取得排污许可证排放污染物	《管理条例》第三十三条	责令改正或者限制生产、停产整治，处20万元以上100万元以下的罚款；情节严重的，报经有批准权的人民政府批准，责令停业、关闭
2	①超过许可排放浓度、许可排放量排放污染物； ②通过暗管、渗井、渗坑、灌注或者篡改、伪造监测数据，或者不正常运行污染防治设施等逃避监管的方式违法排放污染物	《管理条例》第三十四条	责令改正或者限制生产、停产整治，处20万元以上100万元以下的罚款；情节严重的，吊销排污许可证，报经有批准权的人民政府批准，责令停业、关闭
3	①未按照排污许可证规定控制大气污染物无组织排放； ②特殊时段未按照排污许可证规定停止或者限制排放污染物	《管理条例》第三十五条	责令改正，处5万元以上20万元以下的罚款；情节严重的，处20万元以上100万元以下的罚款，责令限制生产、停产整治
4	①污染物排放口位置或者数量不符合排污许可证规定； ②污染物排放方式或者排放去向不符合排污许可证规定； ③损毁或者擅自移动、改变污染物排放自动监测设备； ④未按照排污许可证规定安装、使用污染物排放自动监测设备并与生态环境主管部门的监控设备联网，或者未保证污染物排放自动监测设备正常运行； ⑤未按照排污许可证规定制定自行监测方案并开展自行监测； ⑥未按照排污许可证规定保存原始监测记录； ⑦未按照排污许可证规定公开或者不如实公开污染物排放信息； ⑧发现污染物排放自动监测设备传输数据异常或者污染物排放超过污染物排放标准等异常情况不报告； ⑨违反法律法规规定的其他控制污染物排放要求的行为	《管理条例》第三十六条	责令改正，处2万元以上20万元以下的罚款；拒不改正的，责令停产整治

续表

序号	违法行为	责任条款	法律责任
5	①未建立环境管理台账记录制度,或者未按照排污许可证规定记录; ②未如实记录主要生产设施及污染防治设施运行情况或者污染物排放浓度、排放量; ③未按照排污许可证规定提交排污许可证执行报告; ④未如实报告污染物排放行为或者污染物排放浓度、排放量	《管理条例》第三十七条	责令改正,处每次5千元以上2万元以下的罚款;法律另有规定的,从其规定
6	排污单位拒不配合生态环境主管部门监督检查,或者在接受监督检查时弄虚作假的	《管理条例》第三十九条	责令改正,处2万元以上20万元以下的罚款
7	伪造、变造、转让排污许可证的	《管理条例》第四十一条	没收相关证件或者吊销排污许可证,处10万元以上30万元以下的罚款,3年内不得再次申请排污许可证

三、典型案例

【案情简介】根据群众举报,2022年7月1日某市生态环境局A分局执法人员对某农牧有限公司进行现场执法检查,发现该公司正在从事生猪养殖,生猪存栏数3.1万头,产生的养殖废水经污水处理系统处理后排入市政污水管网,产生的猪舍养殖臭气经除臭系统处理后排放。现场执法检查,该公司未能出示排污许可证。执法人员通过全国排污许可证管理信息平台未能查询到该公司申请排污许可证的记录。

【查处情况】该市生态环境局于2022年7月9日送达《行政处罚决定书》,告知该企业违法事实、处罚依据和拟作出的处罚决定,并告知企业有权进行陈述申辩和听证。根据《排污许可管理条例》第三十三条第一项规定,生态环境局责令该公司改正上述环境违法行为,并处罚款29万元。

【案例分析】本案的关键是了解《固定污染源排污许可分类管理名录(2019年版)》对固定污染源的分类管理规定。

该公司为设有污水排放口的规模化畜禽养殖场,属于《固定污染源排污许可分类管理名录(2019年版)》第一大类第1项,为重点管理类企业,需要申领排污许可证。经调查核实,该公司存在未取得排污许可证排放污染物的情况。该公司的行为违反了《排污许可管理条例》第二条第一款"依照法律规定实行排污许可管理的企业事业单位和其他生产经营者(以下称排污单位),应当依照本条例规定申请取得排污许可证;未取得排污许可证的,不得排放污染物"的规定。依据《排污许可管理条例》第三十三条第一项规定,未取得排污许可证排放污染物的排污单位,由生态环境主管部门责令改正或者限制生产、停产整治,处20万元以上100万元以下的罚款;情节严重的,报经有批准权的人民政府批准,责令停业、关闭。

【执法要点】执法人员应严格执行排污许可制度。生态环境执法人员应熟练掌握排污许可证管理有关规定,掌握排污许可分类管理,准确判定企业是需要申领排污许可证还是填报排污许可登记,以提高现场执法发现问题的能力。

项目三 限期淘汰与突发环境事件应急制度执法检查

知识目标

1. 掌握限期淘汰制度执法检查要点；
2. 掌握突发环境事件应急制度执法检查要点。

能力目标

1. 具备限期淘汰制度执法检查的能力；
2. 具备突发环境事件应急制度执法检查的能力。

素质目标

1. 培养公平、公正、正义的意识；
2. 培养持续不断学习的品质。

案例导入

1. 2022年5月，A市生态环境局接到某钢铁冶炼厂污染的投诉，A市生态环境局某分局执法人员立刻对该钢铁冶炼厂展开检查，发现该厂生产车间采用预应力钢材生产消除应力处理的铅淬火工艺加工材料，导致含铅废气的产生，大气污染严重。

【任务】试分析该案例执法检查要点及违法处罚依据。

2. 2022年12月，A市生态环境局组织在全市范围内开展了生态环境风险隐患大排查大整治工作。排查中发现，某县某企业（属于危险废物产生单位）未采取危险废物意外事故防范措施，未编制突发环境事件应急预案，未建设事故应急池，未配备危险物资泄漏应急处置设备。

【任务】请问该企业是否存在环境违法行为？试阐述该案例分析过程及执法检查要点。

一、限期淘汰制度执法要点

限期淘汰制度是指国家有关部门针对浪费资源和严重污染环境的落后生产技术工艺设备和产品制定并发布限期淘汰的名录，在规定的期限内一律不得生产、销售、进口、使用和转让的制度。淘汰的对象主要包括两类：一是浪费资源和严重污染环境的落后生产技术和工艺；二是浪费资源和严重污染环境的落后设备和产品。根据法律规定，国家对应淘汰的技术工艺设备以及产品，由国务院经济贸易行政主管部门会同国务院有关行政主管部门制定并发布限期淘汰的生产技术工艺设备以及产品的目录。

（一）限期淘汰的法律规定

环境法第四十六条规定："国家对严重污染环境的工艺、设备和产品实行淘汰制度。任何单位和个人不得生产、销售或者转移、使用严重污染环境的工艺、设备和产品。禁止引进不符合我国环境保护规定的技术、设备、材料和产品。"

《中华人民共和国水污染防治法》（以下简称水污染防治法）第四十六条规定："国家对严重污染水环境的落后工艺和设备实行淘汰制度。国务院经济综合宏观调控部门会同国务院有关部门，公布限期禁止采用的严重污染水环境的工艺名录和限期禁止生产、销售、进口、使用的严重污染水环境的设备名录。生产者、销售者、进口者或者使用者应当在规定的期限内停止生产、销售、进口或者使用列入前款规定的设备名录中的设备。工艺的采用者应当在规定的期限内停止采用列入前款规定的工艺名录中的工艺。依照本条第二款、第三款规定被淘汰的设备，不得转让给他人使用。"

《中华人民共和国大气污染防治法》（以下简称大气污染防治法）第二十七条规定："国家对严重污染大气环境的工艺、设备和产品实行淘汰制度。国务院经济综合主管部门会同国务院有关部门确定严重污染大气环境的工艺、设备和产品淘汰期限，并纳入国家综合性产业政策目录。生产者、进口者、销售者或者使用者应当在规定期限内停止生产、进口、销售或者使用列入前款规定目录中的设备和产品。工艺的采用者应当在规定期限内停止采用列入前款规定目录中的工艺。被淘汰的设备和产品，不得转让给他人使用。"

《中华人民共和国固体废物污染环境防治法》（以下简称固体废物污染环境防治法）第三十三条规定："国务院工业和信息化主管部门应当会同国务院有关部门组织研究开发、推广减少工业固体废物产生量和降低工业固体废物危害性的生产工艺和设备，公布限期淘汰产生严重污染环境的工业固体废物的落后生产工艺、设备的名录。生产者、销售者、进口者、使用者应当在国务院工业和信息化主管部门会同国务院有关部门规定的期限内分别停止生产、销售、进口或者使用列入前款规定名录中的设备。生产工艺的采用者应当在国务院工业和信息化主管部门会同国务院有关部门规定的期限内停止采用列入前款规定名录中的工艺。列入限期淘汰名录被淘汰的设备，不得转让给他人使用。"

《中华人民共和国噪声污染防治法》（以下简称噪声污染防治法）第二十七条规定："国家鼓励、支持低噪声工艺和设备的研究开发和推广应用，实行噪声污染严重的落后工艺和设备淘汰制度。国务院发展改革部门会同国务院有关部门确定噪声污染严重的工艺和设备淘汰期限，并纳入国家综合性产业政策目录。生产者、进口者、销售者或者使用者应当在规定期限内停止生产、进口、销售或者使用列入前款规定目录的设备。工艺的采用者应当在规定期限内停止采用列入前款规定目录的工艺。"

《中华人民共和国清洁生产促进法》第十二条规定："国家对浪费资源和严重污染环境的落后生产技术、工艺、设备和产品实行限期淘汰制度。国务院有关部门按照职责分工，制定并发布限期淘汰的生产技术、工艺、设备以及产品的目录。"

（二）限期淘汰的法律责任

水污染防治法第八十六条规定"违反本法规定，生产、销售、进口或者使用列入禁止生产、销售、进口、使用的严重污染水环境的设备名录中的设备，或者采用列入禁止采用的严重污染水环境的工艺名录中的工艺的，由县级以上人民政府经济综合宏观调控部门责令改正，处五万元以上二十万元以下的罚款；情节严重的，由县级以上人民政府经济综合宏观调控部门提出意见，报请本级人民政府责令停业、关闭。"

大气污染防治法第一百零一条规定："违反本法规定，生产、进口、销售或者使用国家综合性产业政策目录中禁止的设备和产品，采用国家综合性产业政策目录中禁止的工艺，或者将淘汰的设备和产品转让给他人使用的，由县级以上人民政府经济综合主管部门、海关按照职责责令改正，没收违法所得，并处货值金额一倍以上三倍以下的罚款；拒不改正的，报经有批准权的人民政府批准，责令停业、关闭。进口行为构成走私的，由海关依法予以处罚。"

固体废物污染环境防治法第一百零九条规定："违反本法规定，生产、销售、进口或者使用淘汰的设备，或者采用淘汰的生产工艺的，由县级以上地方人民政府指定的部门责令改正，处十万元以上一百万元以下的罚款，没收违法所得；情节严重的，由县级以上地方人民政府指定的部门提出意见，报经有批准权的人民政府批准，责令停业或者关闭。"

噪声污染防治法第七十二条规定："生产、进口、销售、使用淘汰的设备，或者采用淘汰的工艺的，由县级以上人民政府指定的部门责令改正，没收违法所得，并处货值金额一倍以上三倍以下的罚款；情节严重的，报经有批准权的人民政府批准，责令停业、关闭。"

二、突发环境事件应急制度执法要点

突发环境事件是指由于污染物排放或者自然灾害、生产安全事故等因素，导致污染物或者放射性物质等有毒有害物质进入大气、水体、土壤等环境介质，突然造成或者可能造成环境质量下降，危及公众身体健康和财产安全，或者造成生态环境破坏，或者造成重大社会影响，需要采取紧急措施予以应对的事件。突发环境事件按照事件严重程度，分为特别重大、重大、较大和一般四个级别。

（一）应急处置的法律制度

环境法第四十七条规定："各级人民政府及其有关部门和企业事业单位，应当依照《中华人民共和国突发事件应对法》的规定，做好突发环境事件的风险控制、应急准备、应急处置和事后恢复等工作。县级以上人民政府应当建立环境污染公共监测预警机制，组织制定预警方案；环境受到污染，可能影响公众健康和环境安全时，依法及时公布预警信息，启动应急措施。企业事业单位应当按照国家有关规定制定突发环境事件应急预案，报环境保护主管部门和有关部门备案。在发生或者可能发生突发环境事件时，企业事业单位应当立即采取措施处理，及时通报可能受到危害的单位和居民，并向环境保护主管部门和有关部门报告。突发环境事件应急处置工作结束后，有关人民政府应当立即组织评估事件造成的环境影响和损失,并及时将评估结果向社会公布。"

水污染防治法第七十六条规定:"各级人民政府及其有关部门,可能发生水污染事故的企业事业单位,应当依照《中华人民共和国突发事件应对法》的规定,做好突发水污染事故的应急准备、应急处置和事后恢复等工作。"第七十七条规定:"可能发生水污染事故的企业事业单位,应当制定有关水污染事故的应急方案,做好应急准备,并定期进行演练。"第七十八条规定:"企业事业单位发生事故或者其他突发性事件,造成或者可能造成水污染事故的,应当立即启动本单位的应急方案,采取隔离等应急措施,防止水污染物进入水体,并向事故发生地的县级以上地方人民政府或者环境保护主管部门报告。环境保护主管部门接到报告后,应当及时向本级人民政府报告,并抄送有关部门。"

大气污染防治法第九十四条规定:"县级以上地方人民政府应当将重污染天气应对纳入突发事件应急管理体系。省、自治区、直辖市、设区的市人民政府以及可能发生重污染天气的县级人民政府,应当制定重污染天气应急预案,向上一级人民政府生态环境主管部门备案,并向社会公布。"第九十六条规定:"县级以上地方人民政府应当依据重污染天气的预警等级,及时启动应急预案,根据应急需要可以采取责令有关企业停产或者限产、限制部分机动车行驶、禁止燃放烟花爆竹、停止工地土石方作业和建筑物拆除施工、停止露天烧烤、停止幼儿园和学校组织的户外活动、组织开展人工影响天气作业等应急措施。"

固体废物污染环境防治法第八十五条规定:"产生、收集、贮存、运输、利用、处置危险废物的单位,应当依法制定意外事故的防范措施和应急预案,并向所在地生态环境主管部门和其他负有固体废物污染环境防治监督管理职责的部门备案;生态环境主管部门和其他负有固体废物污染环境防治监督管理职责的部门应当进行检查。"

《中华人民共和国土壤污染防治法》第四十四条规定:"发生突发事件可能造成土壤污染的,地方人民政府及其有关部门和相关企业事业单位以及其他生产经营者应当立即采取应急措施,防止土壤污染,并依照本法规定做好土壤污染状况监测、调查和土壤污染风险评估、风险管控、修复等工作。"

(二)企业事业单位应急管理要求

为了预防和减少突发环境事件的发生,控制、减轻和消除突发环境事件引起的危害,突发环境事件应急管理工作坚持预防为主、预防与应急相结合的原则。在县级以上地方人民政府的统一领导下,建立分类管理、分级负责、属地管理为主的应急管理体制。县级以上环境保护主管部门应当在本级人民政府的统一领导下,对突发环境事件应急管理日常工作实施监督管理,指导、协助、督促下级人民政府及其有关部门做好突发环境事件应对工作。

1. 风险评估

企业事业单位应当按照国务院环境保护主管部门的有关规定开展突发环境事件风险评估,确定环境风险防范和环境安全隐患排查治理措施。

2. 风险控制

企业事业单位应当按照环境保护主管部门的有关要求和技术规范，完善突发环境事件风险防控措施。突发环境事件风险防控措施，应当包括有效防止泄漏物质、消防水、污染雨水等扩散至外环境的收集、导流、拦截、降污等措施。

3. 排查治理安全隐患

建立健全环境安全隐患排查治理制度，建立隐患排查治理档案，及时发现并消除环境安全隐患。对于发现后能够立即治理的环境安全隐患，企业事业单位应当立即采取措施，消除环境安全隐患。对于情况复杂、短期内难以完成治理，可能产生较大环境危害的环境安全隐患，应当制定隐患治理方案，落实整改措施、责任、资金、时限和现场应急预案，及时消除隐患。

4. 制定环境应急预案并定时开展演练

在开展突发环境事件风险评估和应急资源调查的基础上制定突发环境事件应急预案，并按照分类分级管理的原则，报县级以上环境保护主管部门备案；定期开展应急演练，撰写演练评估报告，分析存在问题，并根据演练情况及时修改。

5. 加强环境应急能力保障建设

完善突发环境事件应急培训，对从业人员定期进行突发环境事件应急知识和技能培训，并建立培训档案，企业事业单位还应当储备必要的环境应急装备和物资，并建立完善相关管理制度。

6. 应急处置

企业事业单位造成或者可能造成突发环境事件时，应当立即启动突发环境事件应急预案，采取切断或者控制污染源以及其他防止危害扩大的必要措施，及时通报可能受到危害的单位和居民，并向事发地县级以上环境保护主管部门报告，接受调查处理。

7. 信息公开

企业事业单位应当按照有关规定，采取便于公众知晓和查询的方式公开本单位环境风险防范工作开展情况、突发环境事件应急预案及演练情况、突发环境事件发生及处置情况，以及落实整改要求情况等环境信息。

（三）违反应急处置的法律责任

企业事业单位违反相关突发环境事件法律法规规定的，应承担相关规定法律责任。

《中华人民共和国水污染防治法》第九十三条规定："企业事业单位有下列行为之一的，由县级以上人民政府环境保护主管部门责令改正；情节严重的，处二万元以上十万元以下的罚款：（一）不按照规定制定水污染事故的应急方案的；（二）水污染事故发生后，未及时启动水污染事故的应急方案，采取有关应急措施的。"

《中华人民共和国大气污染防治法》第一百二十一条规定："违反本法规定，擅自向社会发布重污染天气预报预警信息，构成违反治安管理行为的，由公安机关依法予以处罚。违反本法规定，拒不执行停止工地土石方作业或者建筑物拆除施工等重污染天气应急措施的，由县级以上地方人民政府确定的监督管理部门处一万元以上十万元以下的罚款。"

《中华人民共和国固体废物污染环境防治法》第一百一十二条第十二款规定："未制定危险废物意外事故防范措施和应急预案的"，"由生态环境主管部门责令改正，处以罚款，没收违法所得；情节严重的，报经有批准权的人民政府批准，可以责令停业或者关闭"。

《突发环境事件应急管理办法》第三十七条规定："较大、重大和特别重大突发环境事件发生后，企业事业单位未按要求执行停产、停排措施，继续违反法律法规规定排放污染物的，环境保护主管部门应当依法对造成污染物排放的设施、设备实施查封、扣押。"

《突发环境事件应急管理办法》第三十八条规定："企业事业单位有下列情形之一的，由县级以上环境保护主管部门责令改正，可以处一万元以上三万元以下罚款：

（一）未按规定开展突发环境事件风险评估工作，确定风险等级的；

（二）未按规定开展环境安全隐患排查治理工作，建立隐患排查治理档案的；

（三）未按规定将突发环境事件应急预案备案的；

（四）未按规定开展突发环境事件应急培训，如实记录培训情况的；

（五）未按规定储备必要的环境应急装备和物资；

（六）未按规定公开突发环境事件相关信息的。"

三、典型案例

【案情简介】2022年10月，A市生态环境局对某科技有限公司调查时发现，该公司厂区内250立方米的应急水池有大量积水，约占总容积的三分之二，不能确保该公司发生突发事件时产生的所有受污染雨水、消防水和泄漏物等通过排水系统接入应急水池或全部收集，存在较大环境安全隐患。同时，该公司也未按照规定开展环境安全隐患排查治理工作，未建立隐患排查治理档案，未发现和消除上述环境安全隐患。

【查处情况】该公司上述行为违反了《突发环境事件应急管理办法》第六条第一款第（三）项、第十条第一款的规定，已构成"未按规定开展环境安全隐患排查治理工作，未建立隐患排查治理档案"的环境违法行为，A市生态环境局依据《突发环境事件应急管理办法》第三十八条第（二）项的规定，对该公司处以罚款1.34万元的行政处罚。

【案例分析】本案的关键是了解企业应对突发环境事件的管理规定及其处罚机制。

《突发环境事件应急管理办法》第六条：企业事业单位应当按照相关法律法规和标准规范的要求，履行下列义务：

（一）开展突发环境事件风险评估；

（二）完善突发环境事件风险防控措施；

（三）排查治理环境安全隐患；

（四）制定突发环境事件应急预案并备案、演练；

（五）加强环境应急能力保障建设。

发生或者可能发生突发环境事件时，企业事业单位应当依法进行处理，并对所造成的损害承担责任。

第十条：企业事业单位应当按照有关规定建立健全环境安全隐患排查治理制度，建立隐患排查治理档案，及时发现并消除环境安全隐患。对于发现后能够立即治理的环境安全隐患，企业事业单位应当立即采取措施，消除环境安全隐患。

第三十八条：企业事业单位有下列情形之一的，由县级以上环境保护主管部门责令改正，可以处一万元以上三万元以下罚款：

（一）未按规定开展突发环境事件风险评估工作，确定风险等级的；

（二）未按规定开展环境安全隐患排查治理工作，建立隐患排查治理档案的；

（三）未按规定将突发环境事件应急预案备案的；

（四）未按规定开展突发环境事件应急培训，如实记录培训情况的；

（五）未按规定储备必要的环境应急装备和物资；

（六）未按规定公开突发环境事件相关信息的。

【执法要点】依据《突发环境事件应急管理办法》规定，执法人员应清楚了解企业应对突发环境事件应急管理的义务和处罚机制。

习题

1. 建设项目环境影响评价环境执法检查要点有哪些？
2. "三同时"制度执法检查的内容有哪些？
3. 排污许可制执法检查的内容有哪些？
4. 什么是限期淘汰制？限期淘汰制的法律规定有哪些？
5. 什么是突发环境事件？企业事业单位突发环境事件应急管理要求哪些？

模块五

污染源及其防治设施执法检查

项目一 认知污染源与污染源调查

知识目标

1. 掌握污染源与污染物的定义及分类；
2. 掌握污染源调查的方法和内容。

能力目标

1. 具备区分污染源与污染物的能力；
2. 具备污染源调查的能力。

素质目标

1. 培养绿水青山就是金山银山的理念；
2. 培养严谨的逻辑思维、前瞻思维。

案例导入

《第二次全国污染源普查公报》公布了我国2017年全国各类污染源数量是358.32万个（不含移动源），其中工业源247.74万个，生活源63.95万个，畜禽规模养殖场37.88万个，集中式污染治理设施8.40万个。调查结果显示，2017年全国水污染物排放量：化学需氧量2143.98万吨，氨氮96.34万吨，总氮304.14万吨，总磷31.54万吨，动植物油30.97万吨，石油类0.77万吨，挥发酚244.10吨，氰化物54.73吨，重金属（铅、汞、镉、铬和类金属砷）182.54吨。

【任务】（1）根据上述信息，请问什么是污染源、污染源是怎么分类的？

（2）查找资料，对比我国第一次污染源普查和第二次污染源普查对象及普查内容有什么不同？

一、污染源与污染物

（一）污染源

1. 定义

污染源是指造成环境污染的污染物发生源，通常指向环境排放有害物质或对环境产生有害影响的场所、设备、装置或人体。污染源主要表现为污水排污口、烟囱、脱硫设施、建筑施工地、装饰材料、料场、工厂、生产工艺等。

2. 分类

（1）按污染物的来源可分为天然污染源和人为污染源。天然污染源是指自然界自行向环境排放有害物质或造成有害影响的场所，如正在活动的火山。人为污染源是指人类社会活动所形成的污染源。

（2）按污染的主要对象，可分为大气污染源、水体污染源和土壤污染源等。

（3）按排放污染物的空间分布方式，可分为点污染源（集中在一点或一个可当作一点的小范围排放污染物）、面污染源（在一个大面积范围排放污染物）。

（4）按人类社会活动功能分为工业污染源、农业污染源、交通运输污染源和生活污染源。

（二）污染物

污染物是指任何以不适当的浓度、数量、速度、形态和途径进入环境系统并对环境产生污染或破坏的物质或能量，都称为环境污染物。

二、污染源调查与评价

（一）污染源调查

1. 定义

污染源调查是取得污染源详细资料的有效途径。污染源调查是指根据控制污染、改善环境质量的要求，对某一地区（如一个城市或一个流域）造成污染的原因进行调查，建立各类污染源档案，在综合分析的基础上选定评价标准，估量并比较各污染源对环境的危害程度及其潜在危险，确定该地区的重点控制对象（主要污染源和主要污染物）和控制方法的过程。

2. 任务

污染源调查的任务因目的而异。如果是为了制定某一区域的综合防治规划或环境质量管理规划，调查的任务就是全面了解区域内的污染源情况，以便确定主要污染源和主要污染物；如果是为了治理一个区域内某一类污染源，如电镀废水污染源，调查的任务就是弄清区域内电镀车间的分布情况，各个车间的生产状况、排污情况及其对环境的影响；如果是为了给日常的污染源管理提供资料，调查的任务就是查明各类污染源的情况及其对环境质量的影响等。上述各种调查可以结合进行。

3. 方式

污染源调查分普查与详查两种方式。

（1）普查　首先要确定调查对象，即确定调查辖区内各种污染源的名录，确定重点污染源和一般污染源，确定污染源的污染要素类型，逐一对各污染单位的原材料消耗、生产工艺、规模、污染性质、排污量、污染治理情况及对周围环境影响的污染因素进行深入调查和了解，确定污染排放方式和规律、污染排放强度、污染物流失原因。在污染源普查过程中，可以获得大量的调查、分析数据及其他资料。普查可以掌握辖区内的污染源分布规律，在普查的基础上确定重点污染源和一般污染源。

（2）详查　是在普查的基础上，对重点污染源进行深入的调查分析。调查的内容主要有排污方式和规律，污染物的物理、化学、生物特性，主要污染物的跟踪分析，污染物流失原因分析等。

4. 调查内容（以工业污染源为例）

（1）企业基本情况　包括企业所在位置、功能区及环境现状，企业经济类型、开工年份、产量、产值、环境管理和检测机构等。

（2）原料、能源和水资源情况　包括能源的类型、产地、成分、实际消耗量，主要产品的能耗及节能措施；水资源类型、供水方式、重复用水、主要产品的水耗及节水措施；原辅材料的种类、成分、消耗定额，主要产品的原辅材料消耗量。

（3）生产工艺和排污情况　包括生产工艺流程、主要设备、主要化学反应、主要技术路线，生产工艺的水平，污染物产生规律、产生的部位、排放方式和去向，污染物的种类、毒性、浓度和排放量。

（4）污染治理情况　包括污染治理设施的方法、种类、投资、运行成本，污染治理的效率，存在的问题。

（5）污染危害情况　包括污染危害的程度、原因、损失，污染事故的隐患，周围群众的反映。

（6）生产发展情况　包括企业的发展方向、规模、发展趋势、预期污染物排放量及影响。

（二）污染源评价

污染源调查可以获得大量调查数据及资料，污染源评价就是依据这些资料，采用科学的分析评价方法，区分各种污染物以及各个污染源对环境的潜在危害，分清主次，找出主要的污染物和污染源，以便确定主要环境问题，提高环境监督管理的效率。

污染源评价通常要考虑污染物排放量和生物毒性两方面的因素，采用等标污染负荷法或排毒系数法进行标化评价。具体评价方法请参见有关环境评价专门书籍。污染源调查和污染源评价过程要注意建立污染源档案和重点污染源数据库，以便于在日常环境监察工作中查询和使用有关资料。

项目二 水污染源及其处理设施的执法检查

知识目标

1. 能根据不同行业水废水确定其主要处理方法；
2. 掌握水污染源及污染防治设施执法要点。

能力目标

1. 具备水污染物处理的能力；
2. 具备水污染源及污染防治设施执法检查的能力。

素质目标

1. 培养绿水青山就是金山银山的理念；
2. 培养实事求是、求真务实的品质。

案例导入

1. 2023 年 5 月 3 日，A 市生态环境执法人员开展中央环保督察期间涉水企业排查，现场检查发现某养殖场养殖废水只采用了沼气池厌氧发酵及化粪池＋第一级废水沉淀池，在第一级废水沉淀池内安装抽水泵将废水抽出装车，排放于附近农田用于灌溉，八级生物氧化池污染防治设施未正常运行，上述行为违反了《中华人民共和国环境保护法》第四十二条、《中华人民共和国水污染防治法》第三十九条的规定，该局对其进行了立案查处。

【任务】查找资料分析养殖场养殖废水的主要污染物有哪些？

2. 2023 年 3 月 31 日，A 市某生态执法人员到某生态农业有限公司生态养殖基地（牛蛙养殖项目）开展日常执法检查时，发现该公司部分养殖废水未经污水处理站处理，通过埋设在污水处理站前端第二个沉淀池的黑色波纹暗管（2#）排到下游 8 个沉淀池，最后外排，与环评批复的废水排放方式不符，涉嫌通过不正常运行防治污染设施等逃避监管的方式违法排放水污染物。执法人员分别对证人林某、张某等 3 人进行调查询问，制作调查询问笔录、收集相关证据。

【任务】（1）根据案例资料，4～5 个人一组进行讨论，编写一份污染源现场执法检查调查报告；
（2）分析本案例水污染源执法检查要点。

一、水污染源及水污染物

水体污染是指水体因某种物质的介入而导致其化学、物理、生物或放射性等方面特征的改变,从而影响水的有效利用,危害人体健康或者破坏生态环境,造成水质恶化的现象。

造成水域环境污染的污染物发生源就叫水污染源。由于人类活动的不同将水污染源分为工业污染源、生活污染源及农业污染源。这三类源所排放的废水分别叫作工业废水、生活废水、农业废水。

其中工业废水是在工业生产过程中,被工业生产设备或原料所污染,在质量上已不再符合生产工艺的要求,必须从生产系统中排出的水,它含有生产过程中耗用的原料、生产过程的中间体、产品或副产物等,其水质因工业类别、原料、产品、工艺规模等不同而有较大差异。

生活污水是厨房水、卫生用水、洗涤水等污水的总称,以有机物为主,其数量、成分和污染物质浓度与居民的生活水平、生活习惯有关。

农业污水是农药、化肥、畜禽养殖等通过地面径流产生含有悬浮物及氮、磷等营养物质和有机有毒物质的污水,排入海湾、河口、湖泊等缓流水体会促进其富营养化过程,使水体恶化。

水污染物及其来源见表5.1,主要工业污染源废水的主要污染物质见表5.2。

表5.1 水污染物及其来源

污染类型	污染物	污染标志	废水来源
热污染	热的冷却水、热废水	升温、缺氧或气体过饱和、富营养化	动力、电站、冶金、石油、化工等废水
放射性污染	铀、钚、锶、铯	放射性污染	核研究生产、试验、核医疗、核电站等废水
表观污染	浑浊:泥、渣、沙、漂浮物	浑浊	地表径流、生活污水、工业废水
	颜色:腐殖质、色素染料、铁、锰	颜色	地表径流、食品、印染、造纸、冶金类废水
	臭味:酚、氯、胺、硫醇、硫化铵等	恶臭	食品、制革、炼油、化肥、农肥类废水
酸碱污染	酸、碱等	pH值异常	矿山、化工、化肥、造纸、电镀、酸洗废水
重金属污染	汞、镉、铬、铜、铅、锌等	毒性	矿山、冶金、电镀、仪表类废水
非金属污染	砷、氰、氟、硫、硒的化合物等	毒性	化工、火电、农药、化肥类废水
需氧有机物污染	糖类、蛋白质、油脂、木质素等	耗氧导致水体缺氧	食品、印染、制革、造纸、化工类工业废水,生活污水,农田排水
农药污染	有机氯农药类、多氯联苯、有机磷农药等	水中生物中毒	农药、化工、炼油工业废水,农田排水
难降解有机物污染	酚、苯、醛类等	耗氧、异味、毒性	制革、化工、炼油、煤矿、化肥工业废水,地表径流
油类污染	石油及其制品	漂浮、乳化油增加	石油开采、炼油、油轮废油水等
病原菌污染	病菌、虫卵、病毒等	水体带菌、传播疾病	医院、屠宰、畜牧、制革等工业废水,生活污水,地表径流
霉菌污染	霉菌素等	毒性、致癌	制药、酿造、食品、制革废水
藻类污染	无机、有机氮磷	富营养化、水体恶化	化肥、化工、食品废水,生活污水,农田排水

表 5.2　主要工业污染源废水的主要污染物质

主要工业行业或产品	主要污染物质（监测项目）
黑色金属矿（包括磁矿石、赤矿石、锰矿等）	pH、SS、硫化物、铜、铅、锌、镉、汞、六价铬等
钢铁（包括选矿、烧结、炼铁、炼钢、铁合金、轧钢、炼焦等）	pH、SS、硫化物、氟化物、COD、挥发酚、氰化物、石油类、铜、铅、锌、镉、汞、六价铬等
选矿	SS、硫化物、COD、BOD、挥发酚等
有色金属矿山与冶炼（包括选矿、烧结、冶炼、电解、精炼等）	pH、SS、硫化物、氟化物、COD、挥发酚、铜、铅、锌、镉、汞、六价铬等
火力发电、热电	pH、SS、硫化物、挥发酚、铅、锌、镉、石油类、热污染等
煤矿（包括洗煤）	pH、SS、硫化物、砷等
焦化	COD、BOD、挥发酚、SS、硫化物、氰化物、石油类、氨氮、苯类、环芳烃等
石油开采	pH、SS、硫化物、COD、BOD、挥发酚、石油类等
石油炼制	pH、硫化物、石油类、挥发酚、COD、BOD、SS、氰化物、苯类、环芳烃等
硫铁矿	pH、SS、硫化物、铜、铅、锌、镉、汞、六价铬等
磷矿、磷肥厂	pH、SS、氟化物、硫化物、砷、铅、总磷等
雄黄矿	pH、SS、硫化物、砷等
萤石矿	pH、SS、氟化物等
汞矿	pH、SS、硫化物、砷、汞等
硫酸厂	pH、SS、硫化物、氟化物等
氯碱	pH、COD、SS、汞等
铬盐工业	pH、总铬、六价铬等
氮肥厂	COD、BOD、挥发酚、硫化物、氰化物、砷等
磷肥厂	pH、氟化物、COD、SS、总磷、砷等
有机原料工业	pH、COD、BOD、SS、挥发酚、氰化物、苯类、硝基苯类、有机氯等
合成橡胶	pH、COD、BOD、石油类、铜、锌、六价铬、环芳烃等
橡胶加工	COD、BOD、硫化物、石油类、六价铬、苯类、环芳烃等
塑料工业	COD、BOD、硫化物、氰化物、铅、砷、汞、石油类、有机氯、苯类、环芳烃等
化纤工业	pH、COD、BOD、SS、铜、锌、石油类等
农药厂	pH、COD、BOD、SS、硫化物、挥发酚、砷、有机氯、有机磷等
制药厂	pH、COD、BOD、SS、石油类、硝基苯类、硝基酚类、苯胺类等
染料	pH、COD、BOD、SS、硫化物、挥发酚、硝基酚类、苯胺类等
颜料	pH、COD、BOD、SS、硫化物、汞、六价铬、铅、砷、镉、锌、石油类等
油漆、涂料	COD、BOD、挥发酚、镉、锌、铅、六价铬、苯类、硝基苯类等
其他有机化工	pH、COD、BOD、挥发酚、石油类、氰化物、硝基苯类等
合成脂肪酸	pH、COD、BOD、油类、SS、锰等
合成洗涤剂	COD、BOD、油类、苯类、表面活性剂等
机械工业	COD、SS、挥发酚、石油类、铅、氰化物等
电镀工业	pH、氰化物、六价铬、COD、铜、锌、镍、锡、镉等
电子、仪器、仪表工业	pH、COD、苯类、氰化物、六价铬、汞、镉、铅等
水泥工业	pH、SS 等
玻璃、玻璃纤维工业	pH、SS、COD、挥发酚、氰化物、铅、砷等
油毡	COD、石油类、挥发酚等
石棉制品	pH、SS 等

续表

主要工业行业或产品	主要污染物质（监测项目）
陶瓷制品	pH、COD、铅、镉等
人造板、木材加工	pH、COD、BOD、SS、挥发酚等
食品制造	pH、COD、BOD、SS、挥发酚、氨氮等
纺织印染工业	pH、COD、BOD、SS、挥发酚、硫化物、苯胺类、色度等
造纸	pH、COD、BOD、SS、挥发酚、木质素、色度等
皮革及其加工业	六价铬、总铬、硫化物、色度、pH、COD、BOD、SS、油类等
绝缘材料	COD、BOD、挥发酚等
火药工业	硝基苯类、硫化物、铅、汞、锶、铜等
电池	pH、铅、锌、汞、镉等

二、污水处理方法与流程

（一）污水处理方法

（1）污水处理按作用原理分为物理法、化学法、生物法、物理化学法。

① 物理法　利用物理作用来分离废水中呈悬浮状态的污染物质，在处理过程中不改变其化学性质。属于这一类的方法有重力沉淀、气浮、磁选、离心分离、蒸发、浓缩、过滤等。

② 化学法　利用化学反应的作用来处理水中的溶解性污染物质或胶体物质。属于这一类的方法有混凝、中和、氧化还原、电解、化学沉淀等。

③ 生物法　利用微生物将污水中的有机物分解和向无机物转化，一般有活性污泥法、生物膜法、氧化塘法、厌氧生物处理法、土地处理系统等。

④ 物理化学法　综合物理与化学手段处理污水中的污染物，一般有离子交换法、萃取法、膜分离法、吸附法、气提法、吹脱法等。

（2）污水处理根据处理程度分为一级处理、二级处理、三级处理。

① 污水一级处理　通过简单的沉淀、过滤或适当的曝气，以去除污水中悬浮物，调整 pH 值及减轻污水腐化程度的工艺过程。处理可由筛选、重力沉淀和浮选等方法串联组成，除去污水中大部分粒径在 100 微米以上的颗粒物质。

② 污水二级处理　污水经一级处理后，再经过具有活性污泥的曝气池及沉淀池的处理，使污水进一步净化的工艺过程。常用生物法和絮凝法。生物法是利用微生物处理污水，主要除去一级处理后污水中的有机物；絮凝法是通过加絮凝剂破坏胶体的稳定性，使胶体粒子发生凝絮，产生絮凝物而发生吸附作用，主要是去除一级处理后污水中无机的悬浮物和胶体颗粒物或低浓度的有机物。经过二级处理后的污水一般可以达到农灌水的要求和废水排放标准。但在一定条件下仍可能造成天然水体的污染。

③ 污水三级处理（深度处理）　污水经二级处理后，进一步去除污水中的其他污染成分（如氮、磷、微细悬浮物、微量有机物和无机盐等）的工艺处理过程。主要方法有生物脱氮法、凝集沉淀法、砂滤法、硅藻土过滤法、活性炭过滤法、蒸发法、冷冻法、反渗透法、离子交换法和电渗析法等。

常用污水处理工艺见表 5.3。

表 5.3　常用污水处理工艺一览表

方法	名称	去除对象	流程中的设置位置
物理法	格栅、筛网	较大的漂浮物及悬浮物	取水口前、泵前、水处理工艺的始端
	沉淀	废水中可以自然沉降或经混凝后的可沉固体	一级处理主要工艺；二级处理的预处理；二沉池；浓缩池；工业废水处理中的任意位置
	气浮	难以自然沉淀和上浮的细微颗粒及比重接近于1的悬浮颗粒	混凝后的固液分离措施之一；生物处理后的固液分离；污泥浓缩
	过滤	浊度，悬浮和脱稳的胶体颗粒物（包括细菌、病毒、有机物等）	给水处理中常用于沉淀（澄清）后；低浊度原水可直接过滤
	离心分离	密度大于水的颗粒沉降，小于水的颗粒上浮	含较高浓度 SS 的工业废水处理中
化学法	中和	废水中的酸或碱	凡对 pH 有要求的处理工序前
	混凝	浊度、色度、气味、农药、有机物、磷等	作为预处理、中间处理，一般设在固液分离单元前
	氧化还原	COD、色度、气味和氰化物	工业废水处理中
	消毒	细菌、氨和其他还原性物质	常用于给水处理中；城市污水院污水处理
	化学沉淀	重金属离子、铬酸根、硫酸根、氯离子等	工业废水处理中
生物法	好氧处理	BOD、植物营养元素、可生物降解的有毒物质	废水二级处理的核心工艺；三级处理的主要工艺
	厌氧处理	有机物	高浓度有机废水处理；低浓度有废水厌氧水解；污泥消化
	自然生物处理	悬浮物、有机物	二级、三级处理
物理化学法	离子交换	钙、镁等硬度离子；阴、阳离子（软化）	工业给水处理中
	膜分离	微粒、大分子物质、阴阳离子	常用于给水处理、工业给水处理、水的淡化
	吸附	色度、难生物降解有机物如 ABS、杂环化合物等	一般作为最终处理；深度处理

（二）污水处理流程

1. 城市污水处理流程

城市污水是排入城市排水系统中各类废水的总称，泛指生活污水、工业废水以及其他排入城市排水管网的混合污水。工业废水应经过适当处理后方可排入城市管网。

城市污水处理一般分二级处理和三级处理两种情况。二级处理又称常规处理法，通常以去除 SS、有机物为主。某城市污水处理厂一般处理流程如图 5.1 所示。

2. 工业废水处理流程

工业废水的水质千差万别，处理要求也极不一致，因此处理流程也各不相同。工业废水一般应采用分质管理的原则，对特殊废水、有毒或难生物降解物质浓度高的废水先采用预处理来降低污染物毒性、提高废水可生物降解性，然后与一般废水合并，调整水质、水量后进行集中处理（一般采用生物处理法），处理后的水根据需要排放或再用。

对于某一种工业废水来说，究竟采用哪一些处理方法，怎样的处理流程，须根据废水的水质和水量、回收价值、排放标准、处理方法的特点以及经济条件等，通过调查、分析和经济技术比较才能确定。

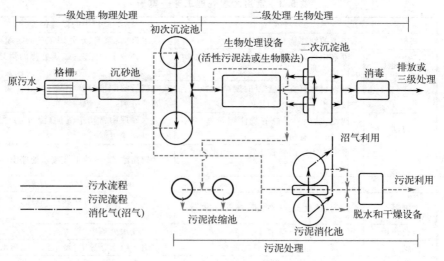

图 5.1　城市污水处理厂处理流程

三、水污染源执法要点

依据《中华人民共和国水污染防治法》的具体规定开展对水污染源的执法。水污染源执法一般通过查阅资料和数据、听取介绍和问询相关人员、现场查看企业生产情况和污染治理设施运行情况、查看或检测污染物产生及排放情况以及针对具体问题的沟通等方式开展。现场检查的内容一般包括企事业单位生产运营的基本情况，主要生产工艺、设备及产排污节点、用水情况，分质分流、水污染治理设施运行管理情况，排水量、排放浓度与总量、排放去向、排放口管理以及事故应急管理等。

（一）用水量与污水排放量的核定

1. 企业用水量核定

工业企业用水主要包括生产用水和生活用水，其中生产用水包括锅炉用水、工艺用水和直接冷却水等。工业用水量是工业企业完成全部生产生活过程所需要的各种水量的总和，包括取水量与重复用水量，即工业用水量＝工业取水量＋重复用水量，或工业用水量＝新鲜用水量＋重复用水量。

（1）新鲜用水量　新鲜用水通常来自取水源江河湖泊、自来水公司等水源地的补水，新鲜用水量可通过水表或流量计测算。

（2）重复用水　企业重复用水指企业循环使用和循序使用的水量。循环给水系统中使用后的水经过处理重新回用，因此不再（或部分）排放，在循环过程中所消耗水量可以通过新鲜水加以补充。

重复用水率指重复用水量占总用水量的百分比，计算方法为式(5.1)或式(5.2)。

$$R = \frac{C}{Y} \times 100\% \tag{5.1}$$

$$R = \frac{C}{Q+C} \times 100\% \tag{5.2}$$

式中，R 为重复用水率；C 为重复用水量；Y 为总用水量；Q 为新鲜用水量。

【例 5.1】某企业给水情况如图 5.2 所示，其中 A、B、C 三个工序串联使用水，日耗新鲜用水 100t；D 工序日耗新鲜用水 300t；E 工序日用水量 1400t，每日补充新鲜用水 200t，其余为循环用水。请核算该企业每日工业用水总量和重复用水量。

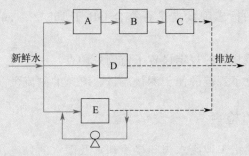

图 5.2　企业用水流程图

解：(1) 重复用水量主要来自于为 B、C、E 三个生产工序，重复用水量为：

$$C = 100 + 100 + (1400 - 200) = 1400(\text{t/d})$$

(2) 企业日耗水量为 A、B、C、D、E 五个生产环节的耗水总量，计算如下：

$$Y = 100 + 100 + 100 + 300 + 1400 = 2000(\text{t/d})$$

(3) 企业重复用水率为：

$$R = \frac{C}{Y} \times 100\% = \frac{1400}{2000} \times 100\% = 70\%$$

核实企业的用水情况，不仅有助于了解企业落实循环经济发展、提高资源利用率要求情况，也可为检查企业污染治理和废水排放提供基础资料。

2. 企业排水量核定

污水排放量是指按所有污水排放口加总后的污水排放量。包括外排的生产废水、厂区生活污水、直接冷却水、矿井水等，不包括独立外排的间接冷却水。

污水排放量的核定方法有：①针对排放口安装有在线监测设施或流量计的污染源，依据相关设备数据，核实实际排水量；②根据企业用水量，通过环评文件、行业用水和排水系数法、行业工艺手册等关于水平衡的计算资料，核算企业排水量。

通过企业用水量和排水量的核定，对比上水和下水数据，结合企业管网分布和现场排查情况，检查当事人是否涉嫌存在偷排废水行为。

（二）污水排放口的检查

污水排放口检查是水污染源执法检查非常重要的一环，随着我国企业环境管理

"一控双达标"和排污口规范化整治工作的开展以及近年来排污许可制的全面实施，新老企业已基本全面完成排污口规范化整治工作。现场执法检查时可按照建设项目环评文件或排污许可证要求，逐一核实以下内容。

（1）检查污水排放口的位置是否符合规定，是否位于国务院、国务院有关部门和省、自治区、直辖市人民政府规定的风景名胜区、自然保护区、饮用水水源保护区以及其他需要特别保护的区域内。

（2）检查排污者的污水排放口数量是否符合相关规定。

（3）检查排污口的标志牌设立是否符合 GB/T 15562.1 或地方生态环境部门的规定。

（4）检查是否按照相关的规定设置了监测采样点。

（5）检查是否设置了规范的便于测量流量、流速的测流段。

（三）废水分质分流检查

废水分质分流主要指工业废水与间接冷却水及雨水的分流、一类污染物排放企业中含不同重金属种类废水的分质分流处理、工业污水中高浓度废水和低浓度废水的分质分流处理、有机废水和无机废水的分质分流处理、有毒废水与一般废水的分质分流处理等。

执法检查前应根据企业的行业性质，结合环评文件、排污许可证、国家排放标准等具体规定，检查其落实废水分质分流环保管理要求情况。检查分质分流实施情况应从废水产生工艺环节、管网架设（应架设明管）、管路及设施上分流废水标识设置、分流后的独立处理设施、车间设施排放口、汇流管路、综合污水处理系统等全过程逐一检查。对于管路复杂的企事业单位，应要求当事人提供管网分布图，逐一对照核实。现场核查中要特别关注其实是否存在两类行为：一是废水收集、贮存及输送管路中是否有增加旁路排放行为；二是检查确认其是否存在通入自来水或其他废水等方式稀释特定污染物的行为，对该行为的检查可以通过在上下游管道口通过 pH 等常规快检指标现场参比检查或直接采样做特征污染物指标浓度比对等方法判断。

（四）水污染物防治设施

根据污水处理流程，水污染防治设施的检查主要从设施的运行状态、处理能力和处理水量、处理效果、处理后污泥的处置等方面展开。

1. 设施的运行现状

查看水污染防治设施是否经过环评审批及"三同时"验收；工艺、规格、处理能力等是否有变更；是否纳入排污许可证管理范围，位置、数量、性能等与排污许可证规定是否一致。

检查水污染防治设施的运行状态及运行管理情况，是否正常使用、擅自拆除或闲置。

在现场检查时，通常排污单位有下列行为之一的，生态环境执法部门可以认定为

"不正常使用"污染物处理设施:

(1) 将部分或全部污水或其他污染物不经过处理设施,直接排入环境;

(2) 通过埋设暗管或者其他隐蔽排放的方式,将污水或者其他污染物不经处理而排入环境;

(3) 非紧急情况下开启污染物处理设施的应急排放阀门,将部分或全部污水或者其他污染物直接排入环境;

(4) 将未经处理的污水或其他污染物从污染物处理设施的中间工序引出直接排入环境;

(5) 将部分污染物处理设施短期或者长期停止运行;

(6) 违反操作规程使用污染物处理设施,致使处理设施不能正常发挥处理作用;

(7) 污染物处理设施发生故障后,排污单位不及时或者不按规程进行检查和维修,致使处理设施不能正常发挥处理作用;

(8) 违反污染物处理设施正常运行所需条件,致使处理设施不能正常运行的其他情形。

2. 设施的历史运行情况

检查是否建立污染防治设施运行管理台账,检查台账记录是否如实记录设施运行时间、进出水量、能耗、药耗种类和数量等数据,必要时检查药剂购置凭证、进出库记录以及相关财务报表等。

3. 处理能力及处理水量

检查是否安装废水计量装置,计量装置是否完备、运行是否正常;污染防治设施设计处理量与实际产生水量是否相符;设施处理能力是否满足实际需要。如处理水量低于应处理水量,应检查未处理废水的排放去向。

4. 检查在线监测设施安装、运行及维护

检查水污染源重点监管单位是否按环评审批要求或排污许可证规定安装污染源在线监测设施;在线监测设施是否经过验收;验收后是否向生态环境部门备案。

检查在线监测设施是否正常运行。如发生故障、停用、拆除或闲置等情况,是否在规定时限内向当地生态环境部门报告。

在线监测设施停用期间,当事人是否按规定开展手工监测,并按规定向生态环境部门报送监测数据。

针对在线监测系统的检查,主要依据《水污染源在线监测系统(COD_{Cr}、NH_3-N等)安装技术规范》(HJ 353—2019)和《水污染源在线监测系统(COD_{Cr}、NH_3-N等)验收技术规范》(HJ 354—2019)的规定,核查企业污染源排放口布设、排放口标志牌设立、采样点设置、人工采样口预留、流量监测单元、在线监测站房建设、采样和预处理系统、监测仪器(仪器进样口、工作状况、试剂状况、关键参数设置、废液收集情况、设备维护)、数据采集仪参数(可参考数采仪安装手册及维护手册)、数据传输、在线监测各类台账(包括设施运行、维护、检修、校准校验等),检查企业生产工况、污染治理设施运行与自动监测数据的相关性等,核实其是否存在不正常运行或弄虚作假等行为。检查历史数据及历史数据异常情况下的说明材料等。

5. 废水的分质管理

检查对于含不同种类和浓度污染物的废水，是否进行必要的分质管理；污水管网和设施建设是否符合分质分流输送、处理、监测和排放的要求；检查车间、管路或污染防治设施各环节中是否存在旁路或稀释排放行为。

6. 处理效果

检查主要污染物的去除率是否达到了设计规定的水平，处理后的水质是否达到了相关污染物排放标准的要求。

7. 检查污泥处置

根据环评文件或排污许可证规定确定污泥性质（一般固废还是危险废物，如属于危险废物，是否执行危险废物管理要求）。

检查污染防治设施污泥产生量和污水处理量是否匹配。

检查污泥贮存是否规范；污泥处置去向是否符合要求。

检查台账记录是否齐全，应包括污泥外运合同、处置合同、联单管理及运输记录等。

检查污泥脱水间、贮存间是否安装废气处理设施，废气处理设施运行是否正常；是否存在废气无组织排放行为；是否存在恶臭扰民或超标情况。

（五）排水水质的检查

企业排放水质检查的内容包括排放废水的污染物种类和浓度。在建设项目环评文件中一般会对企业排放废水中的主要污染物种类和执行的污染物排放标准有明确规定。如企业已经申领排污许可证，则排污许可证对其排放废水中主要污染物的种类、执行的排放限值、排放方式和排放总量有更为具体的规定。现场执法检查中主要结合企业生产情况，目测排放废水的表观性状、气味是否异常；结合现场快速检测（使用pH试纸、COD及氨氮等指标的快速检测仪、部分特征污染物的快检设备等）、在线监测的实时数据及历史数据、企业自行监测数据及历史记录等情况，综合判断企业排放水质是否存在异常。必要时执法人员可现场采样送检或通知生态环境监测部门采样。对抽检水样检测指标的选择除了参考建设项目环评文件和排污许可证规定外，还应结合企事业单位生产工艺、原辅材料使用等现场检查情况，确定其实际生产工艺中可能存在的其他特征污染物。

（六）废水的重复利用检查

依据建设项目环评文件、排污许可证、清洁生产审核材料及企业自报材料结合企业循环用水环节、循环系统管理、废水回用台账等检查重复用水执行的标准、用途、水量是否符合相关规定，有无以废水重复利用名义非法排放。

（七）事故废水应急处置设施检查

工业企业应急处置的污水主要包括意外泄漏的废水、消防废水、超过污染治理设施处理能力的暂存水等。部分特定行业或企业根据环境管理需要将初期雨水也纳入应急处置体系。应急处置的废水一般由雨水管道或其他特定管道通过排水切换措施，纳入应急处置收集池（处置设施）中。污水应急处置收集池是企业重要设施之一，也是确保企业安全运行的重要防线，因此也是现场检查的重要内容之一。针对污水应急处置设施的检查要包括水污染事故应急预案、应急处置设施的管理制度或操作规程、台账管理、物资储备、应急处置设施运行以及应急演练等三方面内容。

检查是否编制了应急预案，应急预案制度是否建立；应急预案结构是否完整，应急预案是否具有可操作性；检查应急预案是否在当地生态环境部门备案；是否按照应急预案配置应急设施（事故应急污水收集装置），应急污水收集设施收集处置能力与环评文件、排污许可证规定是否符合；应急设施能否保障污染事故发生时对废水的截留、贮存及处理；检查是否按照应急预案配置相应种类和数量的应急物资；是否按照原规定，定期组织应急演练。

四、典型案例

【案情简介】2022年9月21日，A市生态环境局执法人员根据A省生态云平台智能分析模型，发现某水处理有限公司废水排污口自动监测数据于9月20日18时起大幅降低。通过调取该公司自动监控数据及相关监控录像，发现该公司工作人员于9月20日17时至19时许在废水排污口对废水自动监测设备采样管进行可疑操作。经查，该公司厂长李某于2022年9月20日傍晚在废水自动监测设备采样管底部加装PVC水管，意图在水质异常时通过注入清水稀释，降低自动监测数据，改造过程中导致2022年9月20日17时40分至19时05分无法正常采集水样，干扰自动监测设施，涉嫌篡改、伪造监测数据。

【查处情况】该公司上述行为违反了《中华人民共和国水污染防治法》第三十九条"禁止利用渗井、渗坑、裂隙、溶洞，私设暗管，篡改、伪造监测数据，或者不正常运行水污染防治设施等逃避监管的方式排放水污染物"的规定。2022年9月30日，A市生态环境局依据《中华人民共和国刑法》第三百三十八条和《最高人民法院 最高人民检察院关于办理环境污染刑事案件适用法律若干问题的解释》第一条第（七）项的规定，将该案件移送公安机关并抄告A市人民检察院。

2023年2月17日，A市人民检察院向A市人民法院提起公诉。2023年3月16日，A市人民法院开庭审理案件。2023年5月10日，A市人民法院依法判决：某水处理有限公司犯污染环境罪，判处罚金人民币1万元，李某犯污染环境罪，判处有期徒刑七个月，并处罚金人民币1万元。

【案情分析】本案关键是认定篡改、伪造监测数据，干扰自动监测设施。

该公司厂长李某于2022年9月20日傍晚在废水自动监测设备采样管底部加装PVC水管，意图在水质异常时通过注入清水稀释，降低自动监测数据，该公司上述行为违反了《中华人民共和国水污染防治法》第三十九条"禁止利用渗井、渗坑、裂隙、溶洞，私设暗管，篡改、伪造监测数据，或者不正常运行水污染防治设施等逃避监管的方式排放水污染物"的规定。

【检查要点】针对篡改、伪造监测数据，环境执法人员可以根据生态云平台综合排污许可、自动监测数据、企业生产情况、排放特征等信息，分析异常线索。

项目三 废气污染源及其污染物防治设施的执法检查

知识目标

1. 能根据废气污染物种类确定其主要处理方法和技术；
2. 掌握废气污染源及污染物防治设施执法要点。

能力目标

1. 具备处理大气污染物的能力；
2. 具备大气污染源及污染防治设施执法检查的能力。

素质目标

1. 培养热爱劳动精神、艰苦奋斗的精神；
2. 培养锲而不舍的螺丝钉子精神。

案例导入

1. 2021年6月，某市生态环境执法人员对该地某新型墙体材料厂进行现场检查时，发现该厂隧道窑、烘干窑正在生产，但脱硫设施中用于抽送喷淋液的4个水泵电机未开启，生产过程中产生的大量呈蓝色的废气直接排入外环境。执法人员现场用pH试纸对脱硫塔进口喷淋液进行测试，结果显示呈强酸性，严重污染周边环境。该公司工人在看到执法人员的时候，才慌忙开启水泵电机运行窑炉废气脱硫除尘设施。根据相关法律法规，市生态环境局对该厂做出了相应的行政处罚。

【任务】（1）查阅相关资料，了解新型墙体材料厂废气污染源的主要大气污染物有哪些？

（2）根据其产生的不同污染物确定其主要处理技术。

2. 2022年9月16日，A市生态环境局某分局执法人员根据信访举报内容对某阀门公司进行现场检查。检查时该公司蜡模烫蜡、硬化、上浆、退蜡工序正在生产，天然气模壳焙烧炉正在利用炉窑余热进行模壳烘烤，炉窑内部温度达200多摄氏度，模壳烘烤过程中有淡蓝色烘烤废气从炉窑裂隙、排气管道接口处外溢，车间内废气无组织排放严重，并从车间东侧排放到外环境。经检查，发现该公司模壳烘烤过程中配套的废气处理设施未开启，未按照规定使用并且未正常运行污染防治设施。经调查模壳烘烤废气由模壳内残留的石蜡经高温烘烤分解产生，主要成分为非甲烷总烃，属于挥发性有机废气。

【任务】(1) 根据案例资料，4~5人一组进行讨论，编写一份污染源现场执法检查调查报告。

(2) 请阐述该案例执法检查要点。

一、大气污染源及大气污染物

（一）大气污染及大气污染物

在一定范围的大气中，出现了原来没有的微量物质，其数量和持续时间，都有可能对人、动物、植物及物品、材料产生不利影响和危害。当大气中污染物质的浓度达到有害程度，以致破坏生态系统和人类正常生存和发展的条件，对人或物造成危害的现象叫作大气污染。向大气排放有害物质的生产过程、设备装置、物体或场所等叫大气污染源。

大气污染物按其存在状态可分为两大类：一种是气溶胶状态污染物，另一种是气体状态污染物。

1. 气溶胶状态污染物

气溶胶状态污染物又称颗粒污染物，在大气污染中，气溶胶是指沉降速度可以忽略的小固体粒子、液体粒子或他们在气体介质中的悬浮体系，如粉尘、烟、飞灰、黑烟、雾。颗粒污染物的天然源可起因于地面扬尘（大风或其他自然作用扬起灰尘），还有火山爆发、地震灰和森林火灾灰，海浪溅出的浪沫、海盐粒等，宇宙来源的陨星尘及生物界颗粒物如花粉、孢子等。人为来源主要是生产、建筑和运输过程以及燃料燃烧过程中产生的。如各种工业生产过程中排放的固体微粒，通常称为粉尘；燃料燃烧过程中产生的固体颗粒物，通常称为烟尘，如煤烟、飞灰等。

2. 气态污染物

根据气态污染物所含的成分不同分为：

(1) 含硫化合物　是硫的氧化物的总称，包括二氧化硫、三氧化硫、三氧化二硫、一氧化硫等。目前空气中含量最多的为SO_2，来自化石燃料的燃烧过程，以及硫化物矿石的焙烧、冶炼等热过程。

(2) 含氮化合物　是氮的氧化物的总称，包括氧化亚氮、一氧化氮、二氧化氮、三氧化二氮等。主要是来自各种炉窑、机动车和柴油机的排气，其次是硝酸生产、硝化过程、炸药生产及金属表面处理及过程。

(3) 碳氧化合物　主要是一氧化碳和二氧化碳，来自燃料燃烧和机动车排气。

(4) 碳氢化合物　以碳元素和氢元素形成的化合物，如甲烷、乙烷等烃类气体。

(5) 卤素化合物　主要是指HF和HCl及其衍生物。

大气污染物的排放方式一般可分为有组织排放和无组织排放两大类。产生的废气通过排气筒的排放称为有组织排放，如大型锅炉、窑炉、反应器等，排气量大，污染物浓度高，设备封闭性好，排气便于集中处理，通过排气筒有组织排放。凡不通过排气筒或通过低于15米排气筒的有害气体排放，均属于无组织排放。如露天堆放的煤炭、黏土、石灰石、油漆件表面的散失物等，均属面源无组织排放；汽车在有散装物料的道路上行驶时的卷带扬尘污染物排放属于线源污染；散装物料在汽车装料机械落差起尘量以及汽车卸料时的扬尘污染排放等都属于点源无组织排放。

（二）大气污染的主要形式

1. 燃料燃烧产生的废气污染

燃料燃烧产生的废气主要是指锅炉、炉窑等设备燃烧煤、石油、天然气等燃料产生的包含二氧化硫、氮氧化物、烟尘、重金属及其化合物等主要污染物的废气，燃料燃烧产生的废气污染与燃料成分、燃烧设备性能有关。燃烧废气是工业废气的主要组成部分，由于其排放量大、环境影响程度高、传输影响范围广以及社会关注度高等原因，一直是生态环境部门重点管控的污染源。

2. 生产工艺产生的废气污染

生产工艺产生的废气污染是指在钢铁、有色金属冶炼、建材工业、人造纤维、石油化工等行业在生产工艺过程中，如物料加工、破碎、筛分、输送、冶炼、气体泄漏、液体蒸发等产生的大气污染。

生产工艺过程产生的废气污染分为有组织排放和无组织排放。有组织排放是将产生的废气使用固定的排气筒，收集、处理并向高空排放，无组织排放是从设备的各部位分散地、成面源性地排放。有组织排放的工艺废气，比较容易控制和计量，便于监控，无组织排放的工艺废气，既不便于控制，也不便于计量。

3. 流动污染源产生的废气污染

流动污染源也叫交通污染源，主要是机动车、船和飞机。交通工具主要靠燃油提供动力，排放的尾气中主要含有氮氧化物、碳氢化合物、铅、碳氧化物等污染物质，另外机动车在运行过程还会产生大量扬尘。

4. 扬尘污染源产生的废气污染

采矿、道路施工、建筑施工、仓储、运输，装卸及某些农业活动会产生大量扬尘，极易造成局部污染。在许多城市环境管理过程中，扬尘污染正在引起人们的极大关注，一些省市对生产、运输和贮存过程中产生的扬尘污染作出了一些限制性规定，并对违反相关规定的行为确定了处罚规定。

工业废气污染源的主要污染物质见表5.4。

表5.4 主要工业废气污染源的主要污染物质

主要工业行业或产品	主要污染物质（监测项目）
燃料燃烧（火电、热电、工业、民用锅炉）	SO_2、NO_x、烟尘、烃类（油气燃料）等
黑色金属冶炼工业	SO_2、NO_x、CO、粉尘、氰化物、硫化物、氟化物等
有色金属冶炼工业	SO_2、NO_x、粉尘（含铜、砷、铅、锌、镉等）、CO、氟化物、汞等
炼焦工业	SO_2、CO、烟尘、粉尘、硫化氢、苯并[a]芘、氨、酚
矿山	粉尘、NO_x、CO、硫化氢等
选矿	SO_2、硫化氢、粉尘等
有机化工	酚、氰化物、氯、苯、粉尘、酸雾、氟化氢等
石油化工	SO_2、NO_x、硫化氢、烃、苯类、酚、醛、粉尘等

续表

主要工业行业或产品	主要污染物质(监测项目)
氮肥工业	硫化氢、氰化氢、氨、粉尘等
磷肥工业	粉尘、氟化物、酸雾、SO_2等
化学矿山	NO_x、粉尘、CO、硫化氢等
硫酸工业	SO_2、NO_x、粉尘、氟化物、酸雾等
氯碱工业	氯、氯化氢、汞等
化纤工业	硫化氢、粉尘、二氧化碳、氨等
燃料工业	氯、氯化氢、SO_2、氯苯、苯胺类、硫化氢、硝基苯类、光气、汞等
橡胶工业	硫化氢、苯类、粉尘、甲硫醇等
油脂化工	氯、氯化氢、SO_2、氟化氢、氯磺酸、NO_x、粉尘等
制药工业	氯、氯化氢、硫化氢、SO_2、醇、醛、苯、肼、氨等
农药工业	氯、硫化氢、苯、粉尘、汞、二硫化碳、氯化氢等
油漆、涂料工业	苯、酚、粉尘、醇、醛、酮类、铅等
造纸工业	粉尘、SO_2、甲醛、硫醇等
纺织印染工业	粉尘、硫化氢等
皮革及皮革加工业	铬酸雾、硫化氢、粉尘、甲醛等
电镀工业	铬酸雾、氰化氢、粉尘、NO_x等
灯泡、仪表工业	粉尘、汞、铅等
水泥工业	粉尘、SO_2、NO_x等
石棉制品	石棉尘等
铸造工业	CO、SO_2、NO_x、氟化氢、粉尘、铅等
玻璃钢制品	苯类
油毡工业	沥青烟、粉尘等
蓄电池、印刷工业	铅尘等
油漆施工	溶剂、苯类等

二、大气污染物控制技术

(一)颗粒态污染物控制技术

颗粒污染一般采用物理方法进行分离。主要是利用气体分子与固体(或液体)粒子在物理性质上的差异进行分离。如果较大粒子的密度比气体分子大很多,可利用重力、惯性力、离心力进行分离;如果粒子的尺寸和质量较气体分子大得多,用过滤的方法加以分离;某些粒子易被水润湿、凝聚增大而被捕集,用湿式洗涤进行分离;利用荷电性的差异,用静电除尘。

1. 机械式除尘器

通过重力、惯性力和离心力等质量力的作用达到除尘目的。主要形式有重力沉降室、惯性除尘器和离心式除尘器等。

(1) 重力沉降室 利用粉尘与气体的密度不同,使含尘气体中的尘粒依靠自身的重力从气流中自然沉降。含尘气流通过横断面比管道大得多的沉降室时,流速大大降低,使大而重的尘粒缓慢落至沉降室底部。对 $50\mu m$ 以上的尘粒具有较好的捕集作用。但除尘效率低,一般用于初级除尘。

(2) 惯性除尘器　利用粉尘与气体在运动中的惯性力不同，使粉尘从气流中分离出来，如折板式除尘器。其分离效率较低，约为 50%～70%，只能捕集 10～20μm 以上的粗尘粒，故只能用于多级除尘中的第一级除尘。

(3) 离心式除尘器　旋转运动的含尘气流中的粒子借助离心力，从气流中分离出来的装置，也称为旋风除尘器。

2. 过滤式除尘器

含尘气体通过多孔滤料，截留气流中的尘粒，净化气体。应用于各种工业废气除尘中，属高效除尘器，效率大于 99%，对细粉具有强捕集作用。如布袋式除尘器，除尘效率高，便于回收干料。

3. 湿式除尘器

用液体洗涤含尘气体，使尘粒与液膜、液滴或雾沫碰撞而被吸收，并随液体排出，气体得到净化。既能净化颗粒污染物，也能脱除气体中的气态污染物质。一般采用水作为吸收介质，用来净化与水接触不起水化作用的非纤维性和黏性不大的粉尘。湿式除尘器的除尘效率比干式除尘器的除尘效率高，能捕集 0.1μm 以上的粉尘。

4. 静电除尘器

利用高压电场产生的静电力的作用实现固体颗粒或液体粒子与气流的分离。静电除尘器为高效除尘器，对细微粉尘及雾状液滴捕集性能优异，效率达 99% 以上，对于 <0.1μm 的粉尘粒子，仍有较高的去除效率。

在工业大气污染控制中，电除尘器与袋式除尘器占了压倒优势。我国目前电除尘器几乎一统火电天下，设计除尘效率也由 98%～99% 提高到 99.2%～99.7%。

常见的除尘设施见表5.5。

表 5.5　常见除尘设施

处理设施	原理	用途
重力沉降室	含尘气进入沉降室流速降低,颗粒物在重力作用下沉降	除尘效率较低,常用于一级除尘
惯性除尘器	利用粉尘的惯性力大于气体的惯性力,将其分离	除尘效率较低,常用于一级除尘
旋风除尘器	利用旋转的含尘气流产生的惯性力将颗粒物分离	除尘效率可达80%左右,一般作预除尘
过滤式除尘器	含尘气流穿过许多滤袋时粉尘被滤出,排除	除尘效率较高,可达99%以上
静电除尘器	利用静电力从废气中分离尘颗粒	除尘效率较高,可达95%以上
湿式除尘器	利用洗涤液与含尘气体充分接触,将尘粒洗涤、净化	除尘效率较高,可达90%以上

（二）气态污染物控制技术

1. 控制气态污染物常用的方法

气态污染依据气态污染物物理、化学性质的不同，采用不同的治理方法。主要治理方法有吸收法、吸附法、催化法、燃烧法、冷凝法、生物净化法。

(1) 吸收法　以液体作吸收剂，废气与之接触后被吸收，使气体得到净化。具有设备简单、捕集效率高、应用范围广、一次性投资低等特点，但易引起二次污染。如以水作为吸收剂吸收二氧化硫。

(2) 吸附法　大表面多孔性固体物质（吸附剂）与废气接触，吸附其中有害组分，达到净化目的。适宜于低浓度场合，吸附剂需再生。如活性炭吸附甲醛等挥发性有机污染物。

（3）催化法　是指废气通过催化剂床层的催化反应，使其中的污染物转化为无害或易于处理与回收利用物质的净化方法。如氮氧化物的控制：NH_3作为还原剂，V_2O_5/TiO_2作催化剂，有选择性地与烟气中的NO_x反应并生成无毒无污染的N_2和H_2O。

（4）燃烧法　对混合气体进行氧化燃烧或高温分解，使有害组分转化为无害物质（CO_2和H_2O）的方法。如石油工业的碳氢化合物废气及其他有害气体、溶剂工业废气、城市废弃物的焚烧处理产生的有机废气，以及几乎所有恶臭物质（硫醇、H_2S）等，都可用燃烧法处理。

（5）冷凝法　采用降低废气温度或提高废气压力的方法，使一些易于凝结的有害气体或蒸气态的污染物冷凝成液体并从废气中分离出来的方法。如焦化厂利用冷凝法回收沥青烟；炼油厂、油毡厂氧化沥青尾气亦先用冷凝法回收油，然后再送去燃烧净化。

（6）生物净化法　主要利用微生物新陈代谢需要营养物质这一特点，将废气中的有害物转化为无害物。

2. 二氧化硫控制技术

二氧化硫主要来自燃料的燃烧排放，为防止二氧化硫的污染，常用的脱硫技术有三种，分别是燃烧前燃料脱硫、燃烧中脱硫、燃烧后脱硫（烟气脱硫）。

（1）燃烧前燃料脱硫　煤在燃烧前脱硫的方法包括煤炭洗选脱硫和煤炭的转化。煤炭洗选脱硫，即在燃烧前对煤进行净化，去除原煤中部分硫分和灰分。煤炭的转化主要是气化和液化，即对煤进行脱碳或加氢改变其原有的碳氢比，把煤转化为清洁的二次燃料。

（2）燃烧中脱硫　在煤燃烧过程中加入石灰石或白云石粉作脱硫剂，$CaCO_3$、$MgCO_3$受热分解生成的CaO和MgO与烟气中SO_2反应生成硫酸盐，随灰分排出。

（3）燃烧后脱硫（即烟气脱硫）　燃烧后脱硫通常是用石灰（石灰石）作脱硫剂。烟气脱硫又可分为湿法和干法（半干法）两类工艺。目前，已有石灰石-石膏湿法、烟气循环流化床、海水脱硫法、脱硫除尘一体化、半干法、旋转喷雾干燥法、炉内喷钙尾部烟气增湿活化法、活性焦吸附法、电子束法等十多种烟气脱硫工艺技术得到应用。在诸多脱硫工艺技术中，石灰石-石膏湿法烟气脱硫仍是主流工艺技术。石灰石-石膏湿法烟气脱硫采用石灰石或石灰作为脱硫吸收剂，石灰石经过破碎研磨，被磨成粉状，和水混合在一起，搅拌成吸收剂浆液。在吸收塔里面，吸收浆液和烟气接触并混合，烟气中的二氧化硫和浆液中的碳酸钙，还有鼓入的氧化空气进行化学反应，最终得到的反应产物是石膏。

3. 氮氧化物控制技术

为防止锅炉内煤燃烧后产生过多的NO_x污染环境，应对煤进行脱硝处理。脱硝措施分为燃烧前脱硝、燃烧中脱硝、燃烧后脱硝。

（1）燃烧前脱硝（燃料脱硝）　燃烧前对NO_x产生的控制，就是处理燃料，降低燃料中的含氮量。煤中的氮多以有机物喹啉（C_5H_5N）、吡啶（C_9H_7N）等形式存在，其含氮量通常在0.5%～2.5%之间。近年来，一些国家开始进行燃料脱硝研究,但其难度很大,成本很高,有待于今后继续研究。

(2) 燃烧中脱硝(低氮燃烧技术) 低氮燃烧技术就是通过控制燃烧区域的温度和空气量,以达到阻止 NO_x 生成及降低其排放的目的。常用的低氮燃烧技术有低氮燃烧器、空气分级燃烧、燃料分级燃烧、烟气再循环等。

(3) 燃烧后脱硝(烟气脱硝) 即把已生成的 NO_x 还原为 N_2,从而脱除烟气中的 NO_x,按治理工艺可分为湿法脱硝和干法脱硝。目前有工业常用的脱硝技术主要包括酸吸收法、碱吸收法、选择性催化还原法、选择性非催化还原法、吸附法(微生物、活性炭)、电子束法、等离子体活化法等。

三、大气污染源执法要点

(一)燃料燃烧废气执法要点

1. 燃烧设备

对照国家发改委《产业结构调整指导目录》,核实锅炉、炉窑等燃烧工艺和设备是否符合国家产业政策;核查锅炉、炉窑等燃烧设备性能是否符合相关标准;检查环评审批及"三同时"验收手续是否齐全;核实燃烧设施及其配套污染防治设施与排污许可证规定是否一致。

2. 燃烧能源

核查锅炉、炉窑设施是否位于禁燃高污染燃料区,燃烧能源是否属于限用的高污染燃料。

检查能源种类和质量是否符合环评审批要求或排污许可证规定。通过检查煤炭、燃油等能源购置合同、票据、检测报告及使用台账,以及查看现场燃料外观性状等初步判断煤炭含硫率、灰分及油品质量是否符合规定,必要时取样送检。

检查重污染天气预警条件下燃料使用是否符合特别要求,对照重污染应急预案,检查企业调整燃料的指令及台账记录,现场查看调整后的燃料。

3. 设备运行

检查燃烧设备运行情况,运行参数是否正确;设备运行管理台账是否完整规范。

4. 废气排放情况

检查废气排放方式是否符合要求,排气筒数量、位置、高度、内径是否与环评文件和排污许可证规定一致;目测废气排放情况是否正常;使用快速检测法测定林格曼黑度、用烟气快速检测仪或无人机遥测等方式快速测定烟气污染物浓度,判断是否超标;检查企业自行监测指标及频次是否符合排污许可证规定;检查在线监控设施及数据。必要时委托监测部门实施监测。

(二)工艺废气、粉尘和恶臭气体的执法要点

针对工艺废气、粉尘和恶臭源的执法检查,主要有以下三个方面要点:

一是查明废气来源,主要包括工艺废气、粉尘、恶臭产生环节,污染物种类和数量等信息。以环评文件或排污许可证为基础,根据生产工艺,现场确认工艺废气、粉

尘和恶臭气体的产生环节、性质及主要成分；确认工艺废气、粉尘及恶臭气体中是否含有有毒有害大气污染物（参见《有毒有害大气污染物名录》）；检查确认废气排放方式是无组织排放还是有组织排放；如果是有组织排放，检查其收集装置是否满足实际需要。如果现场存在工艺废气、粉尘或恶臭气体的无组织排放，检查时可从产生源头逐步排查，重点识别废水和固体废物贮存点、各类气体液体传输管道、贮存点及处理设施是否存在敞口、泄漏等情况。对于安装集气罩的，检查是否存在因不规范使用废气收集设施导致的无组织排放行为。必要时在企业边界进行监测，检查无组织排放是否符合相关环保标准的要求。

二是了解企事业单位治理工艺废气、粉尘和恶臭气体采取的污染防治设施的基本信息。检查其执行环评制度或排污许可证制度情况；根据不同废气防治设施的运行原理，了解其设计处理能力是否满足实际需要；查阅污染防治设施的运行手册，了解保证设施正常运行的关键参数；检查废气防治设施的原辅材料（药剂）使用情况是否与设施运行手册规定一致等。检查尾气有组织排放方式，是否通过排气筒排放；排气筒位置、高度、内径等指标是否符合要求。

三是检查有组织排放的废气处理后是否达标排放。

（三）大气污染防治设施的执法要点

1. 除尘系统检查

（1）检查废气收集系统的密闭性，收集处理各环节是否有尘粒泄漏。

（2）检查除尘设施的密闭性，各处理环节是否有尘粒泄漏。

（3）干式除尘要检查是否有漏气或堵塞，湿式除尘要检查灰水的色泽与流量，流量太小是不正常的，无灰水说明不运行。

（4）还要严查擅自将除尘设施停止运行的偷排行为，对这种行为要严厉查处。

（5）检查采用的除尘方式，确定去除率，烟尘、粉尘排放的控制技术包括重力沉降室、旋风除尘器、静电除尘器、袋式除尘器、湿式除尘器等。常见的除尘设施及其除尘率见表5.5、表5.6。

表5.6 常见除尘设施及其除尘率

除尘方式	平均除尘率/%	除尘方式	平均除尘率/%	除尘方式	平均除尘率/%
立式	48.5	SG 旋风	89.5	同济（DE）旋风	90.7
干式沉降	63.4	XZY 旋风	80.0	C 型、CLP(XLP)	83.3
湿法喷淋、冲击、降尘	76.1	XZS 旋风	80.9	管式水膜	75.6
XSW（原 DG）双级旋风	80.6	双级涡旋-6.5、10	86.7	麻石水膜	88.4
XPW（原 PW）平面旋风	81.1	XCZ 旋风	88.5	其他旋风水膜	83.3
CLG、DGL 旋风	79.9	XPX 旋风	93.0	管式静电	85.1
XZZ-D450 旋风	90.3	XCZ 旋风（原新 CZT）	92.0	板式静电	89.7
XZZ-D550、750	93.6	XDF 旋风	75.1	玻璃纤维布袋	99.0
XZD/G-578110	94.0	埃索式旋风	93.3	百叶窗加电除尘	95.2
XZD/G-ϕ980×2～ϕ1260×4	88.9	扩散式旋风	85.8	湿式文丘里水膜两级除尘	96.8
XS-1A～4A 旋风	92.3	陶瓷多管旋风	71.3	SW 型钢管水膜	93.0
XS-65A～20A 旋风	88.0	金属多管旋风	83.3	立式多管加灰斗抽风除尘	93.0
XND/G 旋风	92.3	XWD 卧式多管旋风	94.1	电除尘	>97.0

2. 脱硫系统检查

（1）检查设施及管道是否有破损漏气的情况，是否堵塞，堵塞会影响废气的处理量。

（2）检查旁路挡板是否开启，是否有新设置的旁路。

（3）检查检查脱硫设施运行台账，检查台账记录数据是否一致；检查是否擅自停运。

（4）检查脱硫设施的历史运行记录，结合记录中的运行时间、能耗、材料消耗、副产品产生量等数据，综合判断历史运行记录的真实性。

（5）检查脱硫设施产生的废水、废渣是否得到妥善处理、处置，避免二次污染。

（6）核定脱硫率与二氧化硫的排放量，各种脱硫技术的脱硫率如表5.7所示。

表 5.7　各种脱硫技术脱硫率

燃煤设施	脱硫技术	脱硫率	技术类型	脱硫技术	脱硫率
电站锅炉	旋转喷雾干燥烟气脱硫	80%	浮选	脱除黄矿石	30%~40%
	石灰石-石膏法脱硫	>90%	干法选煤	分风力选、空气中介硫化床选、摩擦选、磁选、电选	20%~40%
	磷铵肥法脱硫	>95%			
工业炉窑	角管式锅炉炉内喷钙脱硫	50%	燃烧过程脱硫	燃烧时加入固硫剂，如碳酸钙粉吸收剂注入等	50%~60%
	工业型煤固硫	50%	型煤脱硫	煤中掺有固硫剂	50%
	循环流化床脱硫	80%	碱性烟气脱硫	用石灰干法涤气脱硫，适用于高硫煤	一般可达85%（80%~90%）

SO_2 的排放量与燃煤的含硫率、耗煤量、脱硫率有关，可以用物料衡算法和实测法进行测算。

为了测算排污单位燃料燃烧过程中 SO_2 的产生量和排放量，应检查其燃料消耗的种类、产地、含硫量、脱硫措施的脱硫率等项指标，通过核定以上各项指标，可以采用物料衡算法计算 SO_2 排放的总量。

3. 脱硝系统检查

（1）检查锅炉是否有低氮燃烧措施、是否有脱硝措施，确定 NO_x 排放量。NO_x 排放量与燃煤的含氮率、锅炉燃烧的炉温及是否采用低氮燃烧和脱硝技术有关。

（2）检查脱硝设施是否有停运情况。检查运行台账，以确定是否有弄虚作假等违法行为。

（3）检查脱硝口氮氧化物排放浓度是否达标。

（四）废气排放口检查

检查废气排放口的地理位置和设置数量、排放污染物种类和数量、烟囱高度等是否与环评文件、排污许可证等规定相一致；检查排放口标志牌设置是否符合规范要求；检查废气排放通道上是否设置采样孔或设置采样监测平台，采样口的设置是否符合《固定源废气监测技术规范》的要求。

（五）无组织排放源的检查

（1）对于无组织排放有粉尘、烟尘的排放点，有条件做到有组织排放的，检查排污单位是否进行了整治，实行有组织排放。

（2）检查煤场、料场、货场的扬尘和建筑生产过程中的扬尘，是否按要求采取了防治扬尘污染的措施或设置防尘设备。

① 从事房屋建筑、市政基础设施建设，河道整治以及建筑物拆除等施工单位，应当向负责监督管理扬尘污染防治的主管部门备案。施工单位应当在施工工地设置硬质围挡，并采取覆盖、分段作业、择时施工、洒水抑尘、冲洗地面和车辆等有效防尘降尘措施。建筑土方、工程渣土、建筑垃圾应当及时清运；在场地内堆存的，应当采用密闭式防尘网遮盖。工程渣土、建筑垃圾应当进行资源化处理。

② 运输煤炭、垃圾、渣土、砂石、土方、灰浆等散装、流体物料的车辆应当采取密闭或者其他措施防止物料遗撒造成扬尘污染，并按照规定路线行驶。

③ 装卸物料应当采取密闭或者喷淋等方式防治扬尘污染。

④ 贮存煤炭、煤矸石、煤渣、煤灰、水泥、石灰、石膏、砂土等易产生扬尘的物料应当密闭；不能密闭的，应当设置不低于堆放物高度的严密围挡，并采取有效覆盖措施防治扬尘污染。

⑤ 码头、矿山、填埋场和消纳场应当实施分区作业，并采取有效措施防治扬尘污染。

（3）在企业边界进行监测，检查无组织排放是否符合环保标准的要求。

四、典型案例

【案情简介】2022年4月16日上午，对位于A市某五金厂进行现场检查，发现该厂主要从事生产加工五金制品，有熔融压铸废气、燃天然气废气、脱模机废气、喷砂废气等污染物产生。检查时企业正常生产，压铸车间正在生产使用，其中使用中的2台压铸机的集气罩连接管道断裂，部分熔融压铸废气未经收集处理从车间窗户直接排放到外环境；该厂配套的熔融压铸废气和燃烧废气处理设施检查时也未运行。该厂涉嫌实施了通过不正常运行大气污染物防治设施等逃避监管的方式排放大气污染物的违法行为。

2022年5月6日市生态环境局执法人员对该五金厂进行了后督查，发现其已落实整改，已经完善了废气收集管道，治理设施正常运行，并委托第三方监测公司，对废气进行了采样监测，监测结果达标。

【查处情况】针对该厂通过不正常运行大气污染物防治设施等逃避监管的方式排放大气污染物的违法行为，A市生态环境局采取了以下措施：

（一）依据《中华人民共和国大气污染防治法》第九十九条第三项的规定，根据该司违法行为的事实、性质、情节、社会危害程度和相关证据，并对照《A市生态环境局行政处罚自由裁量量化标准（2019年修订版）》（X环规字〔2019〕2号）。A市生态环境局于2022年4月17日下达了《A市生态环境局行政处罚决定书》（X环罚字〔2022〕030号），决定对当事人处以人民币110000元罚款。

（二）该厂上述行为符合《行政主管部门移送适用行政拘留环境违法案件暂行办法》第五条、《中华人民共和国环境保护法》第六十三条第（三）项规定的行政拘留情形，2022年4月17日A市生态环境局将案件移送公安机关实施行政拘留。公安部门进行了立案并对当事人（法定代表人）实施行政拘留7天。

【案情分析】本案的关键是如何认定不正常使用大气污染防治设施逃避监管排放大气污染物。

《行政主管部门移送适用行政拘留环境违法案件暂行办法》第七条规定："《环境保护法》第六十三条第三项规定的通过不正常运行防治污染设施等逃避监管的方式违法排放污染物，包括以下情形：

（一）将部分或全部污染物不经过处理设施，直接排放的；

（二）非紧急情况下开启污染物处理设施的应急排放阀门，将部分或者全部污染物直接排放的；

（三）将未经处理的污染物从污染物处理设施的中间工序引出直接排放的；

（四）在生产经营或者作业过程中，停止运行污染物处理设施的；

（五）违反操作规程使用污染物处理设施，致使处理设施不能正常发挥处理作用的；

（六）污染物处理设施发生故障后，排污单位不及时或者不按规程进行检查和维修，致使处理设施不能正常发挥处理作用的；

（七）其他不正常运行污染防治设施的情形。"

本案中，该厂在正常作业运行过程中，其中使用中的2台压铸机的集气罩连接管道断裂，部分熔融压铸废气未经收集处理从车间窗户直接排放外环境；配套的熔融压铸废气和燃烧废气处理设施检查时也未运行，符合第七条第四项规定的不正常运行设施的情形。

【执法要点】执法检查时掌握不正常运行防治污染设施的情形。

项目四　固体废物污染源的执法检查

 知识目标

1. 掌握固体废物和危险废物的定义及鉴别；
2. 掌握危险废物污染源执法检查要点。

能力目标

1. 具备区别固体废物和危险废物的能力；
2. 具备危险废物污染源执法检查的能力。

素质目标

1. 培养理论创新、科技创新的理念；
2. 培养锲而不舍的螺丝钉子精神。

案例导入

1. 2020年6月11日，某市生态环境分局通过"12369环保举报热线"向该市提供"某县交警查获1台装载29.24t废机油罐车"的线索。经生态环境执法人员调查，两处炼油窝点分别在2017年底、2018年8月因经营原因停产后，张某某、王某某分别非法将窝点收集、存储的机动车维修废机油外运售卖，张某某于2020年6月10日从该市某县将一批废机油（29.24t）运往另一个市途中，被该县交警查获案发。

【任务】如何鉴定张某某于2020年6月10日从该市某县运往另一个市途中的一批废机油（29.24t）为危险废物？

2. 2022年9月2日，某市生态环境保护综合行政执法支队执法人员在日常检查中发现，某仓储部6号仓库内（以下简称6号仓库）堆放有大量疑似废铅蓄电池拆解后产生的废铅板、废铅膏和含铅塑料沾染物，并有破碎机、铲车、叉车等大型生产作业设施设备，现场亦有废铅蓄电池拆解处置作业的痕迹。根据《国家危险废物名录（2021年版）》，废铅蓄电池属于危险废物。同时，经鉴定，6号仓库周边沟渠的沉淀物也为危险废物。

经查，李某某在未取得危险废物经营许可证的情况下，非法从事收集、贮存和处置废铅蓄电池的生产经营活动。经称量，6号仓库内共有343.19t废铅板、废铅膏和18.61t含铅塑料沾染物，目前已全部暂存至附近公司的危险废物暂存间内。

【任务】（1）根据案例信息阐述危险废物执法检查的要点有哪些？
（2）对于上述案例，请问如何处理？

一、固体废物及危险废物

（一）固体废物定义及分类

1. 定义

根据《中华人民共和国固体废物污染环境防治法》（以下简称《固废法》）第一百二十四条规定："固体废物是指在生产、生活和其他活动中产生的丧失原有利用价值或者虽未丧失利用价值但被抛弃或者放弃的固态、半固态和置于容器中的气态的物品、物质以及法律、行政法规规定纳入固体废物管理的物品、物质。经无害化加工处理，并且符合强制性国家产品质量标准，不会危害公众健康和生态安全，或者根据固体废物鉴别标准和鉴别程序认定为不属于固体废物的除外。"

《固废法》第二条规定："固体废物污染海洋环境的防治和放射性固体废物污染环境的防治不适用本法。"即固体废物污染海洋环境以及放射性固态废物不纳入固体废物管理范畴，可见固态的废弃物不一定是固体废物。

《固废法》第一百二十五条规定："液态废物的污染防治，适用本法；但是，排入水体的废水的污染防治适用有关法律，不适用本法。"

2. 分类

固体废物种类繁多，性质各异，为便于处理、处置和管理，需要对其进行分类。

按产生来源，固体废物大体上可分为工业固废、城市固废、农业固废；按其化学性质可分为有机废物和无机废物；按其危险状况可分为危险废物和一般废物；按其形状可分为固态/半固态（块状废物、粒状废物、泥状废物）和液态（废矿物油、废有机溶剂）、气态（置于容器中的废氯气等有害气体）；按其燃烧性质分为可燃固体和不可燃固体；按《固废法》分为工业固体废物、生活垃圾、建筑垃圾、农业固体废物、危险废物。

（1）工业固体废物 是指在工业生产活动中产生的固体废物。

（2）生活垃圾 是指在日常生活中或者为日常生活提供服务的活动中产生的固体废物，以及法律、行政法规规定视为生活垃圾的固体废物。

（3）建筑垃圾 是指建设单位、施工单位新建、改建、扩建和拆除各类建筑物、构筑物、管网等，以及居民装饰装修房屋过程中产生的弃土、弃料和其他固体废物。

（4）农业固体废物 是指在农业生产活动中产生的固体废物。

（5）危险废物 是指列入《国家危险废物名录（2021年版）》或者根据国家规定的危险废物鉴别标准和鉴别方法认定的具有危险特性的固体废物。危险废物具有毒性、腐蚀性、易燃性、反应性或者感染性中的一种或者几种危险特性。

（二）危险废物的鉴别

1. 危险废物鉴别程序

与一般固体废物相比，由于危险废物的毒性和危害性特性，因此危险废物的管理更加严格。同时部分涉及危险废物的违法行为甚至涉嫌触犯刑法，导致犯罪。因此准确地认定鉴别危险废物，是固体废物分类管理和执法检查中的一项重要工作。根据《危险废物鉴别标准 通则》（GB 5085.7—2019），危险废物的鉴别程序如下：

（1）依据法律规定和 GB 34330，判断待鉴别的物品、物质是否属于固体废物，不属于固体废物的，则不属于危险废物。

（2）经判断属于固体废物的，则首先依据《国家危险废物名录》鉴别。凡列入《国家危险废物名录》的固体废物，属于危险废物，不需要进行危险特性鉴别。

（3）未列入《国家危险废物名录》，但不排除具有腐蚀性、毒性、易燃性、反应性的固体废物，依据 GB 5085.1、GB 5085.2、GB 5085.3、GB 5085.4、GB 5085.5 和 GB 5085.6，以及 HJ 298 进行鉴别。凡具有腐蚀性、毒性、易燃性、反应性中一种或一种以上危险特性的固体废物，属于危险废物。

（4）对未列入《国家危险废物名录》且根据危险废物鉴别标准无法鉴别，但可能对人体健康或生态环境造成有害影响的固体废物，由国务院生态环境主管部门组织专家认定。

鉴别流程如图 5.3 所示。

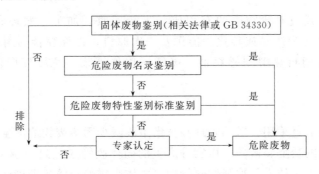

图 5.3　危险废物鉴别流程

2. 危险废物鉴别实操

在实际工作中如何鉴别危险废物呢？以"镀锡及焊锡回收工艺产生的废矿物油"为例，首先查找《固废法》，根据一百二十四条第一款固体废物的定义及一百二十五条"液态废物的污染防治，适用本法"的规定，镀锡及焊锡回收工艺产生的废矿物油属于固体废物。所以进入下一阶段判断其是否列入《国家危险废物名录》。在《国家危险废物名录》中查找"镀锡及焊锡回收工艺产生的废矿物油"。名录中 HW08 一栏找到该固体废物名称，废物代码为 900-205-08，因此镀锡及焊锡回收工艺产生的废矿物油为危险废物。

3. 危险废物混合后判定

（1）具有毒性、感染性中一种或两种危险特性的危险废物与其他物质混合，导致危险特性扩散到其他物质中，混合后的固体废物属于危险废物。

（2）仅具有腐蚀性、易燃性、反应性中一种或一种以上危险特性的危险废物与其他物质混合，混合后的固体废物经鉴别不再具有危险特性的，不属于危险废物。

（3）危险废物与放射性废物混合，混合后的废物应按照放射性废物管理。

（4）危险废物利用处置后判定规则：

① 仅具有腐蚀性、易燃性、反应性中一种或一种以上危险特性的危险废物利用过程和处置后产生的固体废物，经鉴别不再具有危险特性的，不属于危险废物。

② 具有毒性危险特性的危险废物利用过程产生的固体废物，经鉴别不再具有危险特性的，不属于危险废物。除国家有关法规、标准另有规定的外，具有毒性危险特性的危险废物处置后产生的固体废物，仍属于危险废物。

③ 除国家有关法规、标准另有规定的外，具有感染性危险特性的危险废物利用处置后，仍属于危险废物。

二、固体废物的处理处置

（一）固废处理的原则

固体废物的污染控制，经历了从简单处理到全面管理的发展过程，在初期世界各国对固体废物的处理就提出了资源化、减量化和无害化的"三化"原则。

1. 资源化

资源化是指通过对废物中的有用成分进行回收、加工、循环利用或其他再利用，使废物直接变为产品或转化为能源及二次原料，也称综合利用，如废旧电容处理器的回用、废塑料热解制燃料油、废纸回用作纸浆、垃圾焚烧发电、填埋产沼气等。

2. 减量化

减量化是指通过采用合适的管理和技术手段减少固体废物的产生量和排放量的过程。如固体废物的焚烧、破碎、压实等产生的固体废物通过处理减少其体积或重量、改进产品设计或工艺技术、加强原料管理、固体废物的资源化等措施都是一种非常有效的减量化处理手段。

3. 无害化

无害化是对已经产生、但又无法或暂时无法进行综合利用的固体废物通过降低或消除其危害特性的过程，是保证最终处置长期安全性的重要手段，如用固化/稳定化处理、中和、氧化、还原等化学方法将固体废物的有害物质转化为无害物质。

（二）固体废物的处置

一些固体废物经过处理和利用，总还会有部分残渣存在，而且很难再加以利用，这些残渣可能富集了大量有毒有害成分；还有些固体废物，尚无法利用，它们都将长期地保留在环境中，是一种潜在的污染源。为了控制这些固体废物对环境的污染，必须进行最终处置，使之最大限度地与生物圈隔离。固体废物处置是指将固体废物焚烧和用其他改变固体废物的物理、化学、生物特性的方法，达到减少已产生的固体废物数量、缩小固体废物体积、减少或者消除其危险成分的活动，或者将固体废物最终置于符合环境保护规定要求的填埋场的活动。固体废物处置是固体废物污染控制的末端环节，是解决固体废物归宿问题的最好方法，固体废物处置方法与流程如图 5.4 所示。

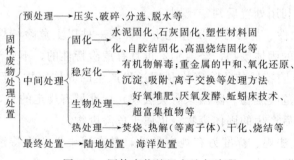

图 5.4　固体废物处置方法与流程

三、固体废物污染源执法要点

（一）一般固体废物执法要点

1. 检查固体废物来源及分类情况

固体废物来源及分类情况的检查途径有三个：一是通过建设项目环评文件和排

污许可证,快速了解企业固体废物产生环节、种类、性质、数量、处置和利用等信息;二是通过产生工业固体废物的单位(以下简称产废单位)建立的工业固体废物管理台账,获取工业固体废物的种类、数量、流向、贮存、利用、处置等信息,还可以从固体废物申报文件、固体废物备案、转移联单、委托处置或综合利用合同等材料了解固体废物管理的基本信息;三是执法人员展开现场调查,实地调查企业生产经营状况,通过企业使用原料、生产的产品、副产品、生产工艺以及相关报表等资料了解。

2. 固体废物贮存与处理处置

(1)检查排污者是否在自然保护区、风景名胜区、饮用水水源保护区、基本农田保护区和其他需要特别保护的区域内,建设工业固体废物集中贮存、处置的设施、场所和生活垃圾填埋场。

(2)检查固体废物贮存设施或贮存场是否设置了符合国家环境保护标准的防护措施,检查可依据《一般工业固体废物贮存和填埋污染控制标准》(GB 18599—2020);检查排污者是否向江河、湖泊、运河、渠道、水库及其最高水位线的滩地和岸坡等法律、法规规定禁止倾倒废弃物的地点倾倒固体废物。

(3)对产生、收集、贮存、运输、利用、处置固体废物的单位和其他生产经营者,检查是否采取防扬散、防流失、防渗漏或其他防止污染环境的措施,不得擅自倾倒、堆放、丢弃、遗撒固体废物。

3. 固体废物转移

(1)检查转移固体废物出省、自治区、直辖市行政区域贮存、处置的,是否经移出地和接受地的省、自治区、直辖市人民政府生态环境主管部门批准,并在规定期限内批准转移。未经批准的,不得转移。

(2)检查转移固体废物出省、自治区、直辖市行政区域利用的,是否报固体废物移出地的省、自治区、直辖市人民政府生态环境主管部门备案。

(二)危险废物污染源执法要点

在现场执法检查中,对于生产和经营危险废物的单位,除了检查其在遵守建设项目环境影响评价、排污许可证制度等管理制度,以及落实废水、大气和环境噪声等环境管理要求外,应重点核查其开展危险废物的收集、贮存、转移和处置利用方面的守法情况。

1. 危险废物管理制度执行情况检查

(1)检查危险废物污染防治责任制 检查产废单位以及从事收集、贮存、利用和处置危险废物经营活动的单位,是否建立了危废管理制度、危废管理图标、岗位责任制和安全操作规程,明确制度内容和负责人信息。

检查是否建立了责任制度、明确责任人和管理职责,是否在显著位置张贴了危险废物防治责任信息。

(2)检查危险废物标识制度 危险废物标识制度是指危险废物规范化环境管理评估指标的第二个制度,根据《固废法》第七十七条规定,"对危险废物的容器和包装物以及收集、贮存、运输、利用、处置危险废物的设施、场所,应当按照规定设置危险废物识别标志。"

检查危险废物的容器和包装物是否符合《危险废物贮存污染控制标准》(GB 18597—2023)的规定。

检查收集、贮存、运输、利用、处置危险废物的设施、场所是否按照《环境保护图形标志——固体废物贮存(处置)场》(GB 15562.2—1995)要求设置危险废物标志。

(3)危险废物管理计划制度 危险废物的管理计划由本单位危险废物管理工作领导小组,按照《中华人民共和国固体废物污染环境防治法》相关规定,根据本单位上年度的利用情况及管理计划期限内的利用计划情况制定。

根据危险废物管理计划制定的原则和要求,我们执法检查的内容有产废单位是否按照规定制定危险废物管理计划;管理计划的内容是否齐全;危险废物的产生环节、种类、危害特性、产生量、利用处置方式描述是否清楚。检查产废单位的危险废物管理计划是否报生态环境部门备案;管理计划内容发生重大变化时(如变更法人名称、法定代表人和地址;增加或减少危险废物产生类别、危险废物产生数量变动超过20%;新、改、扩建或拆除原有危险废物贮存、利用和处置设施),是否重新备案。

(4)检查危险废物台账制度 检查是否建立危险废物管理台账制度,衔接产生、贮存、转移、处置等全部环节。

(5)检查分类收集、贮存制度 检查是否按照不同种类危险废物分别收集、贮存危险废物;不同种类的危险废物间是否有明显间隔(如过道等)。检查是否存在混合收集、贮存、运输、处置性质不相容而未经安全性处置的危险废物;是否存在将危险废物混入生活垃圾或一般工业固废等非危险废物中贮存的情况。检查危险废物经营单位贮存危险废物是否超过一年;超过一年的是否经当地生态环境部门批准。

(6)检查危险废物经营许可制度 检查从事收集、贮存、利用和处置危险废物经营活动的单位,是否具有危险废物经营许可证。危险废物经营单位经营项目和规模是否与经营许可证核准的项目种类和数量规模相符。

(7)检查危险废物转移联单制度 检查转移危险废物是否按《危险废物转移管理办法》填写、运行危险废物电子联单或纸质联单;转移联单填写是否完整、规范;是否执行一车一联单要求;转移联单保存是否齐全。

2. 危险废物贮存管理情况检查

主要检查危险废物贮存设施是否规范,检查是否在生态保护红线区域、永久基本农田集中区域和其他需要特别保护的区域;危险废物贮存设施是否依法进行环境影响评价和"三同时"验收。检查危险废物贮存场所建设是否符合《危险废物贮存污染控制标准》(GB 18597—2023)要求,包括贮存场所地面是否硬化及防渗处理;是否设立雨篷、围堰和围墙并采取措施防范无关人员进入;是否设置废水导流措施;冲洗废水是否纳入污水处理设施或危险废物管理体系;针对液态或半固体危险废物,是否设立泄漏液体收集装置;危险废物盛放容器有否破损、危险废物是否有渗漏或遗撒。

3. 危险废物运输管理情况检查

主要检查是否存在危险废物与旅客在同一运输工具上载运行为；是否存在扬散、流失、渗漏或其他环境污染行为；是否存在在运输过程中沿途丢弃、遗撒危险废物的行为。

4. 危险废物利用处置管理情况检查

利用处置管理分为委托利用、处置管理和自行利用与处置设施管理。委托利用、处置管理主要检查是否与有资质单位签订委托利用、处置合同，明确委托利用、处置危险废物的种类和数量、运输方式等内容；检查合同是否在有效期内。危险废物自行利用和处置设施管理主要检查危险废物自行利用和处置设施是否有环评材料，并经过"三同时"竣工验收；是否建立了危险废物自行利用及处置情况台账；重点危险废物集中处置设施、场所退役前，检查经营单位是否按照规定对设施、场所采取污染防治措施。

5. 危险废物应急管理

检查是否建立事故防范制度和编制应急预案；是否按照应急预案要求配备应急装备与物资；是否按照应急预案要求组织应急演练。

四、典型案例

【案情简介】2022年1月至3月，A市开展废矿物油经营企业和机动车维修行业专项执法行动，在摸排过程中发现存在废机油的产生量和危险废物转移联单申报量不符的现象，且数量差别较大。

2022年3月15日，A市生态环境保护综合行政执法队执法人员先后对上游某4S汽车服务有限公司（以下简称4S店）及其负责回收废机油的某废油回收有限公司（以下简称回收公司）进行执法检查。

经查，该4S店的危废台账和网上登记的联单数量完全一致，然而在执法人员依照经验将废机油财务收款记录与固定时间段的机油出库量、汽车保养维修（更换机油）台次和废机油出售票据进行全面的核对和计算后，发现该公司的废机油实际转移量与转移联单载明数量差距较大，亦存在废机油产生量和危险废物转移联单载明的转移量不符的现象。经核实，该4S店2020年度和2021年度未填制危废转移联单的废机油量分别为35.5t和28.22t。

2022年3月16日，A市生态环境保护综合行政执法队进一步从4S店的废机油回收渠道（某废油回收公司）倒查问题。经查，该回收公司亦存在非法收集、处置废机油情形，从上游机动车维修企业收集废机油后，未按规定落实危险废物转移联单制度，且大量未执行转移联单程序的废机油最终去向不明，存在较大环境风险和隐患。

【查处情况】根据《中华人民共和国固体废物污染环境防治法》第一百一十二条第（五）项规定：未按照国家有关规定填写、运行危险废物转移联单或者未经批准擅自转移危险废物的，由生态环境主管部门责令改正，处十万元以上一百万元以下的罚款；情节严重的，报经有批准权的人民政府批准，可以责令停业或者关闭。结合该省《A省生态环境行政处罚裁量基准规定》的规定，2022年3月17日，A市生态环境局对4S汽车服务有限公司和某废油回收有限公司立案处罚，均处以12万元罚款的行政处罚。

根据《最高人民法院、最高人民检察院关于办理环境污染刑事案件适用法律若干问题的解释》（法释〔2016〕29号）第一条第（二）项的规定，2022年4月7日，A市生态环境局将某废油回收有限公司涉嫌非法处置危险废物的线索移送A市公安局并抄送A市人民检察院。

【案情分析】本案的关键是认定责任人是否如实填写危险废物转移联单。

《危险废物转移管理办法》第十条第（三）、（四）项的规定：移出人应当履行以下义务：（三）建立危险废物管理台账，对转移的危险废物进行计量称重，如实记录、妥善保管转移危险废物的种类、重量（数量）和接受人等相关信息；（四）填写、运行危险废物转移联单，在危险废物转移联单中如实填写移出人、承运人、接受人信息，转移危险废物的种类、重量（数量）、危险特性等信息，以及突发环境事件的防范措施等。第十二条第（二）项规定：接受人应当履行填写、运行危险废物转移联单，在危险废物转移联单中如实填写是否接受的意见，以及利用、处置方式和接受量等信息。案例中4S店存在废机油产生量和危险废物转移联单载明的转移量不符；回收公司收集废机油后，未按规定落实危险废物转移联单制度。违反了《中华人民共和国固体废物污染环境防治法》第一百一十二条第（五）项规定及《中华人民共和国刑法》第三百三十八条、《最高人民法院最高人民检察院关于办理环境污染刑事案件适用法律若干问题的解释》第一条第二项的规定。

【检查要点】执法人员应首先检查4S店是否填写了危险废物转移联单、是否建立了危废台账，对危险废物转移联单和危险废物台账一一核对，有疑问的应核对废机油财务收款记录、固定时间段的机油出库量、汽车保养维修（更换机油）台次和废机油出售票据，从而确定公司的废机油实际转移量与转移联单载明数量是否有差距，从而取得该违法行为的直接证据。执法人员还进一步从4S店的废机油回收渠道（回收公司）倒查问题，获取了回收公司未按规定落实危险废物转移联单制度的违法证据。

项目五　噪声污染源执法检查

知识目标

1. 掌握噪声污染的定义及其控制技术；
2. 掌握噪声污染源执法检查要点。

能力目标

1. 具备控制噪声污染的能力；
2. 具备噪声污染源执法检查的能力。

素质目标

1. 培养能吃苦、肯奋斗的精神；
2. 培养精益求精的精神。

案例导入

1. 2021年9月1日，某镇群众频繁反映位于该镇的某石材有限公司夜间生产噪声扰民，结合"清水蓝天"专项暨生态环境保护执法大练兵强化监督帮扶行动，省环境监察总队会同市生态环境保护综合执法支队9月3日晚对该石材公司进行了突击检查，发现现场确有部分生产。经监测显示，在生产负荷仅27%的情况下，厂界夜间噪声值为65dB（A），超过该企业环评中要求执行的《工业企业厂界环境噪声排放标准》中的夜间噪声限值。该企业违反了《中华人民共和国噪声污染防治法》第二十五条的规定，该市生态环境局立即下达了《行政告诫书》，要求限期采取降噪措施，纠正违法违规行为。

【任务】（1）请问该案例中市生态环境保护综合执法支队判断石材公司噪声污染的依据是什么？

（2）请你为该案例中石材有限公司降噪措施提出相关建议。

2. 根据群众举报，2022年7月14日22点40分，A市生态环境保护综合执法五大队联合A市公安局某分局对辖区内自由空间音乐餐厅进行现场检查。检查人员发现，该餐厅主要从事餐饮服务，但设有5个包厢，配套提供唱歌设备及服务。检查时5个包厢均有客人在唱歌，噪声较大。A市生态环境保护综合执法五大队立即组织第三方检测机构对该餐厅边界噪声进行监测。经监测，该餐厅边界噪声值达到53dB（A）。因位于居住、商业混杂区，根据《声环境质量标准》声环境功能区分类，属于2类声环境区，该测值超过2类区噪声排放限值。

【任务】请为该案例编写一份噪声污染源执法检查报告，并阐述该案件执法检查要点有哪些。

一、噪声污染概况

（一）噪声污染定义及分类

1. 定义

根据《中华人民共和国噪声污染防治法》第二条规定："本法所称噪声，是指在工业生产、建筑施工、交通运输和社会生活中产生的干扰周围生活环境的声音。

本法所称噪声污染，是指超过噪声排放标准或者未依法采取防控措施产生噪声，并干扰他人正常生活、工作和学习的现象。"

可见噪声污染的必备条件：一是噪声排放超标或者未依法采取防控措施产生噪声，二是干扰正常的工作学习生活。两者同时存在。

2. 噪声分类

《中华人民共和国噪声污染防治法》将噪声分为四类，分别是工业噪声、交通运输噪声、建筑施工噪声、社会生活噪声。

（1）工业噪声　是指在工业生产活动中产生的干扰周围生活环境的声音。包括各种风机、空压机、电机、锻压冲压设备、内燃机、电动机、球磨机、高压气流管和阀门、振动设备等产生的噪声。

（2）交通运输噪声　是指机动车、铁路机车车辆、城市轨道交通车辆、机动船舶、航空器等交通运输工具在运行时产生的干扰周围生活环境的声音。如各种机动车辆（载重汽车、客车、摩托车、拖拉机等）、内河船舶、铁路机车和飞机的噪声。

（3）建筑施工噪声　是指在建筑施工过程中产生的干扰周围生活环境的声音。主要来源于推土机、打桩机、混凝土搅拌机、空压机、振捣棒、卷扬机、风动工具以及一些运输工具等。

（4）社会生活噪声　是指人为活动产生的除工业噪声、建筑施工噪声和交通运输噪声之外的干扰周围生活环境的声音。主要有音响设备、迪厅喧哗、风机、扩音器、空调机、剪草机等产生的噪声。

二、噪声污染的控制

（一）噪声控制途径

由于噪声的传播途径分为三部分：声源、传播途径、接收者。因此，一般噪声控制途径都是从这三部分来考虑。首先是降低声源的噪声，如果做不到，或能做到却不经济，则考虑从传播途径中来降低。如上述方案仍然达不到要求或不经济则可考虑接收者的个人防护。

1. 控制噪声源

降低声源噪声，工业、交通运输业可以选用低噪声的生产设备和改进生产工艺，或者改变噪声源的运动方式（如用阻尼、隔振等措施降低固体发声体的振动）。

2. 阻断噪声传播

在传音途径上降低噪声，控制噪声的传播，改变声源已经发出的噪声传播途径，如采用吸声、隔声、声屏障、隔振等措施，以及合理规划城市和建筑布局等。

3. 控制接收者

在声源和传播途径上无法采取措施，或采取的声学措施仍不能达到预期效果时，就需要对接收者采取防护措施，如长期职业性噪声暴露的工人可以戴耳塞、耳罩或头盔等护耳器。

（二）噪声控制技术

1. 吸声技术

通常用于降低室内的混响声，当室内天花板、四周墙面或空间安装、悬挂有吸声体时，声波入射到这些材料的表面会进入吸声材料的孔隙，从而引起孔隙中空气和材料的细小纤维振动，由于摩擦和黏滞阻力，声能转变为热能而被吸收和耗散掉，吸声材料的吸声性能愈好、面积愈大，降噪效果愈好。

2. 消声技术

消声技术主要用于降低管道中传播的噪声。消声器就是一种能让气流或水流通过，使噪声衰减的装置，通常安装在管道中或进、排口上，可有效降低从空气中或水流中传播的动力性噪声。消声器的种类很多，按消声原理大致分为阻性消声器、抗性消声器、阻抗复合式消声器、微孔板消声器、耗散型及特殊型消声器。

3. 隔声技术

隔声的原理是声波在空气中传播，入射到匀质屏蔽物时，部分声能被反射，部分被吸收，还有部分声能可以透过屏蔽物。因此，设置适当的屏蔽物可以使大部分声能反射回去，从而减少噪声的传播。一般采用密度重的材料制成构件加以阻挡或将噪声封闭在一个空间，使其与周围空气隔绝，如隔声间、隔声罩、隔声屏、隔声门和隔声窗。

三、噪声污染源执法要点

由于噪声类别、噪声源及其属性的不同，因此对于噪声污染源执法检查，主要根据《中华人民共和国噪声污染防治法》开展执法检查。

（一）工业噪声污染执法要点

1. 检查产生噪声的设备

首先，检查产生噪声的设备是否为国家禁止生产、销售、进口、使用的淘汰产品。如许多老式风机，由于能耗高，噪声大，可达100dB以上，已被命令禁止使用。

其次，检查产生噪声设备的管理和维修。一些设备在运行一段时间之后，由于机械力的作用，会产生位移、偏心、固定不稳等现象，产生额外的噪声和振动，使实际噪声值超过原来工程设计与申报的噪声值。在执法检查中要督促企业加强设备的管理和维护，及时更换磨损部件，降低噪声。

再次，检查产生噪声设备的布局是否合理。很多情况下，企业噪声对环境的影响是由于产生噪声设备过于接近厂界造成的。有些企业厂界外围就是居住区，机械设备的工作噪声一般会超过80dB，必然会严重影响附近居民生活。

2. 检查噪声控制设备

检查噪声控制设备是否完好，是否按要求正常使用。噪声控制设备常见的有隔声罩、隔声门窗、消声器、隔振器及阻尼等。设备加装防噪装置后会给设备的操作带来一些不便，如安装隔声罩后，在维修机器时就需要将隔声罩拆开，有可能未及时将隔声罩装上。隔声门窗的安装会使室内空气流通性下降，室温也会有所升高，操作工人有时会违反规定将门窗打开，这就失去了安装门窗的意义。

3. 对环境噪声源受体的保护措施的检查和防护

严格遵守国家规定的工业企业卫生防护距离标准。合理安排生产时间，有关设备应该避免在中午、夜间等时间段运行。

4. 检查噪声污染防治设施是否执行环保手续

检查噪声污染防治设施是否符合设计要求，新建设施是否竣工验收。检查噪声污染防治设施在管理上是否到位，有无擅自拆除或闲置现象。

5. 现场监测其噪声污染排放情况及防治效果

根据《工业企业厂界环境噪声排放标准》进行现场监测，看其经治理后噪声排放是否达到该标准的规定。

（二）建筑施工环境噪声污染监察和治理

施工过程中噪声的产生是不可避免的，可以采取下列措施减轻影响。这些措施都需要通过执法监督来督促施工企业实施。

① 采用低噪声设备和施工方法。
② 合理设置高噪声施工操作的位置，使其远离敏感区。
③ 设立隔声墙壁，将高噪声设备与噪声敏感区隔开。
④ 合理安排施工时间，在中午和夜间停止高噪声施工活动。

（三）社会生活环境噪声污染监察和治理

（1）检查文化娱乐、体育、餐饮等场所的经营管理者是否采取有效措施，防止、减轻噪声污染。

（2）检查是否在噪声敏感建筑物集中区域使用高音广播喇叭，但紧急情况以及地方人民政府规定的特殊情形除外。

在街道、广场、公园等公共场所组织或者开展娱乐、健身等活动，检查是否遵守公共场所管理者有关活动区域、时段、音量等规定，采取有效措施，防止噪声污染；不得违反规定使用音响器材产生过大音量。

（3）检查使用空调器、冷却塔、水泵、油烟净化器、风机、发电机、变压器、锅炉、装卸设备等可能产生社会生活噪声污染的设备、设施的企业事业单位和其他经营管理者等，是否采取优化布局、集中排放等措施，防止、减轻噪声污染。

四、典型案例

【案情简介】2022年6月22日22时，A市生态环境局某分局现场检查中发现，某房地产开发有限公司未办理夜间施工许可，正在某建筑工地进行土方挖掘作业，施工噪声扰民。执法人员立即组织现场监测施工噪声,结果显示,噪声超过《建筑施工场界环境噪声排放标准》规定的限值。执法人员现场要求该公司立即停止施工,并于6月23日对其立案调查。

【查处情况】某房地产开发有限公司未办理夜间施工许可,夜间施工噪声扰民,违反了《中华人民共和国噪声污染防治法》第四十三条的规定,依据《中华人民共和国噪声污染防治法》第七十七条第二项的规定,A市生态环境局向该公司下达了《责令改正违法行为决定书》,责令其停止夜间施工的违法行为。因该单位首次违法,且立即改正违法行为,参照生态环境部《关于进一步规范适用环境行政处罚自由裁量权的指导意见》规定,A市生态环境局对该公司罚款人民币一万元整。

【案情分析】本案关键是如何认定噪声污染。

噪声污染,是指超过噪声排放标准或者未依法采取防控措施产生噪声,并干扰他人正常生活、工作和学习的现象。某房地产开发有限公司未办理夜间施工许可,夜间施工噪声扰民,执法人员立即组织现场监测施工噪声,结果显示,噪声超过《建筑施工厂界环境噪声排放标准》,由此可见产生了噪声污染。某房地产开发有限公司夜间施工,违反了《中华人民共和国噪声污染防治法》第四十三条的规定:"噪声敏感建筑物集中区域,禁止夜间进行产生噪声的建筑施工作业,但抢修、抢险施工作业,因生产工艺要求或者其他特殊需要必须连续施工作业的除外。"依据《中华人民共和国噪声污染防治法》第七十七条第二项和生态环境部《关于进一步规范适用环境行政处罚自由裁量权的指导意见》规定,给予相应处罚。

【执法要点】一是确定该房地产公司是在夜间施工,《中华人民共和国噪声污染防治法》第八十八条规定,"夜间,是指晚上十点至次日早晨六点之间的期间,设区的市级以上人民政府可以另行规定本行政区域夜间的起止时间,夜间时段长度为八小时。"二是确定噪声超标。

习题

1. 根据第一次和第二次全国污染源普查方案并查阅相关资料,请为2027年全国第三次污染源普查编写普查方案。

2. 查阅相关资料简述造纸工业的主要水污染物有哪些,并提出相应的处理措施、绘制出主要污水处理流程图(前两问用图表形式作答)。

3. 查阅相关资料简述火力发电厂的主要大气污染物有哪些,并提出相应的处理措施(用图表形式作答)。

4. "废弃的新矿物油及沾染新矿物油的废弃包装物""供实验室化验分析或科学研究用固体废物样品"是否属于危险废物?说明理由。

5. 案情阅读:2022年1月10日,某市生态环境局某分局接到群众反映,某村某路旁有人非法倾倒固体废物,市分局迅速集结执法力量,前往现场核查。经查,涉案人员莫某华主要从事废品回收行业,于1月6日21时,将回收的彩瓦进行拆解,并将无回收价值的海绵等固体废物(共18袋、每袋约10斤,共计约180斤),用货车沿该村某路进行倾倒,倾倒地点共5处。执法人员经过现场调查确认，根据相关法律法规对涉案人员进行了相应的处罚并要求涉案人员立即妥善处理倾倒的固废。

（1）请分析案例中的莫某华是否违反了《中华人民共和国固体废物污染环境防治法》。

（2）请问执法人员在此案件中开展现场执法的要点是什么？

模块六

重点行业主要污染源执法要点

项目一 造纸行业执法要点

知识目标

1. 掌握造纸行业生产工艺流程、产排污节点及其处理工艺；
2. 掌握造纸行业执法检查要点。

能力目标

1. 具备识别造纸行业产排污环节的能力；
2. 具备造纸行业执法检查的能力。

素质目标

1. 培养自主学习意识；
2. 培养团队合作思维。

案例导入

2022年9月，某生态环境分局执法人员对某纸业有限公司进行现场检查，发现该公司年产5万吨瓦楞纸、箱板纸项目正在生产，其锅炉除尘水通过雨水沟排入广丰水库。根据该项目环评文件，该公司的锅炉除尘水循环使用，不外排。

该公司将锅炉除尘水利用雨水沟外排，构成以逃避监管的方式排放水污染物的环境违法行为，违反了《中华人民共和国水污染防治法》第三十九条的规定。依据《中华人民共和国水污染防治法》第八十三条第（三）项的规定，市生态环境局责令其改正环境违法行为，并处五十万元的罚款。

【任务】以组为单位查找资料绘制出造纸行业的生产工艺流程图，找出产排污环节，并阐述造纸行业生态环境执法检查要点。

一、行业概况

我国造纸企业大致分三种类型：①制浆企业，指单纯进行制浆生产的企业，以及纸浆产量大于纸张产量，且销售纸浆量占总制浆量 80% 及以上的制浆造纸企业；②造纸企业，指单纯进行造纸生产的企业，以及自产纸浆量占纸浆总用量 20% 及以下的制浆造纸企业；③制浆和造纸联合生产企业，指除制浆企业和造纸企业以外，同时进行制浆和造纸生产的制浆造纸企业。废纸制浆和造纸企业指自产废纸浆量占纸浆总用量 80% 及以上的制浆造纸企业。

（一）主要生产工艺

制浆造纸企业采用的制浆方法主要有碱法制浆、酸法制浆、化学机械法制浆和废纸制浆等；造纸方法主要有干法和湿法两种，传统所说的造纸是指湿法造纸。本节重点介绍碱法麦草制浆。

草浆是我国独具特色的制浆企业，主要分布在河南、山东、河北、江苏、安徽等省。主要生产工艺为备料→切草→筛选→蒸煮→洗浆→纸浆筛选→纸浆漂白。麦草经切草机切成 30～50mm 的草段，再经过除尘器、旋风分离器等除尘设备除去草节、谷粒、泥沙等杂质，然后进入螺旋预浸机被蒸煮药液浸润后进入蒸球，装球完毕后通蒸汽蒸煮，煮后浆料喷入喷放锅。喷放锅中的浆料进入洗筛工段，进行洗涤筛选后，进入漂白工段，漂白完成后即得成品浆。

（二）主要产排污节点

草浆企业是制浆造纸行业中污染最为严重的一类企业，我国草浆企业的特点是规模小、环保设施不完备、污染严重。碱法制浆产生的废水主要来自备料、蒸煮、提取、筛选、漂白等环节；固体废弃物主要是碱回收白泥和绿泥、备料废渣、污水站污泥、锅炉煤渣，废气主要是草尘、锅炉废气。产污节点及主要污染物见表 6.1。

表 6.1 产污节点及主要污染物对照表

序号	工段名称	类别	产物节点	污染物
1	备料工段	废气	切削设备、筛选设备、运输车辆	扬尘、草叶、髓质等
		废水	原料洗涤设备、水膜除尘设备	SS、COD
		固废	筛选设备	树皮、锯末、麦糠等固体废物
		噪声	运输车辆、切削设备、筛选设备等	噪声
2	蒸煮工段	废气	喷放设备	挥发性恶臭气体
		噪声	喷放设备	噪声
3	洗选漂工段	废气	洗浆设备、筛选设备、漂白设备、浓缩设备	挥发性恶臭气体、氯气及挥发性氯化物
		废水	洗浆设备、浓缩设备和漂白设备	黑液（去碱回收），废水去中段水（COD、BOD、酸、碱、SS）
		固废	筛选设备、净化设备、浆池	浆渣、沉积物
4	网前供浆工段	废水	浓缩设备	COD、BOD
		噪声	磨浆设备	噪声
		固废	筛选设备、净化设备	浆渣
5	抄造工段	废水	纸机网部和压榨部	SS、COD、BOD
		噪声	真空泵、设备运转	噪声
6	完成工段	固废	包装设备	废弃的包装材料

续表

序号	工段名称	类别	产物节点	污染物
7	辅助工段	废气	溶解分散设备	辅料粉尘
8	碱回收	废气	燃烧炉、蒸发设备	碱尘、CO、SO_2、NO_x等
		固废	除尘设备、绿液澄清池、白液澄清池、洗涤器	碱灰、白泥、绿泥
		噪声	鼓风机、熔融物溶解设备	噪声
9	废水处理工段	废气	生物反应装置	沼气、氨气和硫化氢等
		固废	沉淀池	活性污泥等
10	公用工程	废水	雨水系统管道	雨水(COD)
			厂区生活排水管道	生活废水(COD、氨氮)
			锅炉用水处理设备	排浓水(含盐类、酸、碱)
			冷却设备	冷却水(COD)
			锅炉	炉排废水(COD、SS)
		废气	锅炉、运输车辆	煤尘、烟尘(SO_2、NO_x)
		固废	锅炉	炉渣与煤灰
			办公和生活场所	生活垃圾(有机物与无机物)
		噪声	锅炉、运输车辆	噪声

(三)主要处理工艺

草尘一般都用布袋除尘器收集,再送锅炉燃烧。对于绿泥、白泥、黑液,主要采用综合利用的方式,绿泥、白泥可回收用于建材,但是其中绿泥回用于建材的技术尚不成熟。对黑液的主要处理技术是碱回收,中段废水(通常出水水质COD_{cr}为1500~2800mg/L,BOD为300~700mg/L,SS为500~1200mg/L)主要排入废水处理厂进行处理。

1. 废水处理工艺

黑液是碱法制浆过程中产生的废液,是通过提取工段(多段逆流洗涤)提取出来的,呈黑色,具有高浓度和难降解的特性。黑液中含有有机物与无机物两大类物质,大约30%~35%的无机物,绝大部分是各种钠盐以及氢氧化钠;65%~70%的有机物,有机物主要是木素、半纤维素的降解产物。黑液中无机物主要通过碱回收进行处理,使得制浆厂总产污负荷可减少85%~95%,是解决制浆废水污染的重要途径之一,也可以从黑液中提取木素进行资源化利用。

黑液碱回收的一般步骤:洗筛工段来的黑液先进入蒸发器进行浓缩,浓缩后的黑液进入燃烧炉进行燃烧,燃烧后的熔融物溶解于稀白液或水中形成绿液,绿液的主要成分是碳酸钠和硫化钠。然后绿液进入苛化器与石灰反应,使碳酸钠转化为氢氧化钠。从苛化器出来的乳液进入白液澄清池澄清,澄清后的白液送蒸煮工段作为蒸煮液,沉淀的白泥经过洗涤、降低残碱、提高干度后,再进入石灰窑煅烧回收石灰用于苛化。

白水是造纸过程中废液,主要成分是SS、COD、BOD等,其中SS(纤维和填料)量大,主要通过过滤、沉淀和气浮等工艺技术进行处理回用。

中段水来源于制浆造纸企业的除黑液、红液和白水(单独处理)之外的所有生产废水,主要成分是COD、BOD、SS等,常用的处理工艺主要是物化+生化好氧二级处理工艺或者在进行厌氧预处理后，再进行好氧处理。由于草浆废水的污染物特征，按照现有的二级处理工艺，若不进行深度处理或者三级处理，废水排放将很难达标。国内常用的三级处理工艺包括气浮、化学氧化法、厌氧等。废水典型治理工艺单元处理效率见表6.2。

表6.2 废水典型治理工艺单元处理效率表

处理级别	处理工艺	主要工艺	处理效率/%		
			COD_{cr}	BOD_5	SS
一级	沉淀	格栅、滤筛、初沉池	15~50	5~30	40~75
	混凝沉淀（气浮）	格栅、滤筛、混凝沉淀（气浮）	50~75	25~40	80~90
二级	好氧生化	好氧生物反应池、二沉池	60~80	80~95	70~90
	厌氧-好氧生化	厌氧池、中沉池、好氧生物池、二沉池	65~85	85~95	75~90
三级	混凝沉淀（气浮）	混凝沉淀（气浮）、过滤	50~80	40~55	70~90
	Fenton氧化	高级氧化、混凝沉淀	80~90	80~90	70~90

2. 废气处理工艺

（1）锅炉及碱回收炉废气：采用静电除尘＋袋式除尘系统、石灰石＋石膏湿法脱硫处理系统、低温燃烧技术、选择性非催化还原法脱硝、炉内脱硫以及双碱法脱硫除尘等技术。

（2）制浆废气：根据生产过程分阶段、分装置分别进行收集和处理。

（3）各类粉尘：备料粉尘采用袋式除尘或水膜除尘；煤场和道路采用定期洒水，保持表面湿润，大型料场、堆场应建设全封闭或防风抑尘设施。

3. 噪声处理工艺

产生噪声的设备尽量安排在独立室内，且采用消声及降噪措施。

4. 固体废物处理工艺

（1）固体废物：主要包括备料废物、锅炉炉渣和煤灰、生化污泥、白泥、绿泥、生活垃圾等，备料废物、白泥、绿泥、锅炉炉渣和煤灰，要进行综合利用，生化污泥、生活垃圾要进行无害化处理。

（2）危险废物：属于危险废物的严格按照危险废物相关管理要求管理，不得将不相容的废物混合或合并存放。

二、材料审查

（一）环评制度执行

新建、改建和扩建制浆造纸企业，应依法进行环境影响评价，环评审批手续应齐全。项目的性质、规模、地点、采用的生产工艺或者防治污染的措施等应与环境影响评价文件及环评审批文件一致。如有重大变更或原环境影响评价文件超过五年方开工建设的，应当重新报批环境影响评价文件。

调阅有审批权的生态环境主管部门对企业新建、改建和扩建制浆造纸建设项目环境影响评价文件（环境影响报告书、环境影响报告表）批复意见，核实企业新建、改建和扩建制浆造纸建设项目是否取得环评审批手续。

（二）"三同时"制度执行

建设项目需要配套建设的环境保护设施，必须与主体工程同时设计、同时施工、同时投产使用。要在建设项目初步设计中编制环境保护篇章，落实防治环境污染和生态破坏的措施以及环境保护设施投资概算。建设单位应当将环境保护设施建设纳入施工合同，保证环境保护设施建设进度和资金，并在项目建设过程中同时组织实施环境影响报告书、环境影响报告表及其审批部门审批决定中提出的环境保护对策措施。编制环境影响报告书、环境影响报告表的建设项目竣工后，建设单位应当按照国务院环境保护行政主管部门规定的标准和程序，对配套建设的环境保护设施进行验收，编制验收报告。建设单位在环境保护设施验收过程中，应当如实查验、监测、记载建设项目环境保护设施的建设和调试情况，不得弄虚作假。除按照国家规定需要保密的情形外，建设单位应当依法向社会公开验收报告。分期建设、分期投入生产或者使用的建设项目，其相应的环境保护设施应当分期验收。

调阅企业新建、改建和扩建制浆造纸建设项目设计、概算、施工合同等文件资料，核实企业是否严格落实建设项目环境保护"三同时"制度。调阅企业新建、改建和扩建制浆造纸建设项目竣工环境保护验收意见，核实企业是否按照《建设项目竣工环境保护验收暂行办法》规定的程序和内容开展验收工作，核查是否存在验收不合格情形，是否存在环境保护设施验收中弄虚作假的行为。

（三）产业政策符合性

依据《产业结构调整指导目录（2019年本）》相关规定，淘汰以下产能、工艺和设备：石灰法地池制浆设备（宣纸除外），5.1万吨/年以下的化学木浆生产线，单条3.4万吨/年以下的非木浆生产线，单条1万吨/年及以下、以废纸为原料的制浆生产线，幅宽在1.76米及以下并且车速为120米/分以下的文化纸生产线，幅宽在2米及以下并且车速为80米/分以下的白板纸、箱板纸及瓦楞纸生产线，元素氯漂白制浆工艺；限制以下产能：单条化学木浆30万吨/年以下、化学机械木浆10万吨/年以下、化学竹浆10万吨/年以下的生产线。

调阅企业审批备案、设计建设等资料，核实企业是否属于限制类或淘汰类项目。

（四）环境敏感区域判断

（1）禁止在饮用水水源一级保护区内新建、改建、扩建制浆造纸建设项目；已建成的，由县级以上人民政府责令拆除或者关闭。

（2）禁止在饮用水水源二级保护区内新建、改建、扩建制浆造纸建设项目；已建成的，由县级以上人民政府责令拆除或者关闭。

（3）禁止在饮用水水源准保护区内新建、扩建制浆造纸建设项目；改建制浆造纸项目，不得增加排污量。

（4）自然保护区的核心区、缓冲区和实验区内，不得建设制浆造纸项目生产设施。

（5）风景名胜区、森林公园、湿地公园、地质公园、沙漠公园、文物遗址保护区、沙化土地封禁保护区等各类保护地内，建设制浆造纸项目需严格落实相关规定要求。

调阅企业规划、建设、土地使用等审批文件和图件，核实企业与各类环境敏感区的位置关系。

（五）卫生防护距离要求

调阅卫生防护距离内居民搬迁相关资料，核实卫生防护距离内是否符合已审批的环境影响报告文件的要求。

（六）环境管理台账[1]

企业应当按照"规范、真实、全面、细致"的原则，建立健全环境管理台账和资料。调阅的台账内容包括：适用于本企业的生态环境法律、法规、规章制度及相关政策性文件，建设项目环境影响评价文件和"三同时"验收资料，企业环境保护职责和管理制度，企业排污许可证执行情况资料，废水、废气、废渣、噪声等污染物处理装置日常运行记录、治污辅助药剂购买复印件及使用台账、治污设施检修停运申请报告、生态环境部门批复文件和监测记录报表，固体废物的产生量、处置量，固体废物贮存、处置和利用设施的运行管理情况，工业固体废物委托处理协议、危险废物安全处置五联单据，防范环境风险的措施和突发环境事件应急预案、应急演练组织实施方案和记录，突发环境事件总结材料，环境影响评价文件中规定的环境监控监测记录，企业总平面布置图和污水管网线路图（总平面布置图应包括废水、废气、废渣污染源和排放口位置等）。企业环境管理档案分类分年度装订，资料和台账完善整齐，装订规范，排污许可证齐全，污染物处理装置日常运行状况和监测记录连续、完整，指标符合环境管理要求、地方环境保护主管部门下发的整改通知和其他文件。

企业环境管理档案应有固定的存放场所，资料至少应保存3年，确保生态环境保护执法人员随时调阅检查。

三、现场勘查

（一）主要生产工段检查

1. 查阅企业生产基本情况资料

（1）查阅原辅材料、产品名称及其特性和产品规模：主要原料为麦草（1吨纸浆消耗麦草2.5~3吨），从环评报告和环评批复文件中查阅辅助材料种类，主要产品名称及特性（产品特性主要指其状态，如液态、固态、气态，是否具有毒性或易燃性

---

[1] 参照原环境保护部办公厅关于印发《制浆造纸企业环境守法导则》的通知（环办函〔2015〕882号）中企业内部环境管理措施。

等），产品种类和生产设计规模。

（2）查阅生产工艺及设备资料：从环评报告和环评批复文件中查阅生产工艺、主要生产设备名称、规格及数量。

（3）从生产报表中查实际产量和能源消耗量（能耗1.1kg标煤/t纸）。

2. 检查企业的生产状态

检查备料车间、化浆车间、洗浆车间、碱回收车间、造纸车间处于正常生产状态还是停产状态。

（二）废水处理设施检查

1. 检查备料车间废水处理设施（主要是采用湿法备料，干法备料不存在洗草废水）

（1）废水来源：主要来自洗草。

（2）处理规模：一般产生废水20吨/吨草。

（3）处理设施：一般应有厌氧塔、好氧池、气浮等。

（4）处理后废水去向：洗草废水处理后约60%循环使用进入制浆系统，其他处理达标后排放。

2. 检查化浆车间废水（黑液）处理设施

（1）黑液来源：蒸煮麦草产生。

（2）黑液处理设施：配套建设碱回收装置处置，产生黑液10吨/吨纸浆。碱回收车间包括蒸发、燃烧、苛化干燥工段。

① 蒸发工段：采用板式蒸发器和管式蒸发器相结合的蒸发站，蒸发站入效黑液浓度为10%左右，在长管升膜蒸发器中蒸发至浓度为20%左右，然后送入板式蒸发器中蒸发，黑液蒸发到浓度为45%左右送燃烧工段。

② 燃烧工段：选用碱回收炉，蒸发工段来的浓黑液直接加热后送碱炉燃烧。熔融物在溶解槽中加温水或稀白液得到绿液送苛化工段，省煤器出口烟气经静电除尘器除尘后用引风机引入烟囱排出。

③ 苛化工段：燃烧工段送来绿液经澄清后送石灰消化提渣机，消化乳液经三台苛化器连续苛化。苛化液自流到白液澄清器，澄清后的白液送到蒸煮工段配碱系统。剩余白泥与白液至辅助苛化器与真空洗渣机送来的滤液再苛化后，送白泥洗涤器。澄清后稀白液送至燃烧工段溶解槽或配碱，洗涤后的白泥经真空洗渣机洗涤浓缩，干度达50%左右，送至厂外综合利用。

（3）白泥产生量：碱回收装置处理约产生苛化白泥0.03吨/吨黑液。

（4）上清水去向：碱回收装置处理后上清水排入制浆系统进行回用。

（5）检查碱回收炉中控系统DCS上的黑液处理量。

3. 检查洗浆车间废水处理设施

（1）废水来源：主要来自冲浆、洗浆。

（2）处理规模：产生废水15吨/吨浆。

（3）处理设施：真空洗浆产生的高浓度废水，进入蒸发炉浓缩，浓缩后进入碱回收装置处理；低浓度废水进入中段水处理设施。

（4）处理后废水去向：洗浆废水处理后进入中段水车间。

4. 检查抄纸车间废水处理设施

（1）废水来源：主要来自抄纸白水。

（2）处理规模：吨浆产生废水约 16 吨。

（3）处理设施：一般应有白水回收泵、白水回收地沟。

（4）处理后废水去向：抄纸白水处理后进入中段水集中处理设施。

5. 检查中段废水处理设施

（1）中段废水处理设施基本情况：从环评批复文件中查阅中段废水处理设施设计处理工艺和规模；根据当前生产规模，查看其是否与当前处理设施、处理工艺（一般采用 A^2/O 和 A/O 等工艺）的处理能力相匹配，记录实际处理工艺和日处理量，查阅设施运行记录。

（2）厌氧处理单元：麦草制浆企业厌氧多采用 UASB、IC 和 ANAMET 等工艺。UASB 和 IC 反应器中的污泥为颗粒污泥，ANAMET 反应器中的污泥为絮状污泥。颗粒污泥大小应均匀，絮状污泥的沉降比（SV）应在 30%～60% 之间。厌氧处理对 COD 的去除率：化机浆的废水应在 70% 以上，废纸浆的废水应在 60% 以上，洗草废水在 50% 以上。

（3）好氧处理单元：麦草制浆企业好氧处理多采用氧化沟。曝气形式可能存在不同，但活性污泥的正常颜色为黄褐色，正常气味为土腥味，混合污泥浓度（MLSS）一般约为 3000～6000mg/L，混合液中挥发性悬浮固体浓度（MLVSS）一般为 2500～4500mg/L，取样观测污泥沉降比（SV），30%～60% 为正常。氧化沟曝气前段、中段、末段溶解氧（DO）分别约为 2～4mg/L、1～2mg/L、0～1mg/L。好氧处理的 COD 去除率在 70% 以上为正常。

（4）二沉池处理单元：查看刮泥机是否正常运行；查看污泥回流比，从污泥回流泵铭牌上查其功率是否满足污泥回流比（一般为 80%～100%），从污泥回流泵运行记录中查阅其运行时间及污泥回流流比；从观感判断排泥是否正常（池中有成团污泥或浮渣上升、出水浑浊，有较多悬浮颗粒，则表明排泥不畅）。

（5）深度治理单元：深度处理设施一般有高效浅层气浮、滤罐等设施设备；高效浅层气浮应加添加药剂聚合氯化铝（PAC）或聚丙烯酰胺（PAM），加药量与气浮进水 COD 有关。

（6）污泥脱水单元：查看有无污泥流量计；检查絮凝剂种类、储备量、购买票据及添加状况是否与脱泥量相符（吨干污泥絮凝剂添加量为 3.5～6.5kg 以上）；查看泥饼污泥含水率（用带式压滤机脱水的应小于 80%，用板框压滤机脱水的应小于 60%）、万吨污水产泥量（绝干污泥 50 吨）、临时堆放处"三防"措施（防扬散、防流失、防渗漏）、污泥处置方式（农林使用、卫生填埋、焚烧和生产建筑材料，并执行五联单制度）。

（7）排污口规范化整治和排水去向：排污口设置应便于采集样品、计量监测、日常监督检查，排污口标志牌应立于明显位置；凡生产经营场所集中在一个地点的企业，原则上只允许设污水和"清下水"排放口各一个，生产经营场所不在同一个地点的企业，每个地点原则上只允许设一个排放口。具体情况可根据当地环保要求设定。

（8）自动监控设施：检查自动监控设施取样位置（从自动监控基站验收资料中查阅）是否合理；自动监控设施应正常显示实时数据，能正常抽调历史数据；应有比对监测、维护、巡视记录等，具体检查依据《污染源自动监控设施现场监督检查技术指南》相关要求判定。

检查水污染源自动监控设施采样点设置是否符合 HJ 353 和 HJ 494 的相关规定。其采样位置是否位于渠道计量水槽流路的中央，且采样口采水的前端设在下流的方向；测量合流排水时，在合流后充分混合的场所采水。

自动监控设施不正常运行情形判别[1]：长期无正当理由无自动监控数据；自动监控数据长期在仪器分析方法检出限上下波动；自动监控数据变化幅度长期在某一固定值上下小幅波动；自动监控数据变化幅度长期在量程2%以内波动；监督性监测数值与同时段自动监控数值的误差超过 HJ 354 及 HJ/T 75 规定的比对监测指标范围；分析仪器、数采仪、监控中心之间数据异常（分析仪器数据与数采仪数据偏差大于1%，数采仪数据与监控中心数据偏差大于1%）；企业生产工况、污染治理设施运行与自动监控数据的相关性异常（企业生产工况或污染治理设施发生变化，自动监控设施数据未及时响应或变化趋势不符合逻辑）。

（9）污染物排放情况：排水应透明度很高，悬浮颗粒很少，颜色略带黄色，无气味；查阅 COD、氨氮在线监测数据和监督性监测数据，判定是否达标排放。从《制浆造纸工业水污染物排放标准》（GB 3544—2008）和环评批复及排污许可证中查阅水污染物排放标准。

（三）废气处理设施检查

1. 检查锅炉安装情况

查看锅炉类型、吨位和数量，是否与环评批复或验收文件相一致。

2. 检查锅炉废气处理设施运行情况

（1）废气处理设施：一般建设除尘和脱硫脱硝设施，查看处理工艺和设施是否按环评批复及环保部门的要求建设。

（2）除尘器类型：一般采用电除尘、水膜除尘、布袋除尘等方法。对电除尘器，检查各电场是否投运，电场电压是否在正常范围内（约 4~6 万伏），电流是否稳定；对水膜除尘，检查除尘器是否运行及除尘水的去向；对布袋除尘器，检查定期反吹记录，袋有无破损、漏灰等。

（3）脱硫一般采用双碱法，检查脱硫设施循环浆液 pH 值是否在正常范围内（pH 一般控制在 5~8）。脱硫设施应查看脱硫剂种类、使用量和副产品产生量。

（4）脱硝一般采用选择性非催化还原（SNCR）法，SNCR 法是将氨水（质量分数 20%~25%）或尿素溶液（质量分数 30%~50%）通过雾化喷射系统直接喷入分

---

[1] 参照原环境保护部办公厅《关于印发污染源自动监控设施现场监督检查技术指南的通知》（环办〔2012〕57号）中自动监控设施检查相关内容。

解炉合适的温度区域（850～1100℃），雾化后的氨与 NO_x（NO、NO_2 等混合物）进行选择性非催化还原反应，将 NO_x 转化成无污染的 N_2。氨水作为还原剂时，SNCR 最佳反应温度为 950℃；尿素作为还原剂时，SNCR 最佳反应温度为 1000℃。SNCR 法的脱硝效率为 50%～70% 左右。脱硝设施的检查参照水泥行业执法要点。

3. 检查废气排放口设置情况

（1）排气筒建设情况：检查排气筒高度是否符合国家或地方污染物排放标准的规定，是否符合环评及批复要求。

（2）采样孔、采样监测平台的设置情况：采样孔、采样监测平台的设置应当符合《固定污染源中颗粒物测定与气态污染物采样方法》（GB/T 16157—1996）、《固定源废气监测技术规范》（HJ/T 397—2007）和《固定污染源烟气（SO_2、NO_X、颗粒物）排放连续监测技术规范》（HJ 75—2017）的要求。

4. 检查烟气自动监控设施运行情况

（1）检查烟气自动监控设施取样位置和方式是否合理，数据是否经过比对监测等。具体检查依据《污染源自动监控设施现场监督检查技术指南》相关要求判定。

（2）检查烟气排放连续监测设施采样点设置是否符合 HJ/T 75、GB/T 16157 的相关规定。采样点位是否选择在垂直管段和烟道负压区域。采样点位是否避开烟道弯头和断面急剧变化的部位。对于颗粒物 CEMS，是否设置在距弯头、阀门、变径管下游方向不小于 4 倍烟道直径，以及距上述部件上游方向不小于 2 倍烟道直径处；对于气态污染物 CEMS，是否设置在距弯头、阀门、变径管下游方向不小于 2 倍烟道直径，以及距上述部件上游方向不小于 0.5 倍烟道直径处。如不在以上位置时，应尽可能选择在气流稳定的断面，且采样点位前直管段的长度应大于后直管段的长度。若一个固定污染源排气先通过多个烟道后进入该固定污染源的总排气管时，采样点位是否设置在该固定污染源的总排气管上。

（3）检查标气是否符合规范要求。查来源，是否有鉴定部门的鉴定证明；查日期，是否在有效期之内；查浓度，是否与仪器量程相匹配（对于标定烟气分析仪的标气浓度，应选满量程浓度的 70%～90%，过低会降低测量值的准确性，过高无法标定）。

（4）检查仪器状态是否符合规范要求。

① 查仪器量程，一般根据排放标准、燃煤含硫率和脱硫效率设定，通常略高于生态环境部门核定的企业排放标准。

② 查仪器显示数值：现场用标气检测，仪器显示值与标气差值不应超出一定的范围，具体见《固定污染源烟气（SO_2、NO_x、颗粒物）排放连续监测系统技术要求及检测方法》（HJ 76—2017），标气浓度单位用 ppm 和 mg/m^3，二者换算关系为：$mg/m^3 = M(分子量) \times ppm(浓度)/22.4$；现场还要对照仪器、在线室计算机、DCS 系统、工程师站、生态环境监控平台等显示浓度值是否一致。

③ 查历史数据：核实除尘、脱硫、脱硝设施是否正常运行；检查台账资料的真实性，并与在线数据相互印证。

5. 主要污染物排放情况

查阅 SO_2、氮氧化物和烟尘的在线监测数据、企业自测数据或监督性监测数据，判断污染物排放是否达标。污染物排放标准从《锅炉大气污染物排放标准》（GB 13271—2014）、《火电厂大气污染物排放标准》（GB 13223—2011）中查阅。大型造纸厂可能建设有自备电厂，自备电厂的检查参照火电企业现场检查。

（四）固废处理处置设施检查

1. 检查一般固体废物存放处置情况

（1）了解产生一般固体废物种类及名称：一般固体废物主要包括白泥、绿泥，污水处理污泥、除尘灰、炉渣、脱硫副产品等。

（2）检查一般固体废物临时堆场"三防"措施：一般固体废物临时堆场应当采取防扬散、防流失、防渗漏或者其他防止污染环境的措施，不得擅自倾倒、堆放、丢弃、遗撒固体废物，禁止向生活垃圾收集设施中投放工业固体废物。

（3）检查一般固体废物台账记录：企业应当建立健全工业固体废物产生、收集、贮存、运输、利用、处置全过程的污染环境防治责任制度，建立工业固体废物管理台账，如实记录产生工业固体废物的种类、数量、流向、贮存、利用、处置等信息，实现工业固体废物可追溯、可查询。

（4）检查一般固体废物的处置利用：企业应当根据经济、技术条件对工业固体废物加以利用；对暂时不利用或者不能利用的，应当按照规定建设贮存设施、场所，安全分类存放，或者采取无害化处置措施；建设工业固体废物贮存、处置的设施、场所，应当符合国家环境保护标准。企业委托他人运输、利用、处置工业固体废物的，应当对受托方的主体资格和技术能力进行核实，依法签订书面合同，在合同中约定污染防治要求。企业转移固体废物出省、自治区、直辖市行政区域贮存、处置的，应当向固体废物移出地的省、自治区、直辖市人民政府生态环境主管部门提出申请。移出地的省、自治区、直辖市人民政府生态环境主管部门应当及时商经接受地的省、自治区、直辖市人民政府生态环境主管部门同意后，在规定期限内批准转移该固体废物出省、自治区、直辖市行政区域，未经批准的，不得转移。企业转移固体废物出省、自治区、直辖市行政区域利用的，应当报固体废物移出地的省、自治区、直辖市人民政府生态环境主管部门备案。移出地的省、自治区、直辖市人民政府生态环境主管部门应当将备案信息通报接受地的省、自治区、直辖市人民政府生态环境主管部门。

2. 检查危险废物处理处置情况

（1）了解产生危险废物种类及名称：蒸煮工序和碱回收工序相关设备大修或停产时设备清理出的废渣和废纸制浆产生的脱墨废物，应按照危险废物处理处置。

（2）检查危险废物管理计划及台账记录：企业应当按照《危险废物管理计划和管理台账制定技术导则》（HJ 1259—2022）相关规定制定危险废物管理计划，危险废物管理计划应当报所在地生态环境主管部门备案；建立危险废物管理台账，如实记录有关信息,并通过危险废物信息管理系统向所在地生态环境主管部门申报危险废物的种类、产生量、流向、贮存、处置等有关资料。通过台账记录核实核算危险废物产生量、贮存量、处置量、利用量是否符合逻辑关系。

(3) 检查厂区危险废物临时贮存场所:危险废物临时贮存设施场所、危险废物的容器和包装物,应当按照规定设置危险废物识别标志;危险废物临时贮存设施场所边界应采取封闭措施,应有防扬散、防流失、防渗漏措施,应符合《危险废物贮存污染控制标准》(GB 18597—2023) 要求;不得擅自倾倒、堆放危险废物。

(4) 检查危险废物的应急管理:企业应当依法制定危险废物意外事故的防范措施和应急预案,并向所在地生态环境主管部门备案。

(5) 检查危险废物处理处置情况:处理处置危险废物的单位应取得危险废物经营许可证资质,执行危险废物转移五联单制度;禁止将危险废物提供或者委托给无许可证的单位或者其他生产经营者从事收集、贮存、利用、处置活动;跨省、自治区、直辖市转移危险废物的,应当向危险废物移出地省、自治区、直辖市人民政府生态环境主管部门申请,移出地省、自治区、直辖市人民政府生态环境主管部门应当及时商经接受地省、自治区、直辖市人民政府生态环境主管部门同意后,在规定期限内批准转移该危险废物,并将批准信息通报相关省、自治区、直辖市人民政府生态环境主管部门和交通运输主管部门,未经批准的,不得转移。

(五)污染防治设施停运情况检查

(1) 检查设施停运情况:检查设施停运具体部位,查阅设施停运记录。

(2) 查阅设施停运申请及批准情况:查阅企业停运设施的书面申请资料,生态环境部门批准文件的时间及文号。

(3) 检查污染物处理方式:设施停运后污染物处理方式。

(六)环境应急管理情况检查

1. 环境应急设施

(1) 化学品储罐、喷放锅、黑液储罐、碱回收炉、碱罐、液氯储罐、双氧水储罐及其相关输送管道应设有围堰或防泄漏设施,液氯储罐旁应设置碱池。围堰高度应满足应急要求;围堰出口至事故应急池间的管道应保持畅通。

(2) 车间内部化学品储罐、蒸煮设备及漂白设备旁应设置应急处理水池及喷淋设备,用于初步处理事故受伤人员。

(3) 厂区应设置初期雨水收集池,并满足当地暴雨强度要求。

2. 检查企业环境应急预案管理情况

(1) 检查企业环境应急预案编制、修订情况:重点检查预案中危险化学品液氯环境应急措施,危险废物意外事故等环境风险防范及应对措施。企业环境应急预案应当每三年修订一次;生产工艺和技术、周围环境或环境敏感点、应急组织指挥体系发生变化时应及时修订预案。

(2) 检查企业环境应急预案评估情况:企业应组织有关专家、人员对预案进行评估。

（3）检查企业环境应急预案演练、培训情况：企业每年应至少组织一次预案培训和演练。

（4）检查企业环境应急预案备案等情况：企业应将预案备案报环保部门备案。

3. 检查企业主要环境应急措施落实情况

（1）检查事故应急池建设使用情况：检查企业是否按环评报告或批复要求建设事故应急池，事故应急池是否空置。

（2）检查事故应急池辅助设施配备情况：检查废水收集管道是否完备，是否配备事故泵。

（3）了解事故废水处理方式及去向：了解事故应急池使用后所收集废水的处理方式及去向。

（七）综合性环境管理制度检查

1. 排污许可证制度执行

（1）持证排污。检查排污单位排污许可证的申领、变更和延续情况等是否符合排污许可证相关规定。

（2）申领情况。检查排污单位是否已申领排污许可证，并且在生产经营场所内方便监督的位置悬挂排污许可证正本；如未申领，根据《固定污染源排污许可分类管理名录》（2019 年版）进一步核实该排污单位是否属于无证排污，是否遗漏生产单元、生产工艺及生产设施、产排污环节、污染物种类。

（3）变更、延续情况。检查排污单位有关事项发生变化的，是否在规定时间内向核发生态环境部门提出变更排污许可证的申请。查看排污许可证是否在有效期内，是否按规定延续排污许可证。

（4）环境管理台账。检查排污单位是否按照排污许可证中关于环境管理台账记录的要求开展台账记录工作。台账存储分为电子化和纸质两种形式，保存时间原则上不低于 3 年，记录内容包括：与污染物排放相关的主要生产设施运行情况；污染防治设施运行情况及管理信息；污染物实际排放浓度和排放量，发生超标排放情况的，应当记录超标原因和采取的措施；其他按照相关技术规范应当记录的信息等。

（5）许可证执行报告。检查排污单位是否按照排污许可证中关于执行报告的要求开展执行报告编制工作。检查排污单位是否在国家排污许可管理信息平台提交电子版执行报告，是否向当地生态环境部门提交书面执行报告。按报告周期一般分为年度执行报告、季度执行报告、月度执行报告。

（6）自行监测。检查排污单位是否制定自行监测方案；是否开展自行监测并保存原始监测记录；自行监测点位、因子和频次是否符合核发的排污许可证要求。

（7）排放口设置。检查排污单位排放口位置和数量、污染物排放方式和排放去向、大气污染物无组织排放源的位置和数量、排放口和无组织排放源排放污染物的种类等是否与排污许可证副本中载明的许可事项相符。

（8）排污数据。通过执法监测、核查台账记录和自动监测数据以及其他监控手段，核实排污数据和执行报告的真实性，根据现场记录数据判定许可排放浓度和许可排放量的符合情况。

（9）设施运行。检查排污单位与污染物排放相关的主要生产设施运行情况和污染防治设施运行情况，记录主要运行数据，判断设施运行。

2. 企业内部环境管理制度建设

企业应当制定环境监测制度、污染防治设施设备操作规程、交接班制度、台账制度等各项环境管理制度，拥有专业环保管理人员。

3. 企业自测和信息公开

企业按照要求制定自测方案并按频次开展自测，企业应当按照《企业环境信息依法披露管理办法》规定的内容和《企业环境信息依法披露格式准则》，编制年度环境信息依法披露报告和临时环境信息依法披露报告，并上传至企业环境信息依法披露系统。

4. 检查厂区环境综合管理情况

检查生产过程中是否存在跑、冒、滴、漏现象；检查厂区道路硬化、厂区绿化情况。

四、技术核算

（一）生产能力核算

（1）根据企业设备台账，检查企业关键设备（连续蒸煮器或蒸球、洗浆机）的设备规格（主要是处理能力），根据处理能力和运行时间核算生产能力；根据原辅材料消耗量核定生产能力，如吨纸浆消耗麦草 2.5～3t，吨纸浆需供应蒸汽 7t（折消耗煤炭 1.5t），吨纸浆消耗烧碱 300kg，吨纸平均水耗 80m³。

（2）造纸机生产能力核算：造纸机的生产能力以日产多少吨纸表示，可按下式计算。

$$G' = 0.06VBgk_1k_2k_3/1000 \qquad (6.1)$$

式中　G'——造纸机生产能力，t/d；

　　　V——车速，m/min；

　　　B——净纸宽，m；

　　　g——纸的定量，kg/m²；

　　　k_1——抄造率，%；

　　　k_2——成品率，%；

　　　k_3——纸机每日平均生产时间，h。

长网纸机每日平均生产时间一般以 22～22.5h 计，圆网纸机一般以 22.5～23h

---

❶ 参见原环境保护部环境监察局编著《污染源环境监察》P166，中国环境科学出版社 2012 年出版。

计；造纸机的产量，一般以每年生产 330~340d 计算。

从式 (6.1) 可以看出，造纸机的车速愈快，抄宽愈大，抄造率、成品率愈高，每日平均生产时间（作业时间）愈长，造纸机生产能力愈大。

（二）产排污量核算

1. 废水核算方法

（1）实测法 实测法适用于有连续在线监测数据或手工采样监测数据的企业。

① 采用连续在线监测数据核算 污染源自动监测符合 HJ 353 要求并获得有效连续在线监测数据的，可以采用在线监测数据核算污染物排放量。在连续在线监测数据由于某种原因出现中断或其他情况，可根据 HJ 356 等予以补遗修约，仍无法核算出全年排放量时，可结合手工监测数据共同核算。

② 采用手工监测数据核算 未安装在线监测系统或无有效在线监测数据时，可采用手工监测数据进行核算。手工监测数据包括核算时间内的所有执法监测数据和企业自行或委托第三方的有效手工监测数据，企业自行或委托的手工监测频次、监测期间生产工况、数据有效性等须符合相关规范、环评文件等要求。

常用计算公式：

$$G_i = KQC_i$$

式中 G_i——废水中污染物 i 的排放量，kg/a；

Q——废水排放总量，m³/a；

K——单位换算系数，废水取 10^{-6}；

C_i——污染物 i 的实测（在线或手工监测）浓度，mg/L。

（2）产排污系数法 根据产污系数与产品产量核算污染物产生量，再根据产生量与污染治理措施去除效果核算污染物排放量，产排污系数见表 6.3。

表 6.3 纸浆制造行业产排污系数表

产品名称	原料名称	工艺名称	规模等级	污染物指标	单位	产污系数	末端治理技术名称	排污系数
化学浆	稻麦草	烧碱法制浆（未漂）	≥10万吨/年	工业废水量	吨/吨-产品	60~120	物理+好氧生物处理	60~120
							化学+好氧生物处理	60~120
				化学需氧量	克/吨-产品	100000~160000	物理+好氧生物处理	17380~32940
							化学+好氧生物处理	15310~24570
				五日生化需氧量	克/吨-产品	30000~50000	物理+好氧生物处理	4570~7310
							化学+好氧生物处理	4230~6130
				氨氮	克/吨-产品		物理+好氧生物处理	114~720
							化学+好氧生物处理	192~780
			3.4~10万吨/年	工业废水量	吨/吨-产品	80~150	物理+好氧生物处理	80~150
							化学+好氧生物处理	80~150
				化学需氧量	克/吨-产品	100000~200000	物理+好氧生物处理	17970~45160
							化学+好氧生物处理	16540~29830
				五日生化需氧量	克/吨-产品	35000~65000	物理+好氧生物处理	5170~8210
							化学+好氧生物处理	4540~6930
				氨氮	克/吨-产品		物理+好氧生物处理	152~750
							化学+好氧生物处理	256~975

续表

产品名称	原料名称	工艺名称	规模等级	污染物指标	单位	产污系数	末端治理技术名称	排污系数
化学浆	稻麦草	烧碱法制浆（未漂）	≤3.4万吨/年	工业废水量	吨/吨-产品	100~180	物理＋好氧生物处理	100~180
							化学＋好氧生物处理	100~180
				化学需氧量	克/吨-产品	200000~290000	物理＋好氧生物处理	41540~69360
							化学＋好氧生物处理	31320~57830
				五日生化需氧量	克/吨-产品	62000~88000	物理＋好氧生物处理	9870~16410
							化学＋好氧生物处理	7740~13730
				氨氮	克/吨-产品		物理＋好氧生物处理	190~1080
							化学＋好氧生物处理	200~1170
化学浆	稻麦草	烧碱法制浆（未漂）（无碱回收和综合利用）	≤3.4万吨/年	工业废水量	吨/吨-产品	110~205	厌氧/好氧生物组合工艺	110~205
							物理＋好氧生物处理	110~205
				化学需氧量	克/吨-产品	1300000~1450000	厌氧/好氧生物组合工艺	299410~345210
							物理＋好氧生物处理	282430~331040
				五日生化需氧量	克/吨-产品	250000~380000	厌氧/好氧生物组合工艺	37820~58090
							物理＋好氧生物处理	32910~53620
				氨氮	克/吨-产品		厌氧/好氧生物组合工艺	275~1230
							物理＋好氧生物处理	352~1435
化学浆	稻麦草	烧碱法制浆（漂白）	≥10万吨/年	工业废水量	吨/吨-产品	75~140	物理＋好氧生物处理	75~140
							化学＋好氧生物处理	75~140
				化学需氧量	克/吨-产品	120000~220000	物理＋好氧生物处理	24530~45140
							化学＋好氧生物处理	19750~39760
				五日生化需氧量	克/吨-产品	40000~55000	物理＋好氧生物处理	6560~8520
							化学＋好氧生物处理	5280~8600
				氨氮	克/吨-产品		物理＋好氧生物处理	142~840
							化学＋好氧生物处理	240~980
化学浆	稻麦草	烧碱法制浆（漂白）	3.4~10万吨/年	工业废水量	吨/吨-产品	100~170	物理＋好氧生物处理	100~170
							化学＋好氧生物处理	100~170
				化学需氧量	克/吨-产品	135000~260000	物理＋好氧生物处理	28720~53670
							化学＋好氧生物处理	22400~38820
				五日生化需氧量	克/吨-产品	45000~85000	物理＋好氧生物处理	7130~12900
							化学＋好氧生物处理	5750~9100
				氨氮	克/吨-产品		物理＋好氧生物处理	190~1020
							化学＋好氧生物处理	320~1190
			≤3.4万吨/年	工业废水量	吨/吨-产品	110~210	物理＋好氧生物处理	110~210
							化学＋好氧生物处理	110~210
				化学需氧量	克/吨-产品	240000~320000	物理＋好氧生物处理	48050~65810
							化学＋好氧生物处理	40380~59170
				五日生化需氧量	克/吨-产品	75000~92000	物理＋好氧生物处理	11330~16640
							化学＋好氧生物处理	7450~11250
				氨氮	克/吨-产品		物理＋好氧生物处理	242~1260
							化学＋好氧生物处理	352~1050
化学浆	稻麦草	漂白烧碱法制浆（漂白）（无碱回收和综合利用）	≤3.4万吨/年	工业废水量	吨/吨-产品	110~250	厌氧/好氧生物组合工艺	110~250
							化学＋好氧生物处理	110~250
				化学需氧量	克/吨-产品	1350000~1550000	厌氧/好氧生物组合工艺	273030~302900
							化学＋好氧生物处理	248750~281590
				五日生化需氧量	克/吨-产品	270000~410000	厌氧/好氧生物组合工艺	41380~62840
							化学＋好氧生物处理	45740~64960
				氨氮	克/吨-产品		厌氧/好氧生物组合工艺	319~1375
							化学＋好氧生物处理	330~2000

(3) 非正常情况污染物排放量核算　废水处理设施非正常情况下的排水，如无法满足排放标准要求，不应直接排入外环境，待废水处理设施恢复正常运行后方可排放。如因特殊原因造成污染治理设施未正常运行而超标排放污染物的或偷排偷放污染物的，按产污系数与未正常运行时段（或偷排偷放时段）的累计排水量核算实际排放量。

2. 废气核算方法❶

(1) 实测法

① 采用连续在线监测数据核算　污染源自动监测符合 HJ/T 75 要求并获得有效连续在线监测数据的，可以采用在线监测数据核算污染物排放量。

② 用手工采样监测数据核算　连续在线监测数据由于某种原因出现中断或其他情况无有效在线监测数据的，或未安装在线监测系统的，可采用手工监测数据进行核算。手工监测数据频次、监测期间生产工况、有效性等须符合相关规范、环评文件等要求。

常用计算公式：

$$G_i = KQC_i$$

式中　G_i——废气中污染物 i 的排放量，kg/a；

Q——废气排放总量，m^3/a；

K——单位换算系数，废气取 10^{-9}；

C_i——污染物 i 的实测（在线或手工监测）浓度，mg/m^3。

(2) 产排污系数法　根据产污系数与产品产量核算污染物产生量，再根据产生量与污染治理措施去除效果核算污染物排放量，产污系数见表 6.4、表 6.5。

表 6.4　碱回收炉及石灰窑主要废气污染物产污系数表

产品名称	燃料名称	工艺名称	规模等级	污染物指标	单位	产污系数
化学木（竹）浆	固形物	碱回收炉	<50万吨浆/年	工业废气量	标立方米/吨浆	5500~8500
				烟尘	千克/吨浆	150~300
				二氧化硫	千克/吨浆	0~7.0
				氮氧化物	千克/吨浆	1.2~3.0
			≥50万吨浆/年	工业废气量	标立方米/吨浆	6000~9000
				烟尘	千克/吨浆	150~350
				二氧化硫	千克/吨浆	0~1.0
				氮氧化物	千克/吨浆	0.8~2.7
化学非木浆	固形物	碱回收炉	所有规模	工业废气量	标立方米/吨浆	5000~7000
				烟尘	千克/吨浆	120~300
				二氧化硫	千克/吨浆	0~6.0
				氮氧化物	千克/吨浆	1.0~3.0
化学机械浆	固形物	碱回收炉	所有规模	工业废气量	标立方米/吨浆	500~900
				烟尘	千克/吨浆	12~30
				二氧化硫	千克/吨浆	0~0.7
				氮氧化物	千克/吨浆	0.1~0.36

---

❶ 本小节中产污系数表见《污染源源强核算技术指南　制浆造纸》（HJ 887—2018）中附录 A、C。

续表

产品名称	燃料名称	工艺名称	规模等级	污染物指标	单位	产污系数
化学木浆	重油	石灰窑	所有规模	工业废气量	标立方米/吨浆	900～1700
				烟尘	千克/吨浆	16～100
				二氧化硫	千克/吨浆	0.004～0.6
				氮氧化物	千克/吨浆	0.15～0.7
化学木浆	天然气	石灰窑	所有规模	工业废气量	标立方米/吨浆	800～1500
				烟尘	千克/吨浆	30～100
				二氧化硫	千克/吨浆	0.03～0.2
				氮氧化物	千克/吨浆	0.15～0.85
化学木浆	生物质气	石灰窑	所有规模	工业废气量	标立方米/吨浆	1000～1900
				烟尘	千克/吨浆	40～140
				二氧化硫	千克/吨浆	0.04～0.6
				氮氧化物	千克/吨浆	0.3～1.2

表 6.5 热风炉主要废气污染物产污系数表

燃料名称	工艺名称	规模等级	污染物指标	单位	产污系数
煤	热风炉	所有规模	工业废气量	标立方米/吨-原料	5915
			烟尘	千克/吨-原料	8.93A①
			二氧化硫	千克/吨-原料	17S②
			氮氧化物	千克/吨-原料	4.72

① 烟尘的产污系数是以含灰量($A\%$)的形式表示的,其中含灰量($A\%$)是指燃煤收到基灰分含量,以质量分数的形式表示。例如燃料中灰分含量为 15%,则 $A=15$。

② 产排污系数表中二氧化硫的产排污系数是以含硫量($S\%$)的形式表示的,其中含硫量($S\%$)是指燃煤收到基硫分含量,以质量分数的形式表示。例如燃料中含硫量($S\%$)为 0.1%,则 $S=0.1$。

(三)固体废物核算

产生的固体废物浆渣、绿泥、白泥参照表 6.6 至表 6.8 的系数进行核算。

表 6.6 浆渣产污系数表

工艺名称	单位	产污系数
化学木浆、化学非木浆	千克/吨浆(风干浆)	5～15

注:浆渣产量为绝干量。

表 6.7 绿泥产污系数表

工艺名称	单位	产污系数
化学木浆	千克/吨浆	9～12
化学非木浆	千克/吨浆	10～15
化学机械浆	千克/吨浆	2.5

注:化学机械浆特指化学机械浆黑液送碱回收炉处理的生产线;产生量均为绝干量。

表 6.8 白泥产污系数表

工艺名称	单位	产污系数
化学木浆	千克/吨浆	50～100
化学非木浆	千克/吨浆	450～650
化学机械浆	千克/吨浆	56

五、常见的违法行为认定

(一)违反环境影响评价制度规定

违法表现:未依法报批建设项目环境影响报告书、报告表,擅自开工建设的,或者建设项目的环境影响评价文件经批准后,建设项目的性质、规模、地点、采用的生产工艺或者防治污染、防止生态破坏的措施发生重大变动的,未重新报批或报请重新审核环境影响报告书、报告表,擅自开工建设的。

违反《中华人民共和国环境保护法》第十九条、《中华人民共和国环境影响评价法》第二十四条、第二十五条规定,依据《中华人民共和国环境保护法》第六十一条、《中华人民共和国环境影响评价法》第三十一条规定予以处罚。拒不执行停止建设,适用《行政主管部门移送适用行政拘留环境违法案件暂行办法》第三条规定情形的,依据《中华人民共和国环境保护法》第六十三条第一项规定,由环境保护主管部门移送公安机关,对其直接负责的主管人员或者其他直接责任人员处十日以上十五日以下拘留;情节较轻的,处五日以上十日以下拘留。

(二)违反"三同时"制度规定

违法表现:需要配套建设的环境保护设施未建成、未经验收或者验收不合格,建设项目即投入生产或者使用,或者在环境保护设施竣工环保验收中弄虚作假的。

违反《中华人民共和国环境保护法》第四十一条,《中华人民共和国环境影响评价法》第二十六条,《建设项目环境保护管理条例》第十五、十六、十七、十八、十九条规定。依据《建设项目环境保护管理条例》第二十二条、二十三条予以处罚。

(三)违反排污许可制度规定

第一种违法表现:无排污许可证或超过排污许可证规定的总量、浓度排放污染物。

违反《中华人民共和国环境保护法》第四十五条、《中华人民共和国水污染防治法》第二十一条、《中华人民共和国大气污染防治法》第十九条规定,依据《中华人民共和国水污染防治法》第八十三条、《中华人民共和国大气污染防治法》第九十九条规定予以处罚。拒不执行停止排污,适用《行政主管部门移送适用行政拘留环境违法案件暂行办法》第四条规定情形的,依据《中华人民共和国环境保护法》第六十三条第二项规定,由环境保护主管部门移送公安机关,对其直接负责的主管人员或者其他直接责任人员处十日以上十五日以下拘留;情节较轻的,处五日以上十日以下拘留。

第二种违法表现:未建立环境管理台账记录制度,未按照排污许可证规定的格式、内容和频次,如实记录主要生产设施、污染防治设施运行情况以及污染物排放浓度、排放量;未按照排污许可证规定和有关标准规范,依法开展自行监测,并保存原始监测记录;未如实在全国排污许可证管理信息平台上公开污染物排放种类、排放浓度和排放量,以及污染防治设施的建设运行情况、排污许可证执行报告、自行监测数据等污染物排放信息。

违反《排污许可管理条例》第十九条、第二十一条、第二十三条规定,依据《排污许可管理条例》第三十四条、第三十五条、第三十六条、第三十七条予以处罚。

(四)违反污染物处理设施管理规定

违法表现:通过暗管、渗井、渗坑、灌注等不经法定排放口排放污染物等逃避监管的方式违法排放污染物。违反国家规定,对污染源监控系统进行删除、修改、增加、干扰,或者对污染源监控系统中存储、处理、传输的数据和应用程序进行删除、修改、增加,造成污染源监控系统不能正常运行的;破坏、损毁监控仪器站房、通信线路、信息采集传输设备、视频设备、电力设备、空调、风机、采样泵及其他监控设施的,以及破坏、损毁监控设施采样管线,破坏、损毁监控仪器、仪表的;稀释排放的污染物故意干扰监测数据的;其他致使监测、监控设施不能正常运行的情形。将部分或全部污染物不经过处理设施,直接排放的;非紧急情况下开启污染物处理设施的应急排放阀门,将部分或者全部污染物直接排放的;将未经处理的污染物从污染物处理设施的中间工序引出直接排放的;在生产经营或者作业过程中,停止运行污染物处理设施的;违反操作规程使用污染物处理设施,致使处理设施不能正常发挥处理作用的;污染物处理设施发生故障后,排污单位不及时或者不按规程进行检查和维修,致使处理设施不能正常发挥处理作用的;其他不正常运行污染防治设施的情形。

违反《中华人民共和国环境保护法》第四十二条第四款、《中华人民共和国水污染防治法》第三十九条、《中华人民共和国大气污染防治法》第二十条第二款规定,依据《中华人民共和国水污染防治法》第八十三条、《中华人民共和国大气污染防治法》第九十九条规定予以处罚,同时根据《中华人民共和国环境保护法》第六十三条第三项规定,由环境保护主管部门移送公安机关,对其直接负责的主管人员或者其他直接责任人员处十日以上十五日以下拘留;情节较轻的,处五日以上十日以下拘留。符合《环境保护主管部门实施限制生产、停产整治办法》第六条、第八条规定情形的,可以责令其采取停产整治措施,甚至报经有批准权的人民政府责令停业、关闭。

同时,符合《最高人民法院、最高人民检察院关于办理环境污染刑事案件适用法律若干问题的解释》(法释〔2016〕29号)规定情形的,生态环境主管部门应以涉嫌污染环境罪将案件移交公安机关调查处理。

(五)违反污染物达标排放和总量控制规定

违法表现:排放水、大气污染物,超过国家或者地方规定的水、大气污染物排放标准和重点水、大气污染物排放总量控制指标。

违反《中华人民共和国环境保护法》第四十四条、《中华人民共和国水污染防治法》第十条、《中华人民共和国大气污染防治法》第十八条规定,依据《中华人民共和国环境保护法》第六十条、《中华人民共和国水污染防治法》第八十三条、《中华人民共和国大气污染防治法》第九十九条规定予以处罚。符合《环境保护主管部门实施限制生产、停产整治办法》第五条、第六条、第八条规定情形的,可以责令其采取限制生产、停产整治措施,甚至报经有批准权的人民政府责令停业、关闭。同时,符合《环境保护主管部门实施按日连续处罚办法》第五条规定情形的,实施按日连续处罚。

（六）违反污染源自动监控管理规定

违法表现：重点排污单位未按规定安装、使用污染物排放自动监测设备，未与生态环境主管部门的监控设备联网，未保证监测设备正常运行。

违反《中华人民共和国水污染防治法》第二十三条、《中华人民共和国大气污染防治法》第二十四条规定，依据《中华人民共和国水污染防治法》第八十二条、《中华人民共和国大气污染防治法》第一百条规定予以处罚。

（七）违反排污口管理规定

违法表现：未按照法律、行政法规和相关规定设置排污口（排放口）。

违反《中华人民共和国水污染防治法》第二十二条、《中华人民共和国大气污染防治法》第二十条、《排污许可管理条例》第十八条规定，依据《中华人民共和国水污染防治法》第八十四条、《中华人民共和国大气污染防治法》第一百条、《排污许可管理条例》第三十六条规定予以处罚。

（八）违反配合监督检查规定

违法表现：以拖延、围堵、滞留执法人员等方式拒绝、阻挠监督检查，或者在接受监督检查时弄虚作假。

违反《中华人民共和国水污染防治法》第三十条、《中华人民共和国大气污染防治法》第二十九条、《中华人民共和国固体废物污染环境防治法》第十五条规定，依据《中华人民共和国水污染防治法》第八十一条、《中华人民共和国大气污染防治法》第九十八条、《中华人民共和国固体废物污染环境防治法》第七十条规定予以处罚。

（九）违反环境突发事件应急管理规定

违法表现：未按照规定制定应急方案；污染事故发生后，未及时启动污染事故的应急方案，未采取有关应急措施；造成污染事故。

违反《中华人民共和国水污染防治法》第七十七条、第七十八条，《中华人民共和国大气污染防治法》第九十七条，《中华人民共和国固体废物污染环境防治法》第六十二条、第六十三条规定。依据《中华人民共和国水污染防治法》第九十三条、第九十四条，《中华人民共和国大气污染防治法》第一百二十二条，《中华人民共和国固体废物污染环境防治法》第七十五条、第八十二条规定予以处罚。

（十）违反环境信息公开规定

违法表现：企业不披露环境信息，或者披露的环境信息不真实、不准确的，披露环境信息不符合准则要求，披露环境信息超过规定时限，未将环境信息上传至企业环境信息依法披露系统。

违反《企业环境信息依法披露管理办法》第五条、第七条、第八条、第十一条、

第十七条、第十九条规定,依据《企业环境信息依法披露管理办法》第二十八条、第二十九条的规定予以处罚。

六、典型案例

【基本情况】某纸业有限公司前身为某市所属造纸厂,生产工艺为麦草浆碱法,该企业建设有150t/d漂白麦草浆碱回收和中段水处理系统,于2010年建成投入试运行,2011年10月30日通过由原某市生态环境部门组织的环保验收。

【检查情况】2022年2月15日至18日20时至24时,生态环境执法人员连续对该企业厂外总排口进行检查发现,企业排放废水水质浑浊,含有大量絮状物质,感官较差。调阅企业同时段在线监控数据,主要污染物在线监控数据均达标。2月19日23时,生态环境执法人员在厂外总排口继续排放感观较差水质的同时入厂进行了检查,发现厂内总排口水质清澈无异常。经某市环境监测站取样监测,厂外总排口排放废水中COD浓度为844mg/L,SS浓度为2223mg/L;COD、SS分别超过《制浆造纸工业水污染物排放标准》(GB 3544—2008)规定限值8.4倍、73.1倍;厂内总排悬浮物浓度为28mg/L,COD浓度为246mg/L,COD超标1.7倍,生态环境执法人员怀疑企业私设暗管排放未经处理的生产废水。

生态环境执法人员从生产废水产生、收集、处理等环节进行了全面的摸排,发现企业在斜面回收系统(中段水总收集)下部设置有管径分别为600mm、400mm的两个管阀,600mm管阀正常开启,400mm管阀呈关闭状态。经环境执法人员现场测试,当600mm管阀关闭,400mm管阀开启后,初沉池进水停止,厂内总排口水量逐渐下降,厂外总排口水质变差。经现场开挖及企业负责废水处理人员指认,斜面回收系统下部400mm的管阀开启后,未经处理的废水通过处理设施下部预埋的暗管直接向厂外总排管排放。

【处罚情况】该公司将未经处理的生产废水利用暗管直接排入外环境违反了《中华人民共和国水污染防治法》第三十九条"禁止利用渗井、渗坑、裂隙、溶洞,私设暗管,篡改、伪造监测数据,或者不正常运行水污染防治设施等逃避监管的方式排放水污染物"的规定,且外排废水超过了《制浆造纸工业水污染物排放标准》(GB 3544—2008)规定排放标准,可以认定为采取逃避监管的方式排放水污染物,且该行为属于主观故意。依据《中华人民共和国水污染防治法》第八十三条的规定,该市生态环境局责令该公司立即停产整治,罚款人民币42万元,并依据《行政主管部门移送适用行政拘留环境违法案件暂行办法》第五条的规定将该案件移送公安机关对相关责任人员实施行政拘留。目前,该公司已按照要求改正了违法行为,并缴纳了罚款,行政处罚在法定期限执行完毕,公安机关对责任人予以行政拘留。

【要点分析】私设暗管排污隐蔽性强、危害性大,因此调查取证必须细致严谨,才能挖掘背后的违法行为。本案发现时间为夜间,企业利用深夜偷排超标生产废水,通过暗管绕过在线监控设备将超标生产废水排入外环境,逃避环境监管。如果执法人员没有进行细致缜密的调查,很有可能就无法发现企业的违法行为,该种行为也就无法得到惩治。按照常规,在工作时间进行检查,是不会发现企业的违法排污行为的;同时在本案中,该公司试图给环境执法人员造成一种假象,已按照要求收集生产废水,在处理达标后经企业厂内废水排放口排放，如果环境执法人员仅对厂内排放口进行检查，也很难发现企业利用暗管规避监管违法排放污染物的行为，这就需要环境执法人员，打破常规执法检查模式，采取日常检查和突击暗查相结合的工作模式展开检查。环境执法人员在企业厂外总排口连续检查发现排放废水水质异常，环境执法人员调阅了企业的污染防治运行台账记录，未发现同时段生产及污水处理设施异常情况，排除了污染防治设施运行故障的情形。其次，环境执法人员检查废水收集和处理设施，并在掌握废水收集处理工艺原理的基础上，对企业生产废水的产生环节、收集过程、处理工艺、排放过程及去向进行全面的检查，不放过任何一个环节，最终发现了企业设置的暗管管阀。最后，环境执法人员查阅了厂区管网建设及污水处理设施相关设计及图纸，证明企业建设的管道并非生产需要，属于企业私自建设，符合暗管的定义，即通过隐蔽的方式达到规避监管目的而设置的排污管道，固定了相关证据。

项目二 印染行业执法要点

知识目标

1. 掌握印染行业生产工艺流程、产排污节点及其处理工艺；
2. 掌握印染行业执法检查要点。

能力目标

1. 具备识别印染行业产排污环节的能力；
2. 具备印染行业执法检查的能力。

素质目标

1. 培养公平、公正的意识；
2. 培养科技创新的精神。

案例导入

2022年底，某市生态环境部门通过污染源自动监控平台发现，位于某区的某印染有限公司排污数据持续异常。现场检查发现，其废水总排口水样清透，与其生产工艺严重不符。随后，执法人员对其污水管网进行了拉网式排查，最终在该公司围墙外发现了其真正的废水排放处。市、区两级环保执法人员再次摸排，在其厂内发现一暗管直通市政管网，根本就没有经过废水处理设施。依据《中华人民共和国水污染防治法》，该市生态环境部门责令其立即封堵暗管，处以145.59万元罚款。

【任务】请以组为单位通过相关平台收集印染行业相关资料，绘制出印染行业生产工艺流程图并找出产排污节点，并试阐述上述印染公司生态环境执法检查的内容。

一、行业概况

印染行业,又称染整行业,是纺织品深加工和提高附加值的关键环节。染整是一种加工工艺,是对坯布染色、印花、后整理、洗水等的总称,其工艺流程主要包括染色、印花、溢流等。印染行业处于纺织服装产业链的中间环节,为下游服装生产制造企业提供面料。印染流程中除了消耗大量能源以外,也必须投入大量的水和化工原料,从而产生大量的污水。印染过程通常涉及退浆、精炼、漂白、丝光、染色、整理、干燥、成品八个步骤。其中每一个步骤都需要大量原辅料、化学试剂投入,也都会产生大量废水及污染物。

(一)主要生产工艺

印染工艺包括对纺织材料的前处理、染色/印花和整理过程。以机织面料生产工艺为例,漂白生产工艺一般包括:坯布—烧毛—退浆—煮炼—亚漂—氧漂—整理—成品。

染色生产工艺一般包括:坯布—烧毛—退浆—煮炼—漂白—丝光—复漂—染色—整理—成品。

印花生产工艺一般包括:坯布—烧毛—退浆—煮炼—漂白—印花—整理—成品。

(二)主要产排污节点[1]

1. 废水

由于不同工厂的产品不同,印染工艺和所使用染化料不同,废水的产生量、污染物浓度均有较大差别。印染废水中的污染物质,主要来自纤维材料、纺织用浆料和印染加工所使用的染料、化学药剂、表面活性剂、印染助剂和各类整理剂,也包括印染废水处理过程中加入的处理剂(如絮凝剂等)。

(1)前处理 退浆一般是用烧碱等化学药剂将织物上所带浆料除去。织物退浆废水中含有淀粉、聚乙烯醇(PVA)、聚丙烯酸、海藻胶和羧甲基纤维素(CMC)等各类浆料,另外还有润滑剂、防腐剂等辅助浆料,退浆废水一般呈碱性(碱退浆时),略带黄色,COD和BOD_5值都相当高。虽然其废水量较少,但浓度较高,是印染废水有机物质的重要来源。煮炼一般采用热碱液和表面活性剂等去除纤维中的棉蜡、油脂、果胶、含氮物质等杂质。煮炼废水量大,温度高,一般呈强碱性,含碱浓度约0.3%,废水呈深褐色,COD和BOD_5值均高达每升数千毫克,是污染最严重的工序。煮炼完成后,需要对残留在坯布表面的碱和浆料等用清水清洗。清洗是染色非常重要的环节,需要消耗大量的水。漂白一般采用次氯酸钠、双氧水、亚氯酸钠等氧化剂去除纤维表面和内部的有色杂质。漂白废水的特点是水量大,污染程度较轻,BOD_5和COD均较低。丝光废水一般经蒸发浓缩后回收,由末端排出的少量丝光废

---

[1] 参见原环境保护部办公厅关于印发《印染企业环境守法导则》的通知(环办函〔2013〕1272号)中水污染防治相关章节。

水碱性较强。

(2) 染色、印花　染色工序中主要水污染物包括染料、助剂、化学药剂、表面活性剂和微量有毒物质。由于不同的纤维原料需用不同的染料、助剂和染色方法，而且染料上染性能、染料浓度、染色设备和规模也不相同，故染色废水性质变化较大。染色废水的特点是水质、水量变化大，色度高，碱性强，BOD_5/COD 值低，生化降解性差。印花废水主要来自配色调浆、印花滚筒或筛网的冲洗废水、印花剩浆的处理，以及水洗和皂洗等。由于印花中的浆料用量比染料用量多几倍到几十倍，印花废水还含有大量浆料，故 COD 和 BOD_5 值都较高。由于印花辊筒镀铜时使用重铬酸钾，辊筒剥铬时有三氧化铬产生。上述含铬的雕刻废水应单独处理。

(3) 整理　整理废水通常含有纤维屑、各种树脂、甲醛、浆料和其他整理剂等，虽然其 COD 值较高，但废水量很小，对整个废水的水质影响不大。

2. 废气

主要来自蒸汽锅炉或热媒炉（燃料为煤、油或天然气）排放的烟气，生产车间设备（如定型机、焙烘机、烧毛机、磨毛机等）排放废气，污水处理站排放的恶臭类气体，此外还包括食堂油烟、煤堆场和临时灰渣堆场产生的扬尘等。

3. 固体废弃物

主要包括盛放染化料、染化助剂的废包装，印染废布及机修过程产生的废油抹布，花筒雕刻过程的废胶片，染料废物，办公产生的废旧灯管、墨盒，锅炉燃烧产生的废渣，以及在污水处理站产生的污泥等。

4. 噪声治理工艺

纺织印染企业的噪声主要为热电站、车间排风机及其他设备产生的噪声。

（三）主要处理工艺

1. 废水处理工艺

(1) 棉及棉混纺印染废水可选用的处理工艺：一是混合废水处理工艺，包括格栅—pH 调整—调节池—水解酸化—好氧生物处理—物化处理；二是废水分质处理工艺，包括煮炼、退浆等高浓度废水经厌氧或水解酸化后再与其他废水混合处理，碱减量的废碱液经碱回收再利用后再与其他废水混合处理。

(2) 毛印染废水宜采用的处理工艺为：格栅—调节池—水解酸化—好氧生物处理。

(3) 洗毛废水宜采用的处理工艺为：先回收羊毛脂，再采用厌氧生物处理和好氧生物处理，然后混入染整废水合并处理或进入城镇污水处理厂。

(4) 丝绸染整废水宜采用的处理工艺为：格栅—调节池—水解酸化—好氧生物处理。

(5) 绢纺精炼废水宜采用的处理工艺为：格栅—凉水池（可回收热量）—调节池—厌氧生物处理—好氧生物处理。

（6）缫丝废水宜采用的处理工艺为：先回收丝胶等有价值物质再进行处理，具体包括格栅、栅网—调节池—好氧生物处理—沉淀或气浮。

（7）麻印染废水处理根据生物脱胶废水、化学脱胶废水、洗麻废水的水质水量以及与印染废水混合后的实际水质，宜采用的处理工艺为：格栅—沉沙池—pH调整—厌氧生物处理—水解酸化—好氧生物处理—物化处理—生物滤池。若麻脱胶废水比例较高，则应单独进行厌氧生物处理或者物化处理后再与染整废水混合处理。

（8）以涤纶为主的化纤印染废水可以分情况分别处理。一是对含碱减量的涤纶印染废水，主要处理工艺包括格栅—pH调整—调节池—物化处理—好氧生物处理。其中，碱减量废水应先回收对苯二甲酸再混入染整废水。二是对涤纶染色废水，主要处理工艺包括格栅—pH调整—调节池—好氧生物处理—物化处理。

（9）蜡染工艺过程中应减少尿素用量。由于废水中污染物浓度较高，且含氮量也较高，通常采用水解酸化加具有脱氮功能的兼氧、好氧生物处理工艺，具体参数应通过试验确定。采用磷酸盐助剂时，工艺过程中产生的废水应单独进行化学除磷，如投加氢氧化钙（石灰水）沉淀等。当要求执行特别排放限值时，应进行深度处理。

2. 废气处理工艺

锅炉废气治理工艺主要为除尘、脱硫、脱硝，易产生扬尘的物料需建设封闭或半封闭堆场或建设防风抑尘措施。印染后整理过程中定型机废气也是印染企业废气的主要源头，布料热定型过程中温度较高，因此定型机烘箱中产生大量的高温气体，印染定型机运行时排放的废气不仅含有大量烟尘，同时还有来自织物本身的聚苯类有机物、印染助剂、油等多种成分，一般定型机废气污染物浓度为颗粒物 150～250mg/m^3、油烟 40～80mg/m^3。烧毛废气、热定型废气常采用袋式除尘、静电处理、水喷淋、焚烧或催化燃烧等方式进行处理。

3. 固体废物处理处置工艺

热电站产生的固体废物主要为锅炉灰，由燃料剩余灰渣、燃烧后的剩余物产生，包括炉底渣和除尘器收尘。污水处理站产生的印染污泥含有大量纤维物质及其他无机及有机质，可经过压泥脱水、烘干后送锅炉与煤混合后焚烧处理。净水站污泥属一般固体废物，可以送垃圾卫生填埋场填埋或作筑路材料。危险废物需委托有资质的单位进行处理，并执行有关危险废物转移联单制度。

4. 噪声治理工艺

噪声污染防治的原则就是按照环境功能合理布置声源，使声源远离敏感区域，尽量选用低噪设备，并采取有效的隔声、减振等措施。同时做好强噪声环境工作人员的个人防护。

二、材料审查

（一）产业政策符合性

根据《印染行业规范条例（2017 年版）》，印染企业建设地点应当符合国家产业规划和产业政策，符合本地区主体功能区规划、城乡规划、土地利用总体规划和生态环境规划要求。七大重点流域干流沿岸，要严格控制印染项目环境风险，合理布局生产装置。风景名胜区、自然保护区、饮用水保护区和主要河流两岸边界外规定范围内不得新建印染项目；已在上述区域内投产运营的印染生产企业要根据区域规划和保护生态环境的需要，依法通过关闭、搬迁、转产等方式退出。缺水或水质较差地区原则上不得新建印染项目。

依据《产业结构调整指导目录（2019 年版）》相关规定，淘汰以下产能、工艺和设备：辊长 1000 毫米以下的皮辊轧花机，锯片片数在 80 以下的锯齿轧花机，压力吨位在 400 吨以下的皮棉打包机（不含 160 吨、200 吨短绒棉花打包机）；未经改造的 74 型染整设备；蒸汽加热敞开无密闭的印染平洗槽；使用年限超过 15 年的国产和使用年限超过 20 年的进口印染前处理设备、拉幅和定形设备、圆网和平网印花机、连续染色机；使用年限超过 15 年的浴比大于 1∶10 的棉及化纤间歇式染色设备；使用直流电机驱动的印染生产线；印染用铸铁结构的蒸箱和水洗设备，铸铁墙板无底蒸化机，汽蒸预热区段的 L 形履带汽蒸箱。限制以下产能：吨原毛洗毛用水超过 20 吨的洗毛工艺与设备；绞纱染色工艺；亚氯酸钠漂白设备。

调阅企业审批备案、设计建设等资料，核实企业是否属于限制类或淘汰类项目。

（二）其他审查

环评制度执行、"三同时"制度执行、环境敏感区域判断、卫生防护距离要求、环境管理台账等内容审查参照造纸行业有关章节。

三、现场勘查

（一）主要生产工段检查

1. 查阅企业生产基本情况资料

（1）查阅原辅材料、产品名称及其特性和产品规模：从环评报告和环评批复文件中查阅辅助材料种类，主要产品名称及特性（产品特性主要指其状态，如液态、固态、气态，是否具有毒性或易燃性等），产品种类和生产设计规模。

（2）查阅生产工艺及设备资料：从环评报告和环评批复文件中查阅生产工艺、主要生产设备名称、规格及数量。

（3）从生产报表中查实际产量和能源消耗量。

2. 检查企业的生产状态

检查前处理车间、染色车间、印花车间、清洗收车间处于正常生产状态还是停产状态。

(二)废水处理设施检查

1. 废水的收集

车间内严格落实防腐、防渗、防混措施,实施干湿区分离,染色、印花加工作业必须在湿区进行。废水收集应采用明管、明管套明沟或架空敷设,水量大时可采用明沟收集,逐步推行印染废水输送明管化。废水收集管道应布设整齐,并按废水类别进行涂色与标识,且应有足够的检修空间。废水管道、明沟应满足防腐、防渗漏、防堵塞的要求。

2. 印染综合废水处理

检查主要工序表现状态及运行参数,包括污水处理量、进水浓度、耗电量(污水站独立电表)、药剂投用量、污泥产生量等。辨别方法:查阅企业运行台账,对比耗电、药剂投用、污泥产生情况与废水负荷波动情况,若有较大出入,则存在污水站没有进行正常运转的可能。

(1)格栅及筛网 一般设粗、细格栅各一道,粗格栅栅条间隙宜为 16~25mm,细格栅栅条间隙宜为 1.5~10mm。印染废水中存在较大颗粒的悬浮物时(如牛仔洗漂废水中含有的浮石),宜设置机械格栅。印染废水中含有较长的纤维等悬浮物时采用筛网去除,宜选用 20~80 目。筛网有固定式筛网及转筒式筛网。固定式筛网安装角度宜采用 30°~60°。含细沙和短纤维的牛仔布染整废水应设置除砂设备。

(2)调节池、中和池 印染废水处理设施必须设置调节池。调节池可调节水质和水量。中和池一般分成两格串联,每格出口末端设置 pH 计,并自动控制投加 pH 调节剂的量。废水的 pH 应控制在 6~10 之间。若低于 6 或高于 10 则必须加碱或加酸中和。

(3)气浮池 气浮池水力停留时间约 20~30min,药剂一般选择硫酸铁、聚合氯化铝等,药剂投加量一般为 50~100mg/L,实际加药量需根据水质情况实验确定,水质 pH 值宜为 7~9。

(4)生化处理单元 印染废水生化处理一般采用"水解酸化+好氧+沉淀"工艺。丝、毛、针织染整废水水解酸化停留时间不少于 8h,机织、涤纶染色废水不小于 12h。好氧活性污泥法水力停留时间一般为 8~24h,污泥浓度宜为 2~4g/L,污泥回流比宜为 50%~100%,溶解氧浓度≥2mg/L。

(5)深度处理 一般选用铝盐类混凝剂,加药量宜为 50~250 mg/L,混凝反应时间宜为 15~30 min,沉淀时间宜为 2~4.5h。

(6)回用水处理 工厂生产系统的洁净冷却水、直流水应有组织地加以收集、集中、处理后回用,经处理后能达到回用水水质标准的生产中产生的轻度污染废水,进行回用。用作染色、漂洗等的回用水,其水质应符合现行国家标准《印染工厂设计规范》(GB 50426—2016)的有关规定,可参照《纺织染整工业回用水水质》(FZ/T 01107—2011)执行。用作冲洗地面、冲厕、冲洗车辆、绿化、建筑施工等的回用水,其水质应符合现行国家标准《城市污水再生利用 城市杂用水水质》(GB/T 18920—2020)的有关规定。用作景观环境的回用水,其水质应符合现行国家标准

《城市污水再利用 景观环境用水水质》(GB/T 18921—2019)的有关规定。回用水用作循环冷却水补充水，其水质应符合现行国家标准《城市污水再利用 工业用水水质》(GB/T 19923—2005)的有关规定。

废水排污口和在线监控设施检查参照造纸行业有关章节。

（三）废气处理设施的检查

1. 废气收集

在不影响生产操作的情况下应尽可能设置密闭式集气罩，保证在排风口处的风速。对可能造成大气污染的原材料和废弃物等应采取防护措施。

2. 废气处理

锅炉废气的处理和在线监控设施检查参照造纸行业有关章节。印染行业特征废气为定型机废气，通常有水喷淋处理和静电式处理，静电一般为三、四电场卧式静电除尘器，不宜采用竖筒式静电除尘器。对于温度达180～230℃的油烟须经冷却处理后，再进入静电除尘器。检查电机运行状况（静电式处理工艺主要看电场电压状况）、废油产生情况（水喷淋处理工艺的主要看油水分离箱状况，循环喷淋水泵是否开启）。

另外污水处理站运行过程中，会有一定量有异味（恶臭）的气体逸出，主要产生部位包括初沉池、生化池、污泥浓缩池等。上述废气产生部位应加盖密闭并集气收集，查看收集装置风机开启状况判断收集的有效性，有没有泄漏点；通过吸收处理塔水泵开启状况、吸收洗涤水的pH值来判定吸收塔运行是否正常。

（四）固体废物处理处置设施检查

废气处理工艺中定型机废油属于危险废物，必须按危险废物处置规定交由有资质的处理单位处置，纺织染整生产使用的染料、助剂以及油类等原料的包装或者包装桶应按危险废物进行管理，交由有资质的处理单位处置或由染化料生产厂家回收。

一般固体废物和危险废物的检查参照造纸行业有关章节。

（五）其他检查

污染防治设施停运情况、环境应急管理情况、综合性环境管理制度检查参照造纸行业有关章节。

四、技术核算

（一）生产规模核算

通过染色机缸数量、规格、生产时间（以300天计）能估算出企业染色规模；同理，通过印花机数量、规格、生产时间也能核算出企业印花加工规模；通过定型机走速、数量和生产时间能核算出企业后整理规模。

（二）废水水量核算

不同织物、不同生产工艺单位产品的废水量不同，针织棉及棉混纺织物为150～200吨水/吨、毛纺织物为200～350吨水/吨、丝绸织物为250～350吨水/吨。以全厂用水量估算时，废水量一般为全厂用水量85%。

（三）产污量核算

核算方法参照造纸行业有关章节。棉、化纤印染精加工行业产排污系数见表6.9。

表6.9 棉、化纤印染精加工行业产排污系数表

产品名称	原料名称	工艺名称	规模等级	污染物指标	单位	产污系数	末端治理技术名称	排污系数
棉（化纤）印染机织物	棉（化纤）未漂白机织物	前处理-印染-后整理	>2万吨/年	工业废水量	吨/吨-产品	142.71	厌氧/好氧生物组合工艺	131.93
							物化＋生物	125.67
							化学＋生物	129.62
				化学需氧量	克/吨-产品	160520	厌氧/好氧生物组合工艺	22419
							物化＋生物	13932
							化学＋生物	15876
				危险物废（污泥）	吨/吨-产品	0.136	厌氧/好氧生物组合工艺	—
						0.314	物化＋生物	—
						0.285	化学＋生物	—
				总氮（以N计）	克/吨-产品	2854.2	厌氧/好氧生物组合工艺	2638.6
							物化＋生物	2513.4
							化学＋生物	2592.4
				氨氮（以N计）	克/吨-产品	1712.5	厌氧/好氧生物组合工艺	1583.2
							物化＋生物	1508.0
							化学＋生物	1555.4
				总磷（以P计）	克/吨-产品	142.71	厌氧/好氧生物组合工艺	131.93
							物化＋生物	125.67
							化学＋生物	129.62
			1万～2万吨/年	工业废水量	吨/吨-产品	139.01	厌氧/好氧生物组合工艺	132.97
							物化＋生物	106.66
							化学＋生物	115.21
				化学需氧量	克/吨-产品	201290	厌氧/好氧生物组合工艺	20349
							物化＋生物	12132
							化学＋生物	15426
				固体废物（污泥）	吨/吨-产品	0.179	厌氧/好氧生物组合工艺	—
						0.306	物化＋生物	—
						0.278	化学＋生物	—
				总氮（以N计）	克/吨-产品	2780.2	厌氧/好氧生物组合工艺	2659.4
							物化＋生物	2133.2
							化学＋生物	2304.2
				氨氮（以N计）	克/吨-产品	1668.1	厌氧/好氧生物组合工艺	1595.6
							物化＋生物	1279.9
							化学＋生物	1382.5
				总磷（以P计）	克/吨-产品	139.01	厌氧/好氧生物组合工艺	132.97
							物化＋生物	106.66
							化学＋生物	115.21

续表

产品名称	原料名称	工艺名称	规模等级	污染物指标	单位	产污系数	末端治理技术名称	排污系数
棉(化纤)印染机织物	棉(化纤)未漂白机织物	前处理-印染-后整理	<1万吨/年	工业废水量	吨/吨-产品	129.65	厌氧/好氧生物组合工艺	122.21
							物化＋生物	111.82
							化学＋生物	121.24
				化学需氧量	克/吨-产品	229610	厌氧/好氧生物组合工艺	18702
							物化＋生物	13779
							化学＋生物	16713
				危险物废(污泥)	吨/吨-产品	0.209	厌氧/好氧生物组合工艺	—
						0.285	物化＋生物	—
						0.259	化学＋生物	—
				总氮(以N计)	克/吨-产品	2593	厌氧/好氧生物组合工艺	2444.2
							物化＋生物	2236.4
							化学＋生物	2424.8
				氨氮(以N计)	克/吨-产品	1555.8	厌氧/好氧生物组合工艺	1466.5
							物化＋生物	1341.8
							化学＋生物	1454.9
				总磷(以P计)	克/吨-产品	129.65	厌氧/好氧生物组合工艺	122.21
							物化＋生物	111.82
							化学＋生物	121.24

（四）该行业平均污染治理水平与企业排污情况比较

该行业平均单位产品COD排放量：棉、麻、化纤及混纺机织物、丝绸机织物为0.108kg/百米产品、针织物及纱线为6kg/t产品。

五、常见的违法行为认定

除造纸行业章节所列十种违法行为外，印染行业还存在以下常见的违法行为：

1. 违反危险废物管理规定

违法表现：不按照规定收集、贮存危险废物，将危险废物委托给不具备危险废物处置能力的单位或个人处置，以倾倒或者填埋方式处置危险废物。

违反《中华人民共和国固体废物污染环境防治法》第五十二、五十三、五十五、五十七、五十八、五十九、六十一、六十二、六十三、六十四条规定，依据《中华人民共和国固体废物污染环境防治法》第七十五条予以处罚。同时，符合《最高人民法院、最高人民检察院关于办理环境污染刑事案件适用法律若干问题的解释》（法释〔2016〕29号）规定情形的，生态环境主管部门应以涉嫌污染环境罪将案件移交公安机关调查处理。

2. 违反土壤污染管理规定

违法表现：土壤污染重点监管单位未制定、实施自行监测方案，或者未将监测数据报生态环境主管部门的；土壤污染重点监管单位篡改、伪造监测数据的；土壤污染重点监管单位未按年度报告有毒有害物质排放情况，或者未建立土壤污染隐患排查制度的；拆除设施、设备或者建筑物、构筑物，企业事业单位未采取相应的土壤污染防治措施或者土壤污染重点监管单位未制定、实施土壤污染防治工作方案的；建设和运行污水集中处理设施、固体废物处置设施，未依照法律法规和相关标准的要求采取措施防止土壤污染的。向农用地排放重金属或者其他有毒有害物质含量超标的污水、污泥，以及可能造成土壤污染的清淤底泥、尾矿、矿渣等的。土壤污染重点监管单位未按照规定将土壤污染防治工作方案报地方人民政府生态环境、工业和信息化主管部门备案的。

违反《中华人民共和国土壤污染防治法》第二十一、二十二、二十五、二十八条规定，依据《中华人民共和国土壤污染防治法》第八十六、八十七、九十五条予以处罚。

六、典型案例

【基本情况】某印染有限公司是一家从事纯棉布和涤棉布染整加工企业，设计生产能力为1760万米/年，该企业建设有360吨/天印染废水处理系统，于2015年建成投入试运行，2016年5月30日通过由原某市环保局组织的环保验收。

【检查情况】2022年7月6日，某区收到转办的信访件，反映某印染有限公司废水未经处理直排问题。该区生态环境执法人员赴企业调查，经过对厂内污染防治设施检查后，执法人员认为信访件中反映的"废水未经处理直排"问题不属实。2022年7月10日，该市生态环境局又接到群众举报，反映该公司在锅炉房东侧鱼塘存在污水直排的情况。该市生态环境局执法人员全面检查，发现该公司废水应急池设在厂区外，距离较远，位置隐蔽。该公司就通过应急池边配备的水泵和软管，直接将未经处理的废水排入应急池东侧的无防渗漏措施的水塘中，企业的偷排废水行为属实。经取样监测，坑塘内废水水样COD等污染物浓度超过《纺织染整工业水污染物排放标准》（GB 4287—2012）规定的限值。

【处罚情况】该公司将未经处理的生产废水利用软管直接排入无防渗漏措施的坑塘内，违反了《中华人民共和国水污染防治法》第三十九条"禁止利用渗井、渗坑、裂隙、溶洞，私设暗管，篡改、伪造监测数据，或者不正常运行水污染防治设施等逃避监管的方式排放水污染物"的规定，且外排废水超过了《纺织染整工业水污染物排放标准》（GB 4287—2012）规定排放限值，可以认定为采取逃避监管的方式排放水污染物，且该行为属于主观故意。依据《中华人民共和国水污染防治法》第八十三条的规定，该市生态环境局责令该公司立即停产整治，罚款人民币70万元，并依据《行政主管部门移送适用行政拘留环境违法案件暂行办法》第五条的规定将该案件移送公安机关对相关责任人员实施行政拘留。目前，该公司已按照要求改正了违法行为，并缴纳了罚款，行政处罚在法定期限执行完毕，公安机关对责任人予以行政拘留。

【要点分析】该区生态环境局环境执法人员与后期某市生态环境局环境执法人员的调查结果前后矛盾，主要原因是该区生态环境局环境执法人员只对厂区本部进行监督检查，疏忽了对外部应急池的检查，未能及时发现和制止该企业偷排废水行为。因此，对企业污染防治设施运行情况开展检查时，应当对厂区内外所有设施进行全面检查，防止存在监管盲点；另外也应当对厂区周边开展检查，掌握废水排放去向，杜绝逃避监管的方式排放污染物等违法行为的发生。本案中，环保部门还应按照《行政主管部门移送适用行政拘留环境违法案件暂行办法》第五条"渗井、渗坑是指无防渗漏措施或起不到防渗作用的、封闭或半封闭的坑、池、塘、井和沟、渠等"的规定，对废水排入的坑塘是否属于渗坑予以认定，确保法律适用准确。

项目三　电镀行业执法要点

知识目标

1. 掌握电镀行业生产工艺流程、产排污节点及其处理工艺；
2. 掌握电镀行业执法检查要点。

能力目标

1. 具备识别电镀行业产排污环节的能力；
2. 具备电镀行业执法检查的能力。

素质目标

1. 培养解放思想、实事求是、与时俱进的意识；
2. 培养担当精神。

案例导入

2023年4月2日，某市生态环境局经济技术开发区分局对某电镀有限责任公司停产情况进行现场检查，该单位5号镀锌生产车间清洗车间地面、清洗电镀和酸洗周转槽产生的废水，经5号镀锌生产车间南侧墙下雨水收集井，未经过该单位污水治理站处理，直接排入雨水管网后排入细河，造成细河排污口废水超标，检测结果显示锌排放值超过《电镀污染物排放标准》（GB 21900—2008）表3排放限值10倍以上。针对该单位上述逃避监管的严重环境违法行为，该市生态环境局经济技术开发区分局于2023年4月5日对该单位生产设施予以查封，并移交公安机关。

【任务】以组为单位查找资料绘制出电镀行业的生产工艺流程图，找出产排污环节。并阐述电镀行业生态环境执法检查要点。

一、行业概况

电镀是以直流电通入一定组织的电解质溶液，通过电能向化学能的转变，把金属镀到零件表面上的过程，即镀件置于含有被沉积金属离子的电解液中，通过外来的直流电，使镀件表面覆盖上一层薄的金属镀层。主要有吊镀和滚镀两种生产方法。

吊镀，镀件通过挂具进行电镀，一般镀件体积比较大，表面比较平整，如锁具、汽车配件等，相应镀槽体积比较大。滚镀，没有挂具，采用滚筒电镀，镀件直接放入滚筒中，并通过滚筒导电。镀件体积比较小，不易破损，如小五金制品、装饰精品小件、仪表和电器装配上的小零件等，一般镀槽体积比较小。

（一）主要生产工艺

电镀的基本生产工艺过程可分为三个阶段：镀前处理、电镀阶段、镀后处理。其生产工艺流程如下：

毛坯→表面平整→除油脱脂→清洗→酸洗→清洗→上挂具（吊镀）→一层电镀→清洗→二层电镀→清洗→钝化→清洗→干燥→下挂具→包装→成品。

生产原料主要有：酸类，如硫酸、盐酸、硝酸、磷酸、铬酸、硼酸、氢氟酸、醋酸、柠檬酸等；碱类，如氢氧化钠、氨水等；盐类，如硫酸盐、氯化物、磷酸盐、重铬酸盐等无机酸盐（铜、镍、钠、锌、锰），氰化物或硫氰酸盐（钠、钾、亚铜），有机酸盐（酒石酸钾、十二烷基硫酸钠、间硝基苯磺酸钠、柠檬酸盐）等；有机物类，如添加剂、乳化剂、光亮剂、皂化剂等。

（二）主要产排污节点

1. 除油（脱脂）槽（前处理槽）

镀液主要成分：碳酸钠、磷酸三钠、硅酸钠、表面活性剂、乳化剂等。废水主要污染因子：油、脂类有机物（体现为COD）。

2. 氰化镀铜（预镀）槽

镀液主要成分：氰化亚铜、氰化钠、硫氰酸钾、氢氧化钠等。镀液pH值为11.5左右，镀液颜色为淡黄色，表面有泡沫。废水主要污染因子：CN^-、Cu^{2+}、$[Cu(CN)_3]^{2-}$（铜氰络离子）、OH^-等。废气主要污染因子：含氰废气。

3. 焦磷酸盐镀铜槽

镀液主要成分：焦磷酸铜、焦磷酸钾、硫酸铜、柠檬酸钾等。镀液pH值为8左右，镀液颜色为蓝色（略带绿色）。废水主要污染因子：Cu^{2+}。

4. 硫酸盐镀铜（简称酸铜）槽

镀液主要成分：硫酸铜、硫酸、光亮剂等，镀液pH值为4左右，镀液颜色为深蓝色。废水主要污染因子：Cu^{2+}。

5. 镀光亮镍槽

镀液主要成分：硫酸镍、氯化镍、硼酸、光亮剂等，镀液pH值为4～4.5，镀液颜色为绿色。镀镍的另一种方法是镀黑镍（枪黑）。废水主要污染因子：Ni^{2+}。

6. 镀铬槽

镀液主要成分：铬酐（CrO_3）、硫酸、氟硅酸等，镀液pH值为2左右，镀液颜色为棕黄色。废水主要污染因子：Cr^{6+}。废气：铬酸雾（H_2CrO_4）。

7. 镀金槽

镀液主要成分：金（以金氰化钾形式加入）、氰化钾、钴氰化钾、氢氧化钠、碳酸钾等，镀液 pH 值为 8～9，镀液颜色为淡黄色，产品颜色为金黄色。废水主要污染因子：CN^-。废气：含氰废气。

8. 镀仿金槽（铜-锌、铜-锡、铜-锌-锡）

镀液主要成分：氰化亚铜、硫酸铜、氰化锌、硫酸锌、氰化钠等，镀液 pH 值为 12 左右，镀液颜色为淡黄色、透明，产品颜色为金黄色。废水主要污染因子：CN^-、Cu^{2+}、Zn^{2+}。废气：含氰废气。

9. 镀锌槽

镀锌方法主要有硫酸盐镀锌、锌酸盐镀锌、氯化物镀锌等，以硫酸盐镀锌为最多，适用于形状简单的零件。镀液主要成分：硫酸锌、硫酸铝、明矾、氯化铵等，镀液 pH 值为 4～4.5。废水主要污染因子：Zn^{2+}、H^+。

10. 褪镀槽

镀件出现不合格，需进行褪镀返工；挂具用久了也应进行褪镀。褪镀液种类比较多，一般含有硝酸、硫酸、盐酸等各种强酸以及氰化钠、硫氰酸钠、氰化铜、铬酸等。

11. 清洗槽

即水洗，目的是把工件上附着的镀液清洗干净，避免污染槽液。目前比较普遍采用的方法是多级逆流清洗，该方法用水量较少，比单槽清洗节约水 95% 以上，一般采用三级，清水从最后一级进入，废水从最前面一级出来，达到连续操作。

（三）主要处理工艺

1. 废水治理工艺

电镀废水治理工艺种类多样，如化学＋生物法、膜法、电化学法等。目前主要为化学＋生物法，此法要求车间废水按要求进行前处理（含油）、氰、铬、重金属等废水分流分质处理。化学法通过氧化还原反应后再进行絮凝沉淀实现固液分离，从而去除废水中的氰、铬、重金属等污染物。电镀前处理废水（含油）经预处理后与处理后的混排废水一起进入好氧生化（活性污泥法）处理，确保 COD 达标排放。各分类废水处理方法如下：

（1）含镍废水处理：含镍废水的处理方式是加碱沉淀法，需要注意 pH 值控制条件（一般控制 pH 为 9～9.5）和镍离子相互作用的影响。

（2）含铬废水处理：常用化学还原法，利用硫酸亚铁、亚硫酸盐、二氧化硫等还原剂，将废水中 Cr^{6+} 还原成 Cr^{3+}，再加碱调整 pH 值至 9 左右，形成 $Cr(OH)_3$ 沉淀除去。

（3）含氰废水处理：常用碱性氯化法破氰，分两个阶段：第一阶段是将氰氧化成氰酸盐，称"不完全氧化"，第二阶段是将氰酸盐进一步氧化分解成二氧化碳和氮气，称"完全氧化"。含氰废水中含有铜氰、镉氰、银氰、锌氰等络合物，通过碱性氯化法可以破除络合物，将 CN^- 氧化成 CO_2 和 N_2，所以破氰后，重金属离子通过后续的综合混凝沉淀得以去除。

（4）综合废水处理：除了以上几种废水以外，其他不同镀种的废水重金属化学性质相似，其氢氧化物的溶度积都可以满足排放标准的要求，因此合并在一起用加碱沉淀法处理。需要注意pH值控制条件和金属离子共存时相互作用的影响。各种金属离子去除的最佳pH值一般为8~9。

（5）混排废水处理："跑、冒、滴、漏"产生的含氰废水与含铬废水等的混合清洗水。采用碱性氯化法两级破氰后，排入含铬废水一起处理。若处理后出水COD值较高，则与前处理废水一起进入生化系统进行处理。

（6）前处理废水处理：电镀前处理废水COD值很高，主要成分是表面活性剂，其化学性质稳定，在经过微电解预处理后排入生化处理系统一起处理。

2. 废气治理工艺

主要有抛光废气、酸洗废气、含氰废气、铬酸废气、褪镀废气等。常见处理工艺：抛光废气常用袋式除尘；酸洗废气、铬酸废气、退镀废气采用碱液喷淋法，饱和喷淋液排入相应的废水集中池，褪镀废气还需经活性炭等特殊处理；含氰废气一般采用碱液+次氯酸钠或硫酸亚铁溶液喷淋法。产生大气污染物（硝酸雾、氢氰酸雾、铬酸雾、前处理酸洗废气）的工艺装置应设立局部气体收集系统和集中净化处理装置，氢氰酸雾、铬酸雾产生工段应单独设置处理装置，气体处理达标后高空排放。

3. 固体废物处置工艺

电镀污泥、电镀废液、危险化学品包装物等危险废物，要根据"减量化、资源化、无害化"的原则，对固废进行分类收集，由具有资质的单位回收处置。

二、材料审查

（一）产业政策符合性

依据《产业结构调整指导目录（2019年版）》相关规定，淘汰含氰沉锌工艺、含有毒有害氰化物电镀（电镀金、银、铜基合金及预镀铜打底工艺除外）工艺；淘汰氰化镀锌、六价铬钝化、电镀锡铅合金、含硝酸褪镀等工艺；禁止使用铅、镉、汞等重污染化学品。

调阅企业审批备案、设计建设等资料，核实企业是否属于限制类或淘汰类项目。判断镀液是否含氰的方法：一是取样实验室监测；二是现场取镀液样品加酸调节pH至酸性，若镀液变成乳白色，说明镀液含氰；三是现场取镀液样品加碱调节pH至11左右，再加次氯酸钠溶液搅拌，若镀液样品呈天蓝色，说明镀液含氰。

（二）其他审查

环评制度执行、"三同时"制度执行、环境敏感区域判断、卫生防护距离要求、环境管理台账等内容审查参照造纸行业有关章节。

三、现场勘查

（一）主要生产工段检查

1. 查阅企业生产基本情况资料

（1）查阅原辅材料、产品名称及其特性和产品规模：从环评报告和环评批复文件中查阅原辅材料种类，主要产品名称及特性（产品特性主要指其状态，如液态、固态、气态，是否具有毒性或易燃性等），产品种类和生产设计规模。

（2）查阅生产工艺及设备资料：从环评报告和环评批复文件中查阅生产工艺、主要生产设备名称、规格及数量。

（3）从生产报表中查实际产量和能源消耗量。

2. 检查企业的生产状态

检查电镀车间处于正常生产状态还是停产状态。

（二）废水处理设施检查

1. 检查含镍废水处理

若含镍废水回收利用，则检查镀镍槽边是否设置离子交换、膜组件等镍回收装置，处理后的水是否回收利用，回收装置再生、冲洗等产生的废水是否收集到含镍废水处理设施；若含镍废水没有进行回收，则检查含镍废水是否单独收集处理；镀镍槽液有无外溢和渗漏现象；观察镍回收装置运行是否正常，若采用离子交换法回收，则查看再生剂（常用硫酸钠或硫酸）使用情况。

2. 检查含铬废水处理

化学还原反应条件：加硫酸调节 pH 值在 2.5～3.0，ORP（氧化还原电位）宜控制在 230～270mV，加入亚硫酸盐还原剂，反应时间约为 20～30min；沉淀反应条件：加碱调节 pH 值至 7～8，使三价铬沉淀，反应时间大于 20min，反应后的沉淀时间宜为 1.0～1.5h。如要回收氢氧化铬，则不用硫酸亚铁作为还原剂，调节 pH 值也不用石灰，而是用氢氧化钠或碳酸钠，这样能够回收较纯净的氢氧化铬。

检查废槽液、过滤渣是否有效收集并按危险废物处置；镀铬槽液有无外溢和渗漏现象；含铬废水是否单独收集处理；产生的铬酸雾是否收集处理；含铬废水是否单独用管道收集并与其他废水分开处理。

3. 检查含氰废水处理

含氰废水须进行破氰预处理，其中碱性氯化法以其运行成本低、处理效果稳定等优点在工程中被广泛采用。碱性氯化法宜用于处理电镀生产过程中所产生的各种含氰废水，废水中氰离子含量不宜大于 50mg/L。一般情况下可采用一级氧化处理，有特殊要求时可采用两级氧化处理。含氰废水经过氧化处理后，应再经沉淀和过滤处理，或者排入混合废水处理系统进行处理。

检查要点：采用一级氧化处理含氰废水，一般可采用间歇式处理，设置两格反应沉淀池交替使用时，可不设调节池，沉淀方式采用静止沉淀；采用连续式处理时，沉淀方式采用斜板沉淀池等设施。采用两级氧化处理含氰废水时，第一级和第二级氧化所需氧化剂必须分阶段投加，氧化剂的投入量应通过试验确定，当没有条件进行试验时，其投入量宜按氰离子与活性氯的重量比计算确定，一级氧化处理时其重量比宜为 1∶3～1∶4；二级氧化处理时其重量比宜为 1∶7～1∶8。一级氧化的 pH 值应控制在 10～11，反应时间宜为 10～15min；二级氧化的 pH 值应控制在 6.5～7.0，反应时间宜为 10～15min。有效氯的投加量可采用 ORP 自动控制，一级处理时 ORP 达到 300mV 时反应基本完成；二级处理时 ORP 需达到 650mV；废水温度宜控制在 15～50℃，反应后废水中余氯量应在 2～5mg/L 范围内。

4. 检查综合废水处理

综合废水目前多采用氢氧化物沉淀法或硫化物沉淀法。

检查要点：检查每日的废水进出水量、水质，环保设备运行、加药及维修记录等是否记录齐全；检查耗电量，判断废水污染防治设施运行情况，对比耗电量波动情况与废水负荷波动情况，若有较大出入，则存在废水处理装置不正常运转的可能；检查污泥产生量，判断废水污染防治设施运行情况，采用氢氧化物沉淀法处理电镀废水污泥产生量一般为处理水量的 2%～3%，如果污泥量偏低，则存在偷排废水或污泥的可能；检查 pH 计、重金属监测仪、ORP 测试仪、液位计、流量计等仪器仪表数据显示是否在合理的工艺参数范围内，是否存在损坏情况；检查废水处理站出口水量及水质的达标排放情况，排放口水量与废水处理设施进水流量（扣除回用水量）是否一致；现场用 pH 试纸监测废水排放口 pH 值，采样进一步监测氰化物、铬、镍等污染物；监测生活污水或雨水管网废水 pH 值，如 pH 值过低或过高，则有偷排废水的可能。铬、镍、镉等属于第一类污染物，废水监测时一律在车间或车间处理设施排放口采样。

5. 检查车间及集水沟渗漏情况

检查车间地面与各集水沟是否有破裂或防腐损坏废水渗漏，是否已做好防腐措施，各废水是否均已流入相应的废水集中池；车间是否设有暗管（地漏），是否存在暗管接在集水渠道的拐弯处或暗沟处。

6. 检查废水集中池情况

采用停止治理设施运行，在集水池继续进水或集水池不进水的情况下，观察集水池水位变化情况，来判断集水池有无渗漏、有无暗管或池壁上部开口（满出）。检查是否存在用大型水泵或借用污水提升泵直接从集水池偷排。

7. 检查废水治理设施

（1）检查治理设施有无运行，是否正常。化学反应系统主要查看各反应池仪表值（各仪表控制参数：氰一级反应池 ORP 为 300～400mV，pH 为 11 左右；氰二级反应池 ORP 为 600mV 左右；铬反应池 ORP 为 250～350mV 左右，pH 为 3 左右；混、絮凝池 pH 为 9.0 左右），观察反应颜色判断是否正常运行（铬反应池：正常情况为反应池呈墨绿色、絮状沉渣，若反应池呈深墨绿色，沉渣颗粒状，且电位下降说明加药过量；反应池呈黄绿色，且电位很高说明加药不够反应不正常。氰反应池：正常情况为反应池呈天蓝色、絮状沉渣，若反应池呈深褐色或黑色，且电位很高说明加药过量；颜色较浅且电位太低说明加药不够。沉淀池：正常情况为透明清澈，若沉淀池浑浊说明出水重金属超标）。生化系统（活性污泥法）正常运行情况判断：曝气池表面颜色黄褐色，少量泡沫少量浮渣；二沉池表面清澈有少量浮渣。

（2）检查废水处理中间环节。有无通过沉淀池排泥阀门接软管直接外排、用水泵将污泥池污泥直接外排、生化处理系统二沉池污泥回流管接旁通外排管等现象，好氧池曝气是否均匀。

（3）检查压滤机（或离心机等污泥干化设备）、污泥池运行情况，现场堆放污泥的新鲜程度，可看出近期运行情况。检查污泥产生量（电镀污泥产生量：碱用 NaOH 每吨废水约产生含水率为 80% 的污泥 2.5kg 左右；碱用石灰每吨废水约产生含水率为 80% 的污泥 6kg 左右），分析逻辑关系来判断治理设施是否正常运行，运行记录是否规范。电镀污泥因含有重金属属于危险废物，须交由有资质单位进行处置。

（4）检查排放口。检查标准排放口出水情况，出水颜色有无异常（如带蓝色说明铜离子超标），出水 pH 值是否正常，出水有无泡沫产生（若无任何泡沫产生应怀疑是否为稀释水），有无从标准排放口偷排的痕迹，排放口是否符合标准规范等。排放标准：《电镀污染物排放标准》（GB 21900—2008）及相关标准或以环评批复为准。

废水排污口和在线监控设施检查参照造纸行业有关章节。

（三）废气处理设施检查

电镀工艺产生的大气污染物主要有粉尘、酸碱废气、含氰废气及含铬酸雾等。废气处理系统主要包括收集系统、管路系统、处理系统。

（1）检查各废气产生环节处理工艺类型，是否建有与污染物产生负荷相匹配的处理设施，判定处理设施能否使废气达标排放。粉尘处理应当配套除尘设备，一般采用袋式除尘器；酸碱废气应当配套中和处理设施，装置中配有吸收液或干式吸附剂（酸性废气可使用 SDG 酸性干式吸附剂）；铬酸雾一般采用铬酸雾回收净化装置进行处理，利用格网将冷却凝结的铬雾截留；含氰废气一般采用吸收氧化法进行处理，吸收剂可用硫酸亚铁或氯系氧化剂，在碱性状态下吸收、氧化氰化物。

（2）检查废气处理设施运行状态。现场检查企业废气处理设备运行记录及台账，重点检查引风机开启运行台账、处理塔中吸收液、吸附剂存储和添加台账及其报废后处理情况。

查看废气净化塔的设备铭牌，最大处理量与废气产生量是否匹配；废气收集管道有无漏风；酸碱废气处理装置中是否包含吸收液存放及反应设施；铬酸雾处理装置中是否安装过滤网，网格是否破损，回收容器中是否盛有回收后的铬液；含氰废气处理装置吸收液是否呈强碱性，可用淀粉碘化钾试纸及 pH 试纸现场检测。

酸碱废气、含氰废气处理系统及有后续化学处理设施的铬酸雾处理系统均会产生废吸收液，应有管道收集，进入相应的废水处理设施进行处理；湿式除尘器循环水也应进入废水处理站进行处理。

对于常用的布袋除尘器，检查是否有破袋、缺袋现象，可查询更换布袋记录；检查湿式除尘器是否定期清灰；检查铬酸雾处理装置过滤网是否定期更换（一般使用寿命为1.5~2年）；查看其他废气处理设施设备维护记录。

废气排放口和在线监控设施检查参照造纸行业有关章节。

（四）固废处理处置设施检查

废水处理污泥、电镀槽液滤渣、电镀过程中产生的废槽液、钝化废液以及前处理过程中产生的废酸碱液、废有机溶剂、油泥均为危险废物，必须交具有危险废物处理资质的单位进行处理。

检查危险废物是否全部妥善收集，是否存在随意弃置和进入废水收集系统现象；危险废物贮存场所的建设和管理是否符合要求。查看是否设置专用贮槽（池），是否存在接入废水收集系统的管路。查阅资料和现场检查危险废物贮存场所建设情况，判断危险废物贮存场所是否按照《危险废物贮存污染控制标准》（GB 18597—2023）建设。危险废物不得露天堆放，贮存场所必须采取防腐、封闭措施，并设置危险废物识别标志。其他固废应安全分类存放，防止扬散、流失、渗漏或者造成其他环境污染。

检查危险废物是否交由有危险废物处理资质的单位处置；是否有危险废物转移联单，转移联单记录的转移量是否与危险废物管理台账和排污申报量一致；危险废物是否存在超时存放的情况。现场检查一般固体废物堆场中是否有危险废物混入。检查企业提供的危险废物收集单位的危险废物经营许可证，判定收集单位是否具有相应（HW17、HW34、HW35、HW42）的处置资质；查看企业提供的危险废物转移联单，核算企业一段时期内危险废物的转移量，根据企业生产情况估算危险废物产生量，对比产生量与转移量，若前者远大于后者，企业则可能存在非法转移危险废物或危险废物超期存放的问题。

一般固体废物和危险废物的检查参照造纸行业有关章节。

（五）土壤污染防治情况检查

（1）电镀企业要严格控制有毒有害物质排放，核实是否按年度向属地生态环境部门如实报告有毒有害物质排放情况。

（2）电镀企业应建立土壤和地下水污染隐患排查制度，核实是否按照《重点监管单位土壤污染隐患排查指南（试行）》要求，定期对有毒有害物质的生产区，原材料及固体废物的堆存区、储放区和转运区等重点区域，以及涉及有毒有害物质的地下储罐、地下管线、污染治理设施等重点设施开展隐患排查，保证持续有效防止有毒有害物质渗漏、流失、扬散。对排查发现污染隐患的，是否制定整改方案并及时采取技术、管理措施消除隐患，是否将隐患排查报告报属地生态环境部门备案。

（3）电镀企业要严格执行自行监测制度，核实是否按照《工业企业土壤和地下水自行监测技术指南（试行）》（HJ 1209—2021），自行或委托有资质的机构制定、实施土壤和地下水自行监测方案，每年至少开展1次土壤和地下水环境监测，主动向社会公开自行监测情况。

（4）电镀企业要严格执行储存有毒有害物质的地下储罐备案制度。地下储罐储存有毒有害物质的，核实是否将有毒有害物质地下储罐信息报属地生态环境部门备案；新、改、扩建项目涉及有毒有害物质地下储罐的，是否在项目投入生产或使用之前报送。

（六）其他

污染防治设施停运情况、环境应急管理情况、综合性环境管理制度检查参照造纸行业有关章节。

四、技术核算

1. 生产规模核算

电镀槽容量规模以正常生产条件下实际镀液的体积为准，即电镀槽内侧长×宽×实际所盛镀液的高度。

2. 废水水量核算

处理水量根据生产规模与生产情况来估算，滚镀：3～5 吨/（只滚镀·日）；吊镀：20～30 吨/（万升·日）。

3. 产污量核算

核算方法参照造纸行业有关章节。电镀行业产排污系数见表 6.10。

4. 用药量

NaOH：每吨废水约需 0.55kg。98％H_2SO_4：每吨废水约需 0.45kg。$FeSO_4$：每吨废水约需 1kg。PAC：每吨废水约需 0.2kg。PAM（阴）：每吨废水约需 0.005kg。10％ NaClO：每吨含氰废水需 11.5kg。$NaHSO_3$：每吨含铬废水约需 1.5kg。27％H_2O_2：每吨前处理废水约需 3kg。

表6.10 电镀产排污系数表

产品	原料	工艺	规模	污染物指标	单位	产污系数	末端治理技术	排污系数
镀锌	结构材料：钢铁工件 工艺材料：镀锌电镀液及其添加剂、酸碱液等	镀前处理、电镀、镀后处理	所有规模	工业废水量	t/m²	0.57	物理+化学	0.57
				化学需氧量	g/m²	211.46	物理+化学	82.28
				石油类	g/m²	29.18	上浮分离	5.48
				六价铬	g/m²	13.73	氧化还原法	0.28
				氰化物	g/m²	14.55	氧化还原法	0.26
				工艺废气量（工艺）	m³/m²	18.6	—	18.6
				HW17 危险废物（表面处理废物）等	kg/m²	0.278	—	
镀铬	结构材料：钢铁工件 工艺材料：镀铬电镀液（铬酐）及其添加剂、酸碱液等	镀前处理、电镀、镀后处理	所有规模	工业废水量	t/m²	0.69	物理+化学	0.69
				化学需氧量	g/m²	254.21	物理+化学	100.73
				石油类	g/m²	37.95	上浮分离	6.83
				六价铬	g/m²	41.55	氧化还原法	0.31
				氰化物	g/m²	17.77	氧化还原法	0.29
				工艺废气量（工艺）	m³/m²	74.4	—	74.4
				HW17 危险废物（表面处理废物）等	kg/m²	0.278	—	

续表

产品	原料	工艺	规模	污染物指标	单位	产污系数	末端治理技术	排污系数
其他镀种（铜、镍）	结构材料：钢铁工件 工艺材料：各种电镀液及其添加剂、酸碱液等	镀前处理、电镀、镀后处理	所有规模	工业废水量	t/m^2	0.63	物理＋化学	0.63
				化学需氧量	g/m^2	229.46	物理＋化学	89.78
				石油类	g/m^2	32.7	上浮分离	6.08
				氰化物	g/m^2	15.15	氧化还原法	0.26
				工艺废气量（工艺）	m^3/m^2	37.3	—	37.3
				HW17危险废物（表面处理废物）等	kg/m^2	0.278	—	—

五、常见的违法行为认定

除造纸行业和印染章节所列十二种违法行为外，电镀行业如存在铅、汞、镉、铬、砷、铊、锑的污染物超标三倍以上或镍、铜、锌、银、钒、锰、钴的污染物超标十倍以上以及非法倾倒、处置危险废物3吨及以上，符合《最高人民法院、最高人民检察院关于办理环境污染刑事案件适用法律若干问题的解释》（法释〔2016〕29号）规定情形的，生态环境主管部门应以涉嫌污染环境罪将案件移交公安机关调查处理。

六、典型案例

【基本情况】某电镀公司主要产品产能为每年镀铬件$1\times10^4 m^2$、镀锌件$6\times10^4 m^2$、热浸铝5000t。2013年，该公司建成电镀锌生产线，但由于建设单位增加了厂房面积，镀锌件的长度和体积均提高很多，提高了镀锌槽的体积，建设内容发生重大变动未重新报批环境影响评价文件。因此某市生态环境局要求建设单位停产后向有审批权的生态环境部门重新报批环境影响评价文件。

【检查情况】2019年7月2日，某市生态环境局对该公司停产情况进行现场检查，发现该企业5号镀锌生产车间清洗车间地面、清洗电镀和酸洗周转槽产生的废水，未经过电镀污水处理站处理，直接经5号镀锌生产车间南侧墙下雨水收集井排入雨水管网后排入河流。经取样监测，该企业入河排污口废水中锌排放值超过《电镀污染物排放标准》（GB 21900—2008）表3排放限值10倍以上。

【处罚情况】该公司通过雨排向外环境违法排放重金属污染物超标的电镀废水，违反了《中华人民共和国水污染防治法》第三十九条"禁止利用渗井、渗坑、裂隙、溶洞，私设暗管，篡改、伪造监测数据，或者不正常运行水污染防治设施等逃避监管的方式排放水污染物"的规定，且外排废水超过了超过《电镀污染物排放标准》（GB 21900—2008）规定排放标准，可以认定为采取逃避监管的方式排放水污染物，且该行为属于主观故意。同时，《最高人民法院、最高人民检察院关于办理环境污染刑事案件适用法律若干问题的解释》（法释〔2016〕29号）第一条第四款规定："排放、倾倒、处置含镍、铜、锌、银、钒、锰、钴的污染物，超过国家或者地方污染物排放标准十倍的"，可认定为严重污染环境，该企业行为已涉嫌环境污染犯罪。某市生态环境局依据《环境保护主管部门实施查封、扣押办法》（环境保护部令第29号）第一、四款规定，对该企业造成污染的电镀生产设施予以查封，并将该案件移交公安机关调查处理。根据《中华人民共和国刑法》第三百三十八条规定，严重污染环境的，将处三年以下有期徒刑或者拘役，并处或者单处罚金；情节严重的，处三年以上七年以下有期徒刑，并处罚金。

【要点分析】电镀企业废水一般呈强酸性且含有重金属污染物，未经处理直接排入外环境将会造成严重的环境污染，因此对电镀行业除了对污水处理设施运转情况的检查外，还应对车间冲洗水、电镀槽清洗水等收集处理情况进行检查；同时，对电镀车间污水收集系统应当进行全面排查，杜绝利用雨排将未经处理的废水直接排入外环境等违法行为的发生。本案中，企业通过逃避监管的方式向外环境违法排放重金属污染物超标的电镀废水，违反了《中华人民共和国水污染防治法》有关规定，符合《最高人民法院、最高人民检察院关于办理环境污染刑事案件适用法律若干问题的解释》（法释〔2016〕29号）规定的情形，生态环境部门应当依据《环境保护行政执法与刑事司法衔接工作办法》（环监〔2017〕17号），将该案件移送公安机关调查处理。按照中共中央办公厅、国务院办公厅《关于加强行政执法与刑事司法衔接工作的意见》（中办发〔2011〕8号）和《行政执法机关移送涉嫌犯罪案件的规定》（国务院令第310号）有关规定，涉嫌刑事犯罪案件在未作出行政处罚决定前移送的，不再予以行政处罚；原则上应当在公安机关决定不予立案或者撤销案件、人民检察院作出不起诉决定、人民法院作出无罪判决或者免予刑事处罚后，再决定是否给予行政处罚。

项目四　制革行业执法要点

知识目标

1. 掌握制革行业生产工艺流程、产排污节点及其处理工艺；
2. 掌握制革行业执法检查要点。

能力目标

1. 具备识别制革行业产排污环节的能力；
2. 具备制革行业执法检查的能力。

素质目标

1. 培养公平、公正的意识；
2. 培养科技创新的精神。

> **案例导入**
>
> 2022年8月6日，某市生态环境局某分局关注到网友在西子论坛所发的"西枝江水门桥附近好大油污，污染严重"的帖子，立即启动应急程序并对污染源头进行溯源。经查发现，该水污染事件系某制革有限公司在拆除重油锅炉油管时，因操作不当，导致重油外泄至厂区内雨水沟；事件发生后，未及时启动应急预案，致使重油随雨水流入马安河并汇入西枝江，造成环境污染。该公司明知发生重油外泄的突发事件，但未及时启动突发环境事件应急预案，未采取应急措施控制、减轻污染损害，违反了《X省环境保护条例》的规定，属于违反应急预案管理制度的违法行为。依据《X省环境保护条例》的规定，该市生态环境局对该公司下达了行政处罚决定书，责令停止违法行为，并处罚款10万元。
>
> 【任务】查找资料，以组为单位绘制出制革行业的生产工艺流程图，找出产排污环节，并阐述制革行业生态环境执法检查要点。

一、行业概况

我国是制革大国，产量居世界第一位，并呈逐年上升趋势。制革行业具有平均规模小、企业数量多、管理粗放、起点低、设备简陋、工艺技术比较落后、生产相对集中的特点。该行业产品种类繁多、生产工序复杂、工艺因原料和产品不同差别很大、单位产品耗水量高，其排放废水具有水量水质波动大、污染物种类多、浓度高、色度高、处理难度大的特点，是我国污染严重的行业之一。

（一）主要生产工艺

从原料皮到成品革，大致可分为准备工段、鞣制工段、鞣后湿加工工段和整饰工段四个工段，每个工段根据原料和产品的不同又可分为多个工序，其中牛皮轻革典型生产工艺为原料—称重—浸水—脱脂—脱毛、浸灰—去肉或剖层—水洗—脱灰—软化—浸酸—鞣制—剖层、削匀—复鞣—水洗—中和—染色加脂—干燥—磨革—涂饰，猪皮轻革、羊皮轻革略有不同，整个过程属于非均相、多步骤、非连续、间歇与半间歇相互交织的过程，其污染物来源于整个加工过程中参与反应的各类物质及其反应产物。

（二）主要产排污节点

在制革企业生产过程中，对外环境及周边居民健康影响最大的是废水污染，其次是危险废物。制革企业的大部分工序是在水介质中进行，因此整个生产过程几乎都有废水产生。按照主要污染物类别及处理要求的不同，废水大致可分为四类：一是含铬废水，主要来自鞣制和复鞣工序，特点是废水呈酸性，铬、化学需氧量、氨氮、悬浮颗粒物浓度高；二是含硫废水，主要来自浸灰脱毛工序，特点是废水呈强碱性，色度高，硫离子、化学需氧量、五日生物需氧量、氨氮、悬浮物浓度大；三是脱脂废水，主要来自脱脂工序，主要污染物有蛋白质、油脂、硫化物、石灰及表面活性剂、脱脂剂等,特点是呈碱性,油脂、化学需氧量、五日生物需氧量、悬浮颗粒物浓度高;四是综合废水,又可以分为高色度废水和其他废水,高色度废水主要来自染色加脂和涂饰工序,特点是废水呈酸性,含染料,色度高,其他废水包括其他工序以及地面冲洗水、跑冒漏滴水等,特点是浓度低、成分复杂,视产生部位而异。

废气的产生部位主要有三处,一是磨革工序,主要污染物为粉尘;二是涂饰工序,主要污染物为挥发性有机物,如甲醛、苯系溶剂、酯类溶剂等;三是锅炉废气,主要污染物为二氧化硫和烟尘。此外,各工序产生的肉渣、动物毛如不及时处置,腐败发臭会产生臭气。

固体废物包括一般固体废物和危险废物两类。一般固体废物的产生部位主要有三处:一是脱脂、去肉、剖层、削匀、磨革工序产生的肉渣、革屑或革坯边角料;二是脱毛工序产生的动物毛,三是综合废水处理后的脱水污泥。危险废物的主要来源是含铬废水单独处理后的含铬脱水污泥和皮革、毛皮鞣制及切削过程产生的含铬废碎料。

(三)主要治理工艺

1. 废水处理工艺

目前废铬液除直接循环外,最常用的脱铬处理方法为加碱沉淀法,铬回收率达99%以上,铬污泥经浓缩干化系统形成铬饼,循环利用或单独存放。常用的沉淀剂包括氢氧化镁、氢氧化钠、氢氧化钙和碳酸钠等。含硫污水处理方法一般有化学混凝法、酸化回收法和催化氧化法。经过单独处理,处理液去综合污水处理池处理,硫离子的去除率可达90%以上。其中,化学混凝法常用的混凝剂为铁盐或铝盐,催化氧化法常用的催化剂为硫酸锰、氯化锰和高锰酸钾。脱脂废水预处理包括酸提取和气浮等工艺,处理前应采用专用管道收集、格栅拦截和隔油措施。由于制革废水存在悬浮物多、水质水量波动性大、氨氮达标压力大等特点,末端治理多采用"物理+化学+厌氧/好氧二级生化"处理工艺,部分企业为了提高达标率,在二级生化处理后加了深度处理工艺如混凝沉淀、曝气生物滤池、Fenton氧化等。

2. 废气处理工艺

磨革工序一般选用封闭式气流除尘机,涂饰工序以及车间生产过程产生的废气一般采用机械通风装置,锅炉废气要加装脱硫除尘装置。

3. 固体废物处理工艺

一般固体废物,如皮边角、废油脂、肉渣等,一般外售用于回收生产胶原蛋白和肥皂类日用品;含铬污泥和含铬废碎料则交由有危险废物处置资质的单位处置。

二、材料审查

(一)产业政策符合性

依据《产业结构调整指导目录(2019年本)》相关规定,淘汰年加工生皮能力5

万标张牛皮、年加工蓝湿皮能力 3 万标张牛皮以下的制革生产线；限制建设年加工生皮能力 20 万标张牛皮以下的生产线，年加工蓝湿皮能力 10 万标张牛皮以下的生产线。

调阅企业审批备案、设计建设等资料，核实企业是否属于限制类或淘汰类项目。

（二）其他审查

环评制度执行、"三同时"制度执行、环境敏感区域判断、卫生防护距离要求、环境管理台账等内容审查参照造纸行业有关章节。

三、现场勘查

（一）主要生产工段检查

1. 查阅企业生产基本情况资料

（1）查阅原辅材料、主要产品名称及特性。主要原料（原皮）为牛皮、羊皮或其他类型的动物原皮或蓝湿皮等，从环评报告和环评批复文件中查阅辅助材料的名称及特性，辅助材料特性主要指其状态（液态、固态、气态）、毒性、易燃性等。

（2）查阅生产工艺及设备资料。从环评报告和环评批复文件中查阅生产工艺、设计生产规模、主要生产设备名称、规格及数量。

（3）从生产报表中查实际产量和原辅材料消耗量。（折合系数：1 牛皮＝7 山羊皮＝5 绵羊皮）

2. 检查企业的生产状态

检查时企业处于正常生产、停产或季节性停产状态。

（二）废水处理设施检查

1. 检查污水处理设施

（1）查阅废水处理设施设计处理规模、处理工艺。

（2）检查主要的污水处理设施运行情况。

（3）检查污水循环利用情况。

2. 检查脱脂、含硫废水独立收集、预处理系统

（1）检查脱脂、含硫废水单独预处理系统建设情况：应建设独立的收集管道并分开进行处理或预处理，预处理后应进入综合废水处理系统，不得直接排放。

（2）检查并记录脱脂废水预处理工艺：一般采用格栅—隔油—酸提取—气浮等工艺。

（3）检查并记录含硫废水预处理工艺：一般采用格栅—催化氧化—化学混凝—酸化回收硫化氢等工艺。

（4）检查药剂使用情况：催化氧化常用催化剂为硫酸锰、硫酸亚铁，调节废水 pH 至 8.0 左右；气浮和化学混凝使用的絮凝剂多为铁盐和铝盐，处理每吨水使用约 0.3kg 絮凝剂（干固物）。查阅企业催化剂和絮凝剂的购买和使用记录。

3. 检查含铬废水单独收集处理系统

(1) 检查铬液处理设施规模：铬液必须单独收集、处理，处理设施设计能力应与其生产规模相匹配，从环评批复文件中查阅含铬废水单独处理系统设计规模和工艺。

(2) 检查铬液处理工艺：铬液处理一般采用碱沉淀处理技术（其他铬处理工艺以环评批复为准），使用的沉淀剂包括 MgO、$NaOH$、$Ca(OH)_2$ 等，为增加絮凝作用，还可投加阴离子加高分子絮凝剂，铬液 pH 值应控制在 8.5 左右［处理 1 吨含铬废水消耗 $NaOH$ 约 2kg 或 $Ca(OH)_2$ 4～5kg］。

(3) 查看污泥产生情况：污泥压滤机应正常运行（如污泥压滤机存在明显锈迹、干燥、全新等情况，则可能没有正常运行）；查阅污泥压滤机运行记录；含铬污泥应按照危险废物规定进行管理（处理 1 吨含铬废水约产生 2～4kg 等量绝干泥饼）；压滤废水应回到含铬废水处理系统，不得进入综合废水处理系统。

(4) 检查达标排放和监测情况：处理达标后的上清液可进入综合污水处理系统（铬属第一类污染物，在车间或车间处理设施排放口监测值必须满足总铬浓度≤1.5mg/L，六价铬浓度≤0.1mg/L），查阅监督性监测报告和企业自测情况，记录超标排放情况。

(5) 检查铬液处理设施运行记录：查阅企业碱沉淀剂的购买、使用记录，污泥压滤机运行记录、含铬污泥产生量记录等。

4. 检查综合污水处理系统

(1) 查阅综合污水处理系统基本情况资料：综合污水处理系统设计能力应与企业生产规模相匹配，从环评批复文件中查阅综合污水处理设施设计处理规模，实际日处理量查阅设施运行记录。

(2) 检查污水综合处理系统工艺：核查企业综合污水处理工艺和环评批复的一致性。

(3) 检查格栅、调节池、初沉池、缺氧池、好氧池等中间工段运行情况。

① 检查格栅建设运行情况：粗格栅间隙宜为 10～20mm，细格栅间隙宜为 2～5mm；栅渣应及时清理，脱水后外运。

② 检查调节池建设运行情况：调节池容积应满足生产需要，查看建设情况是否与环评批复一致；调节池内应设置推进器或曝气装置；现场检查可通过触摸推进器是否振动、观察曝气是否均匀判断推进器或曝气装置是否正常运行。

③ 检查初沉池建设运行情况：初沉池宜采用机械排泥；浮渣刮除设施应连续运行，如初沉池水面存在大量浮渣，则表明除渣设施没有正常运行。

④ 检查缺氧池运行情况：缺氧池内搅拌应均匀、无死角；污泥浓度应在正常范围内（一般为 3000～5000mg/L）。

⑤ 检查好氧池运行情况：好氧池污泥颜色为黄褐色，有土腥味，观感呈絮团状，则说明污泥活性良好；通过记录污泥浓度计值或企业自测的污泥浓度数据，污泥浓度应在正常范围内（一般为 3000～5000mg/L）；污泥的沉降比正常应为约 30%。

(4) 检查二沉池运行情况。

① 检查设施运行情况：刮泥机应连续运行，轨道亮滑，无杂物。

② 检查出水水质情况：池中水质清澈、无浮渣，如池中有成团污泥或浮渣上升，

水质浑浊，有较多悬浮颗粒，说明污泥沉降性下降，出水 SS 可能超标。

③ 查阅二沉池运行记录：记录刮泥机运行时间、污泥回流比等参数。

（5）检查污泥脱水设备运行情况。

① 查看絮凝剂种类和用量：查看絮凝剂储备种类和储备量，查阅絮凝剂购买票据及添加状况；查看加药泵是否完好，加药罐是否有使用迹象。

② 检查污泥脱水设备：污泥压滤机应正常运行（如污泥压滤机存在明显锈迹、干燥、全新等情况，则可能没有正常运行）；查阅污泥压滤机运行记录。

③ 记录污泥产生量：原水 COD 约 3000mg/L、SS1500mg/L 左右时，每处理 1t 污水产生约 15～20kg 含水率为 80% 的污泥。

④ 检查污泥储存和处置情况：污泥临时堆放应符合"三防"（防扬散、防流失、防渗漏）要求；处置方式应符合要求（掺入锅炉燃烧或安全填埋）等。

（6）检查深度处理设施运行情况。

① 检查深度处理设施建设规模和处理工艺：从环评批复文件中查阅深度处理设施设计处理规模和处理工艺，一般常采用混凝、沉淀、气浮、过滤等处理工艺。

② 检查药剂使用情况：采用气浮时一般使用两种药剂，处理每吨水使用约 0.3kg 铝盐类无机絮凝剂，或 50g 阴离子聚丙烯酰胺；查阅企业催化剂和絮凝剂的购买和使用记录。

废水排污口和在线监控设施检查参照造纸行业有关章节。

（三）废气处理设施检查

锅炉废气的处理和在线监控设施检查参照造纸行业有关章节。制革行业生产过程中产生的恶臭气体，主要来自车间腐烂的生皮、废水处理厂的调节池及其他带有曝气装置的反应池。对于车间恶臭气体一般要求及时清洁车间地面，对生皮加强防腐措施；对于废水处理厂的恶臭气体一般要求对相关反应池加盖收集焚烧处理。

（四）固体废物处理处置设施检查

含铬污泥、含铬废皮屑，应按照危险废物处理处置。一般固体废物和危险废物的检查参照造纸行业有关章节。

土壤污染防治情况检查参照电镀行业有关章节；污染防治设施停运情况、环境应急管理情况、综合性环境管理制度检查参照造纸行业有关章节。

四、技术核算

（一）企业规模核算[1]

标准牛皮张数折算方法（轻革）：1 标准张牛皮为 $4m^2$，不同原料皮折算牛皮标张数见表 6.11。计算某企业的标准牛皮张数公式为：

---

[1] 参照工业和信息化部起草的《制革行业规范条件》。

$$P = A/4$$

式中，P 为标准牛皮张数，张；A 为皮革总产量（包括头层和二层），m^2。

表 6.11 不同原料皮折算牛皮标张数

原料皮种类	牛皮	猪皮	山羊皮	绵羊皮	马皮	鹿皮
标准牛皮折合比例/张	1	4	7	5	1.2	3

（二）企业产污量核查

加工猪皮产生废水 57.5 吨/吨原皮、牛皮 55 吨/吨原皮、羊皮 60 吨/吨原皮。重点核查企业废水量，企业生产转鼓车间原则上要安装流量计 A，检查时要反复和污水处理厂排放口流量计 B 比较，如果 A 明显大于 B 的，则判断企业存在偷排的现象，如果 A 明显小于 B 的，则判断企业存在用水稀释代替处理的行为。皮革鞣制加工行业产排污系数表见表 6.12。

表 6.12 皮革鞣制加工行业产排污系数表

产品名称	原料名称	工艺名称	规模等级	污染物指标	单位	产污系数	末端治理技术名称	排污系数
头层牛皮鞋面革	牛皮	生皮-成品革工艺	≥10万标张牛皮/年	工业废水量	吨/吨-原皮	50~80	物理+化学	45~75
							化学+好氧生物法	40~70
							化学+组合生物法	40~70
				化学需氧量	克/吨-原皮	90000~180000	物理+化学	55000~100000
							化学+好氧生物法	10000~35000
							化学+组合生物法	5000~20000
				氨氮	克/吨-原皮	10000~18000	物理+化学	8000~15000
							化学+好氧生物法	4000
							化学+组合生物法	3200
				石油类	克/吨-原皮	1600	物理+化学	50
							化学+好氧生物法	30
							化学+组合生物法	30
				总铬	克/吨-原皮	200~1000	物理+化学	50
							化学+好氧生物法	20
							化学+组合生物法	20
				HW21危险废物（含铬废物）	吨/吨-原皮	0.008~0.025	—	—

（三）企业原材料消耗、药剂使用情况反推测算

一般情况，企业每加工 1t 盐湿皮需耗用硫化物 40kg，耗用铬盐约 50kg。

五、常见的违法行为认定

除造纸行业和印染章节所列十二种违法行为外，制革行业如存在重金属铬超标 3 倍或非法处置危险废物 3t 及以上，符合《最高人民法院、最高人民检察院关于办理环境污染刑事案件适用法律若干问题的解释》（法释〔2016〕29号）规定情形的，生态环境主管部门应以涉嫌污染环境罪将案件移交公安机关调查处理。

六、典型案例

【基本情况】 某制革厂系村办集体企业,主要从事猪皮、绵羊皮鞣制和后整理生产,该企业建设项目环评审批和竣工环境保护验收手续齐全,配套建设有废水、废气处理设施。

【检查情况】 2022年8月6日,某市生态环境执法人员对该企业污染防治设施运行情况和固体废物处理处置情况进行了检查,发现该企业租用所在村集体土地约10亩,用于集中填埋生产过程产生的制革含铬污水处理污泥和含铬皮革废碎料。生态环境执法人员组织对填埋区域进行了开挖,共清理含铬污水处理污泥和含铬皮革废碎料35吨。委托环境监测机构对填埋区域土壤进行了取样监测,监测结果显示填埋场地内土壤中铬含量超过有关土壤环境质量标准的限值,说明填埋区域土壤已受重金属污染。

【处罚情况】 按照《国家危险废物名录》(2021年版),制革含铬污水处理污泥和含铬皮革废碎料列入HW21含铬废物,属于危险废物。该企业填埋制革含铬污水处理污泥和含铬皮革废碎料的行为,违反了《中华人民共和国固体废物污染环境防治法》第七十九条"产生危险废物的单位,必须按照国家有关规定处置危险废物,不得擅自倾倒、堆放"的规定,该行为属于主观故意。同时,《最高人民法院、最高人民检察院关于办理环境污染刑事案件适用法律若干问题的解释》(法释〔2016〕29号)第一条第二款规定:"非法排放、倾倒、处置危险废物三吨以上的",可认定为严重污染环境,该企业行为已涉嫌环境污染犯罪。某市生态环境局依据《环境保护主管部门实施查封、扣押办法》(环境保护部令第29号)第一款规定,对该企业造成污染的制革生产设施予以查封,并将该案件移交公安机关调查处理。根据《中华人民共和国刑法》第三百三十八条规定,严重污染环境的,将处三年以下有期徒刑或者拘役,并处或者单处罚金;后果特别严重的,处三年以上七年以下有期徒刑,并处罚金。

【要点分析】 制革企业因有铬鞣制工段,需要对鞣制车间废水处理情况进行重点检查,确保含铬废水在车间排放口达标。同时,铬鞣后的蓝湿皮进行削匀处理时产生皮屑,以及在整饰环节中对铬鞣后的毛皮进行剪边等处理过程产生的毛皮边角料皮屑中含有重金属铬,含铬废水经絮凝、加碱沉淀后产生含铬污泥,均列入《国家危险废物名录》,应对企业危险废物产生、收集、贮存、转移、利用、处置等环节进行全面核查。定期检查厂区内危险废物收集、贮存设施是否符合《危险废物贮存污染控制标准》(GB 18597—2023)要求;是否采取防扬撒、防流失、防渗漏等措施;自行利用含铬污泥制备再生铬鞣剂、皮屑和边角料等废料的,应符合《危险废物污染防治技术政策》等相关要求,并做好台账记录留存;不能自行利用处置的危险废物,须委托有相应类别危险废物处置资质的单位利用处置,危险废物转移计划应经生态环境部门批准,转移过程中应严格执行危险废物转移联单制度,确保危险废物全过程规范化管理和处置。按照《中华人民共和国环境保护法》《生态环境损害赔偿制度改革方案》(中办发〔2017〕68号)和《最高人民法院关于审理环境侵权责任纠纷案件适用法律若干问题的解释》（法释〔2015〕12号）有关规定，该企业非法填埋危险废物的行为已对生态环境造成污染损害，应当承担环境侵权责任，对造成的环境污染开展修复，赔偿生态环境损害。

项目五　水泥行业执法要点

知识目标

1. 掌握水泥行业生产工艺流程、产排污节点及其处理工艺；
2. 掌握水泥行业执法检查要点。

能力目标

1. 具备识别水泥行业产排污环节的能力；
2. 具备水泥行业执法检查的能力。

素质目标

1. 培养自主学习的意识；
2. 培养吃苦耐劳的精神。

案例导入

2022年9月7~8日，省、市、县生态环境部门执法人员对某水泥企业有限公司进行现场调查发现，该公司工作人员擅自修改B线窑在线监控设施量程参数，工控机烟尘量程参数被设定为0~20mg/m³，与0~100mg/m³的设定要求不一致，致使在线监测数据在修改设定的量程下压缩5倍失真运行。该公司擅自修改参数致使在线监测数据失真，属于篡改在线监控数据的环境违法行为。上述行为符合《最高人民法院 最高人民检察院关于办理环境污染刑事案件适用法律若干问题的解释》（法释〔2016〕29号）第二条第七项、第十条第一款第一项情形，涉嫌触犯《中华人民共和国刑法》第二百八十六条"破坏计算机信息系统罪"的规定。市生态环境局已将该案移送公安部门立案侦查，涉案的2名犯罪嫌疑人已被批准逮捕。

【任务】查找资料，以组为单位绘制出水泥行业的生产工艺流程图，找出产排污环节。并阐述水泥行业生态环境执法检查的要点。

一、行业概况

水泥行业是以石灰石、黏土、铁质原料等为主要原料，按一定比例配料后经高温烧制后冷却，加入石膏、矿渣、粉煤灰等辅料磨成粉末的生产企业，包括水泥熟料生产企业、熟料—水泥生产企业和水泥粉磨站。

（一）主要生产工艺

水泥企业生产过程主要分为熟料烧成和水泥粉磨两个大的工序。原料经采掘、破碎、磨细成生料，生料经过煅烧成熟料，熟料经球磨成水泥。

生料工艺：石灰石-采掘-破碎-磨细-生料。

熟料工艺：生料（加砂岩等）—均化—预热分解—回转窑煅烧—冷却—熟料粉磨站；熟料—破碎—混合—球磨—水泥。

主要设备：回转窑、破碎机、各类磨机等。

（二）主要产排污节点

水泥生产的特点是物料处理量大，粉状物料或成品输送转运环节多，物料在破碎、粉磨、烧成、包装、储存及运输环节中，几乎每道工序都伴随着粉尘的产生和排放。因此，水泥生产过程中粉尘是最主要的污染物。

1. 废气污染物产排污节点

原料粉尘：各种原料的装卸、破碎、运输、储存过程产生；一般要求原料堆场采取全密闭堆棚或全密闭圆库堆存措施，其他工序采用布袋除尘措施。

水泥窑粉尘：生料粉磨、预热、分解及熟料烧成过程产生；主要污染物为粉尘、SO_2、NO_x。主要产污节点有回转窑窑头、窑尾，生料粉磨、煤粉制备等。主要除尘设施有布袋除尘器、电除尘器等。

熟料粉尘：熟料冷却、破碎、输送及储存过程产生；主要污染物为粉尘。主要除尘设施有布袋除尘器等。

水泥粉尘：水泥粉磨、储存、包装、散装及输送过程产生；主要污染物为粉尘。主要除尘设施有布袋除尘器等。

2. 废水污染物产排污节点

水泥企业主要以设备间接冷却水及工艺消耗水为主，可实现生产废水全部回用，不外排。

3. 固体废物产排污节点

水泥企业可大量消耗工业固体废物，变废为宝，生产过程中不产生固体废物。

4. 噪声产排污节点

噪声是水泥厂生产过程中仅次于粉尘的主要污染源，主要有机械动力学噪声，如大型磨机、大型破碎机、大型泵类等；空气动力学噪声，如大型空压机、大型风机等。

（三）主要处理工艺

水泥工业以粉尘污染为主，各产污点（除部分企业窑尾烟气采用电除尘器外）基本采用布袋除尘净化技术；水泥行业产生的 NO_x 采用选择性非催化还原（SNCR）

处理。生产废水可循环使用，不外排。对于不同的噪声源采取不同的噪声污染防治措施，首先是采用低噪声设备；其次，对于机械动力学噪声采取设置减振基础、置于室内的噪声污染防治措施，对于空气动力学噪声采取安装消声器、设置减振基础、置于室内的噪声污染防治措施，可有效减轻噪声污染。

二、材料审查

（一）产业政策符合性

依据《产业结构调整指导目录（2019年本）》相关规定，淘汰以下产能、工艺和设备：干法中空窑（生产铝酸盐水泥等特种水泥除外），水泥机立窑，立波尔窑、湿法窑；直径3米（不含）以下水泥粉磨设备（生产特种水泥除外）。限制以下产能：2000吨/日（不含）以下新型干法水泥熟料生产线（特种水泥生产线除外），60万吨/年（不含）以下水泥粉磨站。

调阅企业审批备案、设计建设等资料，核实企业是否属于限制类或淘汰类项目。

（二）其他审查

环评制度执行、"三同时"制度执行、环境敏感区域判断、卫生防护距离要求、环境管理台账等内容审查参照造纸行业有关章节。

三、现场勘查

（一）主要生产工段检查

1. 查阅企业生产基本情况资料

（1）查阅原辅材料名称及特性：水泥的原辅材料主要为石灰石、煤、砂岩、硫酸渣、粉煤灰、黏土等，从环评报告和环评批复文件中查阅辅助材料的名称及特性，辅助材料特性主要指其状态（液态、固态、气态）、毒性、易燃性等。

（2）查阅生产工艺及设备资料：从环评报告和环评批复文件中查阅生产工艺、设计生产规模、主要生产设备名称、规格及数量。

（3）从生产报表中查实际产量和燃料用量。（燃料主要为煤炭，熟料标准煤耗115kg标煤/t熟料；电耗为110kWh/t水泥）

2. 检查企业的生产状态

检查生料制备、熟料焙烧、水泥磨配工段或生产车间处于正常生产状态还是停产状态。

（二）废水处理设施检查

水泥企业废水主要是生产冲洗水、设备冷却水、厂区生活污水、生产废水，主要污染物为COD、SS，废水送污水处理装置处理后回用，水泥企业废水不外排。

（三）废气处理设施检查

1. 检查原辅材料堆放场地防止扬尘措施是否完善

主要是原料堆放场地建设封闭、半封闭堆场或防风抑尘措施等。

2. 检查原料准备阶段集尘设施运行情况

主要是原料破碎和原料输送过程中产生的粉尘，一般采用袋式除尘和密闭式输送设备，粉尘收集后返回原料系统。

3. 检查煤粉制备系统集尘设施运行情况

主要是细煤粉尘，细煤粉尘易产生燃烧和爆炸，选用防爆袋除尘器，集尘返回使用。

4. 检查生料制备系统集尘设施运行情况

主要是生料烘干机、选粉机、均化库产生的粉尘，采用袋式除尘器，集尘返生料系统。

5. 检查熟料煅烧系统废气处理设施运行情况

窑炉废气主要污染物包括粉尘、SO_2、NO_x、CO 等；窑头、窑尾废气通过电除尘或者袋式除尘设施，粉尘收集返回系统；SO_2 在窑内与石灰石反应，大部分固化在熟料中，排放量不大；NO_x 通过脱硝设施进行处理。

脱硝设施运行情况检查重点如下：

（1）还原剂喷储系统现场检查：检查系统各设备、仪表是否正常运转；还原剂喷储区域各设备仪表，应急、安全防护设施状态；通过检查管道压力、各阀门的开/停以及流量变化，记录还原剂溶液储罐液位高度、输送泵流量计和泵电机是否运行来判断脱硝系统是否正常运转。

（2）查看还原剂购销发票、台账记录中还原剂消耗量累计数、还原剂储罐液位刻度，三者之间的逻辑关系应为：还原剂累计消耗量加上储罐内还原剂的剩余量应等于还原剂购入量，如两者之和大于购入量，则表明还原剂消耗量台账存在作假嫌疑。

（3）根据 NO_x 浓度、SO_2 浓度、烟温和含氧量，判断炉窑是否正常运行。

（4）根据原/燃料耗量、替代原/燃料耗量，判断即时烟气流量和 NO_x 浓度的关系是否符合逻辑。

（5）根据投运时间、生产规模、燃料类型、含氮量、生产产量以及燃烧器的型式等，判断原烟气中 NO_x 浓度的真实性。

（6）根据掌握的监督性监测报告，判断净烟气中 NO_x 浓度的真实性和可靠性。

（7）停止喷氨实验，结合脱硝前 NO_x 浓度数据确定原烟气浓度。在逐渐减小并停止喷氨过程中，净烟气的 NO_x 浓度应随之增加，至喷氨停止时，净烟气 NO_x 浓度与原烟气 NO_x 浓度应基本一致，如净烟气 NO_x 浓度没有变化，则说明在线监控设备存在作假嫌疑。

（8）调阅 DCS 历史曲线进行逻辑判断。调取出同一时段的净烟气 NO_x 浓度、喷氨流量、烟温、含氧量等参数曲线，观察其变化趋势是否一致，如某一参数的曲线无变化趋势或变化趋势较大，则说明对应的设施存在相应问题。

6. 熟料粉碎系统集尘处理设施运行情况

主要是粉尘，通过除尘设施，粉尘收集返回系统。

7. 水泥包装系统集尘处理设施运行情况

主要是粉尘，通过除尘设施，粉尘收集返回熟料系统。

废气排污口和在线监控设施检查参照造纸行业有关章节。

（四）水泥窑协同处置固体废物情况检查

水泥窑协同处置固体废物作为城市固体废物处置的重要补充形式，目前在部分城市得到推广应用。水泥窑协同处置固体废物应保证固体废物的安全处置，满足污染物达标排放的要求，不影响水泥的产品质量和水泥窑的稳定运行。重点检查以下几个方面：

（1）根据生产工艺与技术装备，检查水泥窑协同处置固体废物的种类及处置规模。严禁利用水泥窑协同处置具有放射性、爆炸性和反应性废物，未经拆解的废家用电器、废电池和电子产品，含汞的温度计、血压计、荧光灯管和开关，铬渣，以及未知特性和未经过检测的不明性质废物。

（2）水泥窑协同处置固体废物，应对进场接收、贮存与输送、预处理和入窑处置等场所或设施采取密闭、负压或其他防漏散、防飞扬、防恶臭的有效措施。

（3）固体废物在水泥企业应分类贮存，贮存设施应单独建设，不应与水泥生产原燃料或产品混合贮存。危险废物贮存还应满足《危险废物贮存污染控制标准》（GB 18597—2023）和《危险废物收集 贮存 运输技术规范》（HJ 2025—2012）的要求。对不明性质废物应按危险废物贮存要求设置隔离贮存的暂存区，并设置专门的存取通道。

（4）原生生活垃圾不可直接入水泥窑，必须进行预处理后入窑。生活垃圾在预处理过程中严禁混入危险废物。

（5）含有机挥发性物质的废物、含恶臭废物及含氰废物不能投入生料制备系统，应从高温段投入水泥窑。

（6）水泥窑协同处置固体废物产生的渗滤液、车辆清洗废水及协同处置废物过程产生的其他废水，可经适当预处理后送入城市污水处理厂处理，或单独设置污水处理装置处理达标后回用。严禁将未经处理的渗滤液及废水以任何形式直接排放。

（五）其他

污染防治设施停运情况、环境应急管理情况、综合性环境管理制度检查参照造纸行业有关章节。

重点关注水泥企业是否按照国家或所在地区人民政府制定的重污染天气应急预

案、冬防文件等，落实错峰生产以及执行特殊时段排放浓度和排放量要求。

四、技术核算

（一）生产规模核算

生产 1 吨熟料需要 1.52 吨左右的生料；生产 1 吨水泥需要 0.72 吨熟料、0.28 吨混合料。以新型干法回转窑为例，1 吨熟料耗 115 千克标准煤（约 161 千克原煤），产生 5200 立方米废气。

（二）产排污量核算

核算方法参照造纸行业有关章节。水泥行业产排污系数见表 6.13。

表 6.13 水泥制造行业产排污系数表

产品名称	原料名称	工艺名称	规模等级	污染物指标		单位	产污系数	末端治理技术名称	排污系数
水泥	钙、硅铝铁质原料	新型干法	≥4000（吨-熟料/日）	工业废水量		吨/吨-产品	0.075	循环利用	0.003
				化学需氧量		克/吨-产品	3.0	循环利用	0.12
				工业废气量	窑炉	立方米/吨-熟料	3964	直排	3964
					工艺	立方米/吨-产品	1286	直排	1286
				烟尘		千克/吨-熟料	147.765	过滤式除尘法（复膜）	0.126
								过滤式除尘法（普通）	0.189
								静电除尘法	0.252
				工业粉尘		千克/吨-产品	51.765	过滤式除尘法	0.088
				二氧化硫		千克/吨-熟料	0.066	直排	0.066
							0.099	直排	0.099
							0.132	直排	0.132
				氮氧化物		千克/吨-熟料	1.584	直排	1.584
				氟化物		克/吨-熟料	2.551	直排	2.551
				粉尘无组织排放		千克/吨-产品	0.1~0.2	—	—

五、常见的违法行为认定

除造纸行业章节所列十种违法行为外，水泥行业还存在以下常见的违法行为：

违反防止物料粉尘污染相关规定

违法表现：物料的堆存、传输、装卸、运输等环节未采取有效措施防止产生的粉尘和气态污染物

违反《中华人民共和国大气污染防治法》第四十八、七十、七十二条规定，依据《中华人民共和国大气污染防治法》第一百零八、一百一十七予以处罚。

六、典型案例

【基本情况】某水泥有限公司是一家民营企业，建设有日产 4600 吨熟料新型干法水泥生产线 1 条，该企业建设项目环评审批和竣工环境保护验收手续齐全，配套建设有废气处理设施。

【检查情况】 2022 年以来，某市生态环境执法人员对该公司检查发现，脱硝工序每月氨水的采购量最多只能满足工厂一半的产能，这意味着另一半水泥的生产过程根本就没有脱硝。8 月 10 日中午，该市生态环境执法人员对该公司大气污染防治设施运行情况进行了突击检查。现场检查发现，该公司窑尾烟气在线监测系统氮氧化物分析仪数据为 $620mg/m^3$，但工控机、数采仪的数据却显示为 $232mg/m^3$，上传至环保部门监控平台的氮氧化物监控数据不足监测数据的一半。经过全面调查核实，执法人员发现负责数据采样的分析机和负责数据传输的工控机之间连了几根崭新的导线，导线都连接着一台可调控电阻器，通过调整电阻改变传输电流，实现随意篡改监测数据。原因为，企业为节省脱硝设施运行费用，在脱硝设施运行不正常情况下，为规避氮氧化物超标问题，企业通过加装可调控电阻器的方式篡改监测数据。

【处罚情况】 该公司通过篡改监测数据的方式，致使在线监测数据严重失真，具有明显的逃避监管和主观恶意。违反《中华人民共和国大气污染防治法》第二十条"禁止通过偷排、篡改或者伪造监测数据、以逃避现场检查为目的的临时停产、非紧急情况下开启应急排放通道、不正常运行大气污染防治设施等逃避监管的方式排放大气污染物"的规定，根据《最高人民法院 最高人民检察院关于办理环境污染刑事案件适用法律若干问题的解释》（法释〔2016〕29 号）第一条第七项的规定，该公司以篡改、伪造监测数据的方式逃避监管排放大气污染物的行为涉嫌环境犯罪，依据《环境保护行政执法与刑事司法衔接工作办法》相关规定，将该案件移送公安机关侦办，依法追究相关责任人刑事责任。公安机关将该厂环保技术管理人员以涉嫌污染环境罪进行刑事拘留。

【要点分析】 利用在线监控设备对污染防治设施进行远程实时监控，随时记录、贮存监测到的数据信息，实现了对污染源排放情况的实时监控。但是环境执法人员往往受技术能力限制，在线监测系统检查中存在不会查、不深入查等问题。本案中企业污染防治设施运行不正常，外排烟气中氮氧化物浓度严重超标。为使上传到环保部门监控中心的排放数据达标，企业通过加装可调控电阻器方式篡改监测数据。本案中环境执法人员通过核算氨水使用量，发现了企业未能保证脱硝设施正常运行的问题线索。在此基础上，现场查处企业监控数据弄虚作假的违法行为就更有针对性，提高了工作效率。本案中企业人为控制氮氧化物在线监测数据，既确保达标，又符合常理，执法人员在远程监控平台很难看出端倪，只有通过现场仔细检查才能发现问题。说明企业在自动监控数据造假中，会给远程监控造成一个数据合理的假象，从而避免因数据异常或不合逻辑而被在远程监控中被锁定为嫌疑对象。环境执法人员通过数据分析比对，发现异常情况，定突击检查时间，精准发现违法排污行为。环境执法人员应当熟悉污染源企业污染物排放数据，掌握在线监测的原理和工艺参数要求。

项目六　火电行业执法要点

知识目标

1. 掌握火电行业生产工艺流程、产排污节点及其处理工艺；
2. 掌握火电行业执法检查要点。

能力目标

1. 具备识别火电行业产排污环节的能力；
2. 具备火电行业执法检查的能力。

素质目标

1. 培养精益求精、团结合作的精神；
2. 培养吃苦耐劳的精神。

案例导入

2022年3月23日，某市生态环境保护综合行政执法局执法人员对国家重点监控企业污染源自动监测历史数据检查时发现，某热电厂3号锅炉自动监测小时数据显示，2022年2月21日8：00～17：00，二氧化硫排放浓度超过《火电厂大气污染物排放标准》（GB 13223—2011）规定的排放浓度。

该市生态环境保护综合行政执法局立即组织执法人员对该热电厂自动监测数据超标问题进行调查核实，经查，在线监控设施当天正常运行，该企业燃料煤炭水分过大，需采用投柴油助燃方式提高炉温，同时产生废气中的二氧化硫浓度过高，现有脱硫系统脱硫效率不足，导致二氧化硫超标，超标情况属实。

【任务】查找资料，以组为单位绘制出火电行业的生产工艺流程图，找出产排污环节。并阐述火电行业生态环境执法检查的要点。

一、行业概况

火力发电一般是指利用石油、煤炭和天然气等燃料燃烧时产生的热能来加热水，使水变成高温、高压水蒸气，然后再由水蒸气推动发电机来发电的方式的总称。以煤、石油或天然气作为燃料的发电厂统称为火电厂。

（一）主要生产工艺

首先将燃料中的化学能转化为热能（在锅炉中），再将热能转变为机械能（在汽轮机中），机械能再进一步转变为电能（在发电机中）。总体来讲，火力发电厂的主要系统有：锅炉的燃烧系统、汽轮机的汽水系统、发电机的电气系统。具体来分的话，有以下几个方面：

燃煤发电机组的原料为煤，产品为电，使用最多的锅炉类型为煤粉炉和循环流化床锅炉。煤炭运输进厂后进入输煤系统和制粉系统制成煤粉送至锅炉燃烧，锅炉产生的蒸汽推动汽轮发电机发电，产生的电能接入厂内配电装置，由输电线路送出。锅炉产生的烟气进入尾部烟道，经省煤器、空气预热器及除尘设备除尘和脱硫脱硝设备脱硫脱硝后通过烟囱排入大气。

燃煤发电机组配备烟气脱硫脱硝装置，大容量燃煤发电机组一般采用石灰石-石膏湿法烟气脱硫工艺，脱硝一般采用选择性催化还原法（SCR）脱硝系统。因此，烟气经脱硝、除尘、脱硫设备后通过烟囱排入大气。目前，除尘设备应用最为广泛的为高效静电除尘器，近年来袋式除尘器、电袋组合除尘器也得到了越来越多的应用。

为提高灰渣综合利用的性能，一般燃煤机组的除灰渣系统均为灰渣分除。炉渣一般采用固态排渣方式由锅炉底部排出，经脱水仓脱水或沉渣池沉淀后送入渣仓；除灰系统一般采用干灰并且可做到粗细分排，气力输送至干灰库，将干灰或调湿灰装车外运供综合利用或运至干灰场，或者设气力和水力两套系统。当采用湿排灰方式时，通过输灰管线，水力输送至湿灰场。

汽轮机排汽冷却方式主要有水冷和空冷两种，在我国北方缺水地区原则上应采用空冷方式以节约用水，一般地区可采用水冷方式，而水冷又分为直流冷却方式、带冷却塔的循环冷却方式等。

燃煤机组用水，除化学用水、冷却用水等工业用水外，主要还有输煤系统喷淋及冲洗用水、生活用水等。

（二）主要产排污节点[1]

1. 大气污染物产排污节点

（1）物料堆场：电力企业物料种类多、数量大，物料堆场数量多、占地面积大，粉尘产生量大。

（2）输煤系统：电厂煤粒按粒径的大小可分为细煤粒（粒径小于 $100\mu m$）和粗煤粒（粒径 $100\mu m$ 以上）。粗煤粒在风力作用下运行距离很短，通常不超过几米；细煤粒在风力的作用下能够长时间以煤粉尘的形式悬浮于空气中，是煤场扬尘污染的主要因素。主要产污节点有输煤皮带、给煤机、碎煤机、筛煤机。

（3）锅炉系统：锅炉系统是电力企业主要污染源之一，主要污染物为烟（粉）尘、SO_2、NO_x。主要产污节点是锅炉燃煤。

（4）石灰石输送系统：主要设备为斗提机和输送皮带，主要污染物为烟（粉）尘。

2. 水污染物产排污节点

电力企业是耗水大户，生产过程中产生的废水主要包括各类冷却水、酸碱废水、

---

[1] 参照原环境保护部办公厅关于印发《燃煤火电企业环境守法导则》的通知（环办函〔2013〕288号）中主要产排污节点。

锅炉化学清洗水、设备清洗水、含油废水、含煤废水、生活污水、脱硫废水等。各种废水均需经过处理,并尽可能实现回用,正常运行情况下无废水排放。主要水污染物产排污节点见表6.14。

表 6.14 水污染物产排污节点

工序	主要污染指标	工序	主要污染指标
循环冷却水排污水	盐类	含泥废水	SS
循环冷却水	热污染	生活污水	SS、COD、BOD
酸碱废水	pH、SS、COD	锅炉酸洗废水	pH、COD、SS
含油废水	石油类、SS	脱硫废水	pH、COD、SS、重金属等
含煤废水	SS		

3. 固体废物产排污节点

电力企业物料消耗多,固体废物产生量大,部分废物可以实现厂内循环利用,部分废物可以实现厂外循环利用,企业可基本实现固体废物综合利用,不外排。固体废物产排污节点见表6.15。

表 6.15 固体废物产排污节点

工序	主要污染物
锅炉系统	灰渣
除尘器系统	烟尘
脱硫系统	石膏
水处理系统	底泥

4. 噪声产排污节点

电力行业生产工艺复杂,工艺流程长,大型设备多,高噪声源多,分布广,主要有机械噪声,如汽轮机、发电机、大型磨煤机、给煤机、大型泵类等;空气动力噪声,如大型空压机、引风机、氧化风机;电磁噪声,如变电站;交通噪声。这四类噪声就能量大小而言,前三类噪声强度大而集中,影响范围广而远,而且噪声源绝大部分集中在主厂房内,使主厂房成为一个巨大的噪声源。

(三) 主要处理工艺

1. 废气处理工艺

(1) 封闭式煤场。封闭式煤场是以煤炭封闭贮存的方式控制煤堆扬尘的有效措施。煤场内应设有多个喷水装置,在煤装卸时洒水降尘,可防止煤堆自燃。采用封闭式煤场,煤堆的风蚀和作业扬尘可完全得到控制。封闭式煤场适用于环境风速较大或环境敏感地区。

(2) 防风抑尘网。防风抑尘网是通过大幅度降低风速而达到减少露天堆放料场扬尘的目的。采用防风抑尘网,煤场的风蚀和作业扬尘可在一定程度上得到控制,四级以上大风天气情况下的减风率大于60%。防风抑尘网适用于环境风速较大或环境敏感地区。

(3) 石灰及石灰石(粉)的贮存。应该使用筒仓储存易产生扬尘的石灰及石灰石

（粉）脱硫剂，这样才能有效减少石灰及石灰石（粉）产生的风蚀扬尘和作业扬尘。

（4）输煤系统袋式除尘器。煤炭输送过程中，输煤栈桥、输煤转动站应采用密闭措施并配置袋式除尘器。

（5）锅炉燃烧系统。燃煤火电厂锅炉包括煤粉锅炉和流化床锅炉两类，其中流化床锅炉又可分为鼓泡流化床锅炉和循环流化床锅炉，大中型燃煤火电厂一般采用循环流化床锅炉。

煤粉锅炉燃烧效率约为 99%；流化床锅炉燃烧效率为 90%～99%，但其燃料适应性广，可燃用各种劣质煤，并可以炉内脱硫，炉内脱硫效率为 80%～90%。在燃料许可的情况下，电厂应选用煤粉锅炉；当燃用劣质煤时，应选用流化床锅炉。

（6）低氮氧化物燃烧技术。燃煤火电厂 NO_x 燃烧技术包括低氮燃烧器、空气分级燃烧技术和燃料分级燃烧技术。NO_x 控制技术可以是单项技术也可是多种技术的组合，其 NO_x 减排率一般在 10%～50%。各种 NO_x 控制技术仅需对锅炉炉膛进行改造，因此，对新建和改造机组均适用。

（7）烟气脱硫工艺。按脱硫工程是否加水和脱硫产物的干湿状态，烟气脱硫技术又分为湿法和半干法两种工艺。

湿法脱硫技术成熟，效率高，运行可靠，操作简单，脱硫副产物可综合利用，但烟温降低不利于烟气扩散，脱硫工艺复杂，占地面积和投资较大。湿法脱硫技术的脱硫效率主要受浆液 pH 值、液气比、停留时间、吸收剂品质及用量的影响，以石灰石-石膏法应用最广，此外，还有镁法、氨法脱硫和海水脱硫等。

半干法烟气脱硫技术是采用干态吸收剂，在吸收塔中单独喷入吸收剂和降温用水，吸收剂在吸收塔中与二氧化硫（SO_2）反应生成干粉脱硫产物。半干法脱硫工艺系统较简单，无废水产生，投资低于湿法，但脱硫效率和脱硫剂的利用率较低，脱硫副产物不易综合利用。国内应用的半干法脱硫技术包括烟气循环流化床脱硫技术和增湿灰循环烟气脱硫技术，其中以前者应用较广泛。

（8）烟气脱硝工艺。氮氧化物控制应以先进的低氮燃烧技术为基础，包括 SCR 脱硝技术和 SNCR 脱硝技术。

SCR 是在催化剂的作用下，以液氨为还原剂与烟气中的氮氧化物反应生成氮气和水。SCR 脱硝技术适应性强，特别适合于电厂煤质多变、机组负荷变动频繁的情况；适用于要求脱硝效率较高的新建和现役机组改造；适用于对空气质量要求较敏感的区域。脱硝效率为 60%～90%。

SNCR 脱硝技术对温度窗口要求十分严格，对机组负荷变化适应性差，对煤质多变、机组负荷变动频繁的电厂，其应用受到限制；但其系统简单，只需在现役燃煤锅炉的基础上增加氨或尿素储槽以及氨或尿素喷射装置及其喷射口即可，适用于老机组改造且对 NO_x 排放要求不高的区域，但不适用于无烟煤电厂。脱硝效率为 20%～40%。

（9）除尘工艺。电除尘适用于烟尘比电阻适中的条件，即烟尘实际比电阻在 $1×10^4$～$5×10^{11}$ $\Omega \cdot cm$；适用于新建和改造机组，并可在范围很宽的温度、压力和烟尘负荷条件下运行；当要求除尘器出口烟尘浓度在 $100mg/m^3$ 以下或煤中灰分较低时，可选用工频电源供电的电除尘器；当要求除尘器出口烟尘浓度在 $60mg/m^3$ 以下或煤中灰分相对较高时,可选用高频电源供电的电除尘器,除尘效率为98.5%~98.8%,除尘器出口烟尘排放浓度可控制在 50mg/m³ 以下;全部配置高频电源的电除尘器,除尘效率可达到 98.9% 以上。

袋式除尘器适应性强,不受烟尘比电阻和物化特性等的影响,在新建或改造机组中都适用,在高灰分燃煤火电厂锅炉、循环流化床锅炉及干法脱硫装置的烟气治理中应用较广,适用于排放要求严格的环境敏感地区。袋式除尘技术还可去除烟气中的部分重金属(如汞),除尘效率为 98.7%~98.99%,除尘器出口烟尘排放浓度可控制在 30mg/m³ 以下。

电袋复合式除尘技术适应性强,不受煤种、烟尘特性影响,适用于排放要求严格的环境敏感地区及老机组除尘系统改造。除尘效率为 98.8% 以上,除尘器出口烟尘排放浓度可控制在 30mg/m³ 以下。

2. 废水处理工艺

废水处理方式通常有两种:一种是集中处理,另一种是分类处理。

集中处理方式的特点是处理工艺和处理后的水质相同,一般适用于废水的达标排放处理。分类处理则只将水质类型相似的废水收集在一起进行处理。不同类型的废水采用不同的工艺处理,处理后的水质可以按照不同的标准控制。这种方式一般适用于废水的回收利用。火力发电厂废水的种类多、水质差异大,一般采用分类处理的方案。火电厂使用的废水处理工艺有很多种,包括混凝澄清、气浮、过滤、石灰处理、超滤处理、反渗透等。

含煤废水有两部分,一部分是煤场汇集的废水,另一部分是输煤栈桥、码头、铁路等处分散的废水。含煤废水的处理流程通常是:废水→沉淀→混凝澄清→过滤→循环使用。经过上述流程处理后,可以达到绿化冲洗用水的水质标准,COD_{Cr} 值可降到 30mg/L 以下。

燃煤火电企业的很多废水都含油,但是通常所指的含油废水有储油罐排水、冲洗含油废水和含油雨水。常用的处理工艺通常有以下几种:

① 含油废水→隔油池→油水分离器→活性炭过滤器→排放;
② 含油废水→隔油池→气浮分离→机械过滤→排放;
③ 含油废水→隔油池→气浮分离→生物转盘或活性炭吸附→排放。

3. 噪声治理工艺

燃煤火电厂噪声污染防治的原则就是按照环境功能合理布置声源,采取有效的降噪措施。

燃料制备系统主要噪声设备是磨煤机,其主要噪声治理方法是局部隔声法,在磨煤机底部排气口噪声能量最大处安装隔声装置,降噪量能达到 20dB。

燃烧系统主要噪声源是锅炉排汽噪声,其主要噪声治理方法是在喷口安装消声器,一般降噪量可达到 30dB。

发电系统主要噪声源是汽轮机、发电机等,其主要噪声治理方法是配置隔声罩、建筑围护结构、隔声门窗等密封性好的隔声装置,一般降噪量可达 30dB。

冷却系统主要噪声源是自然通风冷却塔的淋水噪声,其主要噪声治理方法是进风口安装冷却塔通风消声器以及隔声屏障，一般降噪量可达 15～20dB。

脱硫系统主要噪声源是氧化风机、增压风机等，其主要噪声治理方法是采用加装隔声罩以及室内布置等，一般降噪量可达 15～20dB。

4. 固体废物处理工艺

燃煤火电厂产生的固体废物主要为粉煤灰，此外还有脱硫副产物、污水处理污泥、失效脱硝催化剂等，采用适当的处理处置方法有利于资源化利用，避免二次污染。

（1）粉煤灰综合利用。燃煤火电厂运行过程中产生的粉煤灰及炉渣，包括经过除尘器、省煤器、预热器收集的粉煤灰与锅炉冷灰斗排出的炉渣。一般煤灰中的 75%～85% 变成飞灰，剩余部分则为底部炉渣及粉煤灰。粉煤灰与炉渣都能够实现综合利用，其中粉煤灰的综合利用优于炉渣的综合利用。燃煤火电厂粉煤灰主要可用于生产粉煤灰水泥、粉煤灰砖、建筑砌块以及混凝土掺料、道路路基处理、土壤改良等。

（2）脱硫渣综合利用及处置技术。脱硫石膏的纯度取决于脱硫装置的钙硫比、石灰石纯度和除尘器的除尘效率。在参数合理配比运行的情况下，脱硫石膏的纯度能够达到 90%。脱硫石膏主要用作水泥缓凝剂或制作石膏板，还可用于生产石膏粉刷材料、石膏砌块、矿井回填材料及改良土壤等。

（3）污泥处理处置技术。燃煤火电厂废水处理产生的污泥主要包括给水、工业废水、脱硫废水等处理过程产生污泥，经鉴定后确定为危险废物的，按照《危险废物安全填埋污染控制标准》（GB 18598—2019）处置；经鉴定后确定为一般废物的，按照《一般工业固体废物贮存和填埋污染控制标准》（GB 18599—2020）处置。

（4）失效脱硝催化剂处置技术。失效催化剂应再生或回收处理。失效催化剂应作为危险废物来处理。

二、材料审查

（一）产业政策符合性

依据《产业结构调整指导目录（2019 年版）》相关规定，限制发展以下项目：①大电网覆盖范围内，发电煤耗高于 300 克标准煤/千瓦时的湿冷发电机组，发电煤耗高于 305 克标准煤/千瓦时的空冷发电机组；②直接向江河排放冷却水的火电机组。淘汰以下项目：①不达标的单机容量在 30 万千瓦以下的常规燃煤火电机组（综合利用机组除外）；②以发电为主的燃油锅炉及发电机组。

调阅企业审批备案、设计建设等资料，核实企业是否属于限制类或淘汰类项目。

（二）其他审查

环评制度执行、"三同时"制度执行、环境敏感区域判断、卫生防护距离要求、环境管理台账等内容审查参照造纸行业有关章节。

三、现场勘查

（一）主要生产工段检查

1. 查阅企业生产基本情况资料

（1）查阅原辅材料名称及特性：主要原料为煤，从环评报告和环评批复文件中查阅辅助材料的名称及特性，辅助材料特性主要指其状态（液态、固态、气态）、毒性、易燃性等。

（2）查阅生产工艺及设备资料：从环评报告和环评批复文件中查阅生产工艺、设计生产规模、主要生产设备名称、规格及数量。

（3）从生产报表中查实际发电量和煤炭消耗量。

2. 检查企业的生产状态

检查输备煤、锅炉、汽水、除尘、脱硫、脱硝、污水处理等工段或生产车间处于正常生产状态还是停产状态。

（二）废气处理设施检查

（1）检查煤场防风抑尘措施是否建设并正常运行。

（2）检查皮带运输机首部、尾部、落煤点等输煤系统除尘设施是否建设并正常运行。

（3）检查备煤系统除尘设施运行情况。破碎过程、磨煤机、煤粉仓应设置密闭装置、安装袋式除尘设施，煤制粉采用密闭设施、负压操作。

（4）检查锅炉燃烧系统除尘设施运行情况。一般采用电除尘（效率98.5%～98.8%）、袋式除尘（效率98.7%～98.99%）和电袋复合除尘（效率98.8%）。根据企业除尘设施类型，检查其定期振打系统及驱动装置运行记录，检查袋有无破损、漏灰等现象并查阅反吹记录。

（5）检查锅炉烟气脱硫系统运行情况。锅炉烟气脱硫主要为石灰石-石膏法。检查石灰石-石膏法脱硫系统运行情况时，通过DCS系统查阅下几个运行参数：

① 原烟气二氧化硫浓度：原烟气SO_2浓度与燃煤含硫率直接相关。通常，当燃煤平均含硫率为1‰时，原烟气SO_2浓度为2000mg/m³，含硫率相对增减0.1%，原烟气SO_2浓度增减200mg/m³，与其他运行参数进行逻辑关系对比。

② 石灰石浆液pH值：pH值过高设备易于结垢，pH值过低时，石灰石活性降低，设备腐蚀严重；一般情况下，浆液pH值控制在5.5左右，根据原烟气含硫量进行适当的调节。

③ 机组负荷：表征锅炉瞬时的输出功率，锅炉负荷的调节主要是通过改变给煤量和与之相应的风量。

④ 氧化风机电流：查氧化风机电流可以看出脱硫系统是否正常运行。

⑤ 循环浆液泵电流：查循环浆液泵电流，与机组负荷、进出口二氧化硫浓度进行逻辑关系对比，判断系统运行情况。

⑥ 净出口二氧化硫浓度：判断脱硫系统效率，判断是否达标排放，与其他运行

参数进行逻辑关系对比。

在查阅 DCS 运行参数基础上,与脱硫系统运行记录台账相互校核,综合判断脱硫系统是否运行正常。

① 查原煤硫分、灰分、热值是否超出脱硫系统设计;原煤硫分原则不能超过校核硫分。

② 查外购石灰石纯度、粒径、活性是否满足设计要求;碳酸钙＞90%,碳酸镁＜3%,二氧化硅＜2%。

③ 查石灰石耗量和二氧化硫产生量,校核钙硫摩尔比(钙/硫),钙硫比一般选取 1.02～1.05。

(6) 检查锅炉烟气脱硝系统运行情况。采用 SCR 或 SNCR 工艺,重点核查以下几个方面的内容:

① 运行温度与脱硝效率:采用 SCR 工艺,控制温度一般为 300～400℃,脱硝效率为 60%～90%;采用 SCNR 工艺控制温度一般为 800～1100℃,脱硝效率为 20%～40%。

② 氨气制备系统:查看氨气进量数据和反应器中 NH_3 浓度、逃逸率,根据机组负荷和烟气量分析喷氨是否充足,逻辑关系是否正常,判断是否正常稳定运行。氮氧化物与喷氨量摩尔比值(NO_x/NH_3)为 1 或者 0.85～0.90。

③ DCS 系统相关参数:SCR 入口原烟道的 NO_x、O_2 浓度和烟气流量;SCR 出口净烟道的 NO_x、O_2、NH_3 浓度;发电负荷、烟气温度、氧化风机电流等数据内在逻辑关系进行判断,对工艺物料投入产出进行简单衡算,审核相关指标是否在合理范围内。

废气排污口和在线监控设施检查参照造纸行业有关章节。

(三) 废水处理设施检查

(1) 检查煤场是否建设有废水、雨水收集沉淀池,沉淀池容积是否符合要求,经沉淀后是否作冲灰用水或作脱硫用水。

(2) 检查含油废水是否建设有隔油、除油设施,经处理后是否排入全厂污水处理站。

(3) 检查烟气脱硫系统排放的废水是否经过沉淀处理后进行循环使用,剩余废水是否排入全厂污水处理站。

(4) 检查厂区生活用水是否经过化粪池处理后排入全厂污水处理站。

(5) 检查厂区是否采取雨污分流。

(6) 检查是否建设有全厂综合污水处理站,经处理后的废水是否达到排放标准,是否回用。

(7) 检查各种废水处理设施运转是否正常。

(8) 检查污水处理是否按设计要求投加药剂(絮凝剂、助凝剂)。

(9) 检查是否有偷排口或偷排暗管。废水排污口和在线监控系统检查参照造纸行业。

（四）固体废物处理处置检查

火电企业产生的一般固废主要有粉煤灰、炉渣、脱硫石膏、生化污泥等。湿法输灰、储灰、灰场应采取防渗措施，应符合《一般工业固体废物贮存和填埋污染控制标准》（GB 18599—2020）Ⅱ类标准的规定；应保持湿灰场大部分表面为水封或表面水分大于25%，当贮存达到设计标高时覆土造田，覆土后种草绿化防扬尘。火电企业产生的危险废物主要有失效脱硝催化剂、废矿物油、废离子交换树脂、水处理产生废酸、废碱液等。

一般固体废物和危险废物的检查参照造纸行业有关章节。

（五）噪声污染防治情况检查

逐一检查主要噪声源位置、个数，以及所采取的隔声降噪措施。现场检查时，可采用收集已有厂界噪声监测的数据，或进行现场噪声监测的方法进行，结合规定的标准判断厂界是否可做到稳定达标。

（六）温室气体排放情况检查

火电企业作为温室气体重点排放单位，核实是否按照《企业温室气体排放核算与报告指南 发电设施》要求，于每年12月31日前通过管理平台完成下一年度数据质量控制计划制订工作。核实是否按照《企业温室气体排放核算与报告指南 发电设施》等要求，在每月结束后的40个自然日内，通过管理平台上传燃料的消耗量、低位发热量、元素碳含量、购入使用电量、发电量、供热量、运行小时数和负荷（出力）系数以及排放报告辅助参数等数据及其支撑材料。核实企业是否于每年3月31日前通过管理平台报送上一年度温室气体排放报告。

（七）其他

污染防治设施停运情况、环境应急管理情况、综合性环境管理制度检查参照造纸行业有关章节。

四、技术核算

（一）生产规模核算

大型高效发电机组每千瓦时供电煤耗为290～340g，中小机组则达到380～500g，根据煤炭消费总量核算年度供电总量。同样将所消耗的煤炭折合成低位发热量为29.3×10^6 J/kg（7000大卡/千克）的标准煤计算，根据供电量核算供电煤耗。

（二）产排污量核算

1. 物料衡算法

根据燃煤量、含硫率、含氮率、脱硫率、脱硝率等，核算其 SO_2、NO_x 的排放量。

表 6.16 火力发电行业产排污系数表

产品名称	原料名称	工艺名称	规模等级	污染物指标	单位	产污系数	末端处理技术名称	排污系数
电能/电能+热能	煤炭	煤粉炉	≥750兆瓦	工业废水量	吨/吨-原料	0.392	重复利用	0
							利用+直排	0.196
				化学需氧量	克/吨-原料	17.6	物理+化学法	0
				工业废气量	标立方米/吨-原料	8.271	直排	8.271
				烟尘	千克/吨-原料	$9.23A_{ar}+8.76$	静电除尘法+石灰石石膏法	$-0.00026A_{ar}^2+0.022A_{ar}+0.01$
							静电除尘法	$(0.00026A_{ar}^2+0.022A_{ar}+0.01)\times 1.001$
				二氧化硫	千克/吨-原料	$17.2S_{ar}+0.04$	石灰石石膏法	$-0.227S_{ar}^2+1.789S_{ar}+0.002$
							直排	$17.2S_{ar}+0.04$
				氮氧化物	千克/吨-原料	低氮燃烧 6.09①	直排	6.09
							烟气脱硝	2.13
						低氮燃烧 4.10②	直排	4.10
							烟气脱硝	1.44
				工业固体废物（粉煤灰）	千克/吨-原料	$9.22A_{ar}+8.58$	—	—
				工业固体废物（炉渣）	千克/吨-原料	$0.71A_{ar}+0.63$	—	—
				工业固体废物（脱硫石膏）	千克/吨-原料	$0.61S^2+41.6S_{ar}+0.11$	—	—

① 煤炭干燥无灰基挥发分为 $20<V_{daf}$（%）≤37。
② 煤炭干燥无灰基挥发分为 V_{daf}（%）>37。

火力发电行业产排污系数表（续1）

产品名称	原料名称	工艺名称	规模等级	污染物指标	单位	产污系数	末端处理技术名称	排污系数
电能/电能+热能	煤炭	煤粉炉	450~749兆瓦	工业废水量	吨/吨-原料	0.569	重复利用	0
				化学需氧量	克/吨-原料	20.5	物理+化学法	0
				工业废气量	标立方米/吨-原料	10,150	直排	10,150
				烟尘	千克/吨-原料	$9.2A_{ar}+9.33$	静电除尘法	$-0.0005A_{ar}^2+0.042A_{ar}+0.041$
							静电除尘法+石灰石膏法	$-0.00026A_{ar}^2+0.022A_{ar}+0.015$
				二氧化硫	千克/吨-原料	$17.04S_{ar}$	直排	$17.04S_{ar}$
						$17.04S_{ar}$	石灰石膏法	$-0.224S_{ar}^2+1.771S_{ar}$
						$17.04S_{ar}$	海水脱硫	$1.704S_{ar}$

火力发电行业产排污系数表（续 2）

产品名称	原料名称	工艺名称	规模等级	污染物指标	单位	产污系数	末端处理技术名称	排污系数
电能/电能+热能	煤炭	煤粉炉	450～749 兆瓦	氮氧化物	千克/吨-原料	13.40[①]	直排	13.4
						7.95[①]	烟气脱硝	7.95
						低氮燃烧	烟气脱硝	2.79
						低氮燃烧+SNCR 5.57[①]	直排	5.57
						11.20[②]	直排	11.20
						低氮燃烧 6.72[②]	烟气脱硝	6.72
						低氮燃烧	烟气脱硝	2.35
						低氮燃烧+SNCR 4.70[②]	直排	4.70
						10.11[③]	直排	10.11
						低氮燃烧 6.07[③]	直排	6.07
						低氮燃烧	烟气脱硝	2.12
						低氮燃烧+SNCR 4.25[③]	直排	4.25
						6.80[④]	直排	6.80
						低氮燃烧 4.08[④]	直排	4.08
						低氮燃烧	烟气脱硝	1.43
						低氮燃烧+SNCR 2.86[④]	直排	2.86

① 煤炭干燥无灰基挥发分为 V_{daf}（％）≤10。
② 煤炭干燥无灰基挥发分为 $10 < V_{daf}$（％）≤20。
③ 煤炭干燥无灰基挥发分为 $20 < V_{daf}$（％）≤37。
④ 煤炭干燥无灰基挥发分为 V_{daf}（％）>37。

火力发电行业产排污系数表（续 3）

产品名称	原料名称	工艺名称	规模等级	污染物指标	单位	产污系数	末端处理技术名称	排污系数
电能/电能+热能	煤炭	煤粉炉	450～749 兆瓦	工业固体废物（粉煤灰）	千克/吨-原料	$9.19A_{ar}+8.95$	—	—
				工业固体废物（炉渣）	千克/吨-原料	$0.72A_{ar}+0.62$	—	—
				工业固体废物（脱硫石膏）	千克/吨-原料	$0.61S_{ar}^2+41.23S$	—	—

火力发电行业产排污系数表（续4）

产品名称	原料名称	工艺名称	规模等级	污染物指标	单位	产污系数	末端处理技术名称	排污系数
电能/电能+热能	煤炭	煤粉炉或循环流化床锅炉	250~449兆瓦	工业废水量	吨/吨-原料	0.669	重复利用	0
							循环利用+直排①	0.335
				化学需氧量	克/吨-原料	27.7	物理+化学法	重复利用 0
								循环利用+直排 6.7
				工业废气量	标立方米/吨-原料	9.713	直排	9.713
		煤粉炉		烟尘	千克/吨-原料	$9.21A_{ar}+11.13$	静电除尘法	$-0.0005A_{ar}^2+0.042A_{ar}+0.057$
		循环流化床锅炉		烟尘	千克/吨-原料	$6.31A_{ar}+7.54+61.94S_{ar}$	静电除尘法+石灰石石膏法	$-0.00026A_{ar}^2+0.022A_{ar}+0.016$
							静电除尘法	$-0.0004A_{ar}^2+0.035A_{ar}+0.034+0.124S_{ar}$
		煤粉炉		二氧化硫	千克/吨-原料	$16.98S_{ar}$	石灰石石膏法	$-0.223S_{ar}^2+1.765S_{ar}$
							海水脱硫法	$1.698S_{ar}$
							烟气循环流化床脱硫	$1.698S_{ar}$
		循环流化床锅炉		二氧化硫	千克/吨-原料	$2.55S_{ar}$	直排	$2.55S_{ar}$

①工业废水若为部分利用，利用率一般介于40%~60%，此工况下适用末端处理技术为"利用+直排"的排污系数。以下同。

火力发电行业产排污系数表（续 5）

产品名称	原料名称	工艺名称	规模等级	污染物指标	单位	产污系数		末端处理技术名称	排污系数
电能/电能+热能	煤炭	煤粉炉	250~449兆瓦	氮氧化物	千克/吨-原料	13.35①		直排	13.35
						低氮燃烧	8.01①	直排	8.01
								烟气脱硝	2.80
						低氮燃烧+SNCR	5.61①	直排	5.61
						11.09②		直排	11.09
						低氮燃烧	6.65②	直排	6.65
								烟气脱硝	2.33
						低氮燃烧+SNCR	4.66②	直排	4.66
						9.70③		直排	9.70
						低氮燃烧	5.82③	直排	5.82
								烟气脱硝	2.04
						低氮燃烧+SNCR	4.07③	直排	4.07
						6.78④		直排	6.78
						低氮燃烧	4.07④	直排	4.07
								烟气脱硝	1.42
						低氮燃烧+SNCR	2.85④	直排	2.85

① 煤炭干燥无灰基挥发分为 V_{daf}（%）≤10。
② 煤炭干燥无灰基挥发分为 10＜V_{daf}（%）≤20。
③ 煤炭干燥无灰基挥发分为 20＜V_{daf}（%）≤37。
④ 煤炭干燥无灰基挥发分为 V_{daf}（%）＞37。

火力发电行业产排污系数表（续 6）

产品名称	原料名称	工艺名称	规模等级	污染物指标	单位	产污系数	末端处理技术名称	排污系数
电能/电能＋热能	煤炭	煤粉炉	250～449兆瓦	工业固体废物（粉煤灰）	千克/吨-原料	$9.2A_{ar}+10.76$	—	—
		循环流化床锅炉		工业固体废物（粉煤灰）	千克/吨-原料	$6.29A_{ar}+7.26+61.82S_{ar}$	—	—
		煤粉炉		工业固体废物（炉渣）	千克/吨-原料	$0.715A_{ar}+0.61$	—	—
		循环流化床锅炉		工业固体废物（炉渣）	千克/吨-原料	$3.43A_{ar}+2.42+32.29S_{ar}$	—	—
		煤粉炉		工业固体废物（脱硫石膏）	千克/吨-原料	$0.61S_{ar}^2+41.23S_{ar}$	—	—

SO_2 排放量(kg)＝1600（单位转换系数，转化率取 80%）×燃煤量(t)×含硫率(%)×(1－脱硫率×运行率);

NO_x 排放量(kg)＝1630×燃煤量(t)×[0.015%×燃煤中氮的转化率(%)＋0.000938]。

2. 产污系数法

火电行业产排污系数见表 6.16。

五、常见的违法行为认定

除造纸行业章节所列十种违法行为外，火电行业常见的违法行为还有：物料的堆存、传输、装卸、运输等环节未采取有效措施防止产生的粉尘和气态污染物。

违反《中华人民共和国大气污染防治法》第四十八、七十、七十二条规定，依据《中华人民共和国大气污染防治法》第一百零八、一百一十七予以处罚。

六、典型案例

【基本情况】某热电公司主营热电生产，主要设备为 240t/h、130t/h 燃煤锅炉各一台，分别配套发电机组 60MW、25MW 各一台，锅炉废气经低氮燃烧、SNCR 脱硝、静电除尘和双碱湿法脱硫处理后排放。该电厂排放的烟尘在执行《火电厂大气污染物排放标准》（GB 13223—2011）特别排放限值后，由于未对烟尘治理设施进行全面升级改造，烟尘一直不能稳定达到排放标准。

【检查情况】2022 年 4 月 30 日，某区生态环境局对该电厂现场检查，并委托环境监测机构对其 240t/h 燃煤锅炉废气进行采样监测，监测结果显示，该燃煤锅炉废气排放口烟尘折算浓度超过《火电厂大气污染物排放标准》（GB 13223—2011）特别排放限值 1.25 倍。6 月 23 日，该区生态环境局对该电厂废气超标排放行为的改正情况进行复查，并委托环境监测机构对该电厂 240t/h 燃煤锅炉外排废气进行采样监测，监测结果显示，该燃煤锅炉废气排放口烟尘折算浓度仍然超标。7 月 20 日，区环保局对该电厂进行第二次复查，委托环境监测机构对 240t/h 燃煤锅炉外排废气进行采样监测，监测结果显示外排废气未超标。

【处罚情况】该电厂 4 月 30 日超标排放污染物的行为，违反了《中华人民共和国大气污染防治法》第十八条"企业事业单位和其他生产经营者建设对大气环境有影响的项目，应当依法进行环境影响评价、公开环境影响评价文件；向大气排放污染物的，应当符合大气污染物排放标准，遵守重点大气污染物排放总量控制要求。"，5 月 28 日，该区环保局依据《中华人民共和国大气污染防治法》第九十九条第二款的规定向其送达《责令改正违法行为决定书》，责令立即停止违法排放污染物行为，7 月 17 日作出行政处罚决定，对其处以 15 万元罚款。对于 6 月 23 日复查超标排放行为，7 月 23 日，该区环保局再次向该电厂送达了《责令改正违法行为决定书》，向该电厂送达《按日连续处罚听证告知书》，计罚期间为 5 月 29 日至 6 月 23 日止，计罚日数共计 26 日，每日处罚金额为 15 万元，按日连续处罚金额共计 390 万元。

【要点分析】本案涉及一次按日连续处罚，对计罚日数的计算需要对有关规定的准确把握。《环境保护主管部门实施按日连续处罚办法》第十七条规定："按日连续处罚的计罚日数为责令改正违法行为决定书送达排污者之日的次日起，至环境保护主管部门复查发现违法排放污染物行为之日止。再次复查仍拒不改正的，计罚日数累计执行。"本案送达《责令改正违法行为决定书》的时间为5月28日，复查之日为6月23日，因此按日连续处罚计罚日数从5月29日至6月23日止，共计26日。在按日计罚周期内达标排放的时间，按照《关于按日连续处罚计罚日数问题的复函》（环函〔2015〕232号）规定，计罚日数是一个连续的起止时间，排污者在计罚周期内存在达标排放的日数，均不能从计罚日数中扣除，所以5月29日至6月23日期间，企业是否达标排放均不能影响按日计罚的执行。生态环境部门开展复查的时间应当在送达责令改正违法行为决定书之日起三十日内完成，由于行政处罚工作程序时间较长，而按日计罚的复查滚动周期较短，因此按日计罚的复查工作无须等待初次处罚工作完成才进行，而是两者同时进行。排污者提起复议或诉讼的，不影响环境保护部门复查工作开展。按日连续处罚不是对所有企业和违法行为都适用，通过按日连续处罚增加企业的违法成本，更起到警示作用，能够有力推动企业自觉治污。

习题

1. 请阐述造纸行业水污染物处理方法有哪些。
2. 请阐述在开展造纸行业执法检查时材料审查的内容有哪些。
3. 造纸行执法检查废气处理设施的内容有哪些？
4. 污染物防治设施停运情况检查的内容有哪些？
5. 造纸行业常见的违法行为有哪些？
6. 造纸行业执法检查废水处理设施的内容有哪些？
7. 印染行业执法检查废气处理设施的内容有哪些？
8. 印染行业常见的违法行为有哪些？
9. 印染行业执法检查废水处理设施的内容有哪些？
10. 电镀行业执法检查废气处理设施的内容有哪些？
11. 火电行业常见的违法行为有哪些？
12. 制革行业执法检查废水处理设施的内容有哪些？

附录

扫描二维码可查看相关内容。

1.《中华人民共和国环境保护法》

2.《中华人民共和国水污染防治法》

3.《中华人民共和国大气污染防治法》

4.《中华人民共和国固体废物污染环境防治法》

5.《中华人民共和国噪声污染防治法》

6.《建设项目环境保护管理条例》

7.《中华人民共和国环境影响评价法》

8.《建设项目环境影响评价分类管理名录》

9. 《排污许可管理条例》

10. 《固定污染源排污许可分类管理名录》

11. 《生态环境保护综合行政执法事项指导目录》

12. 《突发环境事件应急管理办法》

13. 《国家危险废物名录（2021年版）》

参考文献

[1] 程信和.环境保护行政执法、处罚程序操作规范与典型案例评析实务全书.北京:中国科技文化出版社,2007.
[2] 李莉霞.环境法与执法.北京:科学出版社,2015.
[3] 河南省环境保护厅.关于印发电力、电解铝、水泥及制药行业环境监察技术指南的通知:豫环办〔2012〕7号.(2012-02-07).
[4] 肖北瘐,刘丹.行政法与行政诉讼法学.长沙:湖南人民出版社,2008.
[5] 生态环境宣传部传教育中心.生态环境综合行政执法手册.北京:中国民主法制出版社,2020.
[6] 环境保护部办公厅.关于印发《印染企业环境守法导则》的通知:环办函〔2013〕1272号.(2013-11-05).
[7] 罗彬.四川省生态环境执法案例分析.成都:西南交通大学出版社,2021.
[8] 中华人民共和国住房和城乡建设部办公厅.建筑工程绿色施工评价标准(征求意见稿).(2019-12-13).
[9] 本书编委会.新编生态环境保护法律法规及案例解析.北京:红旗出版社,2018.
[10] 环境保护部办公厅.关于印发《污染源自动监控设施现场监督检查技术指南》的通知:环办〔2012〕57号.(2012-04-11).
[11] 齐鑫山.污染源现场执法实训——山东省重点行业污染源现场执法观摩(一).2017.
[12] 环境保护部办公厅.关于印发《燃煤火电企业环境守法导则》的通知:环办函〔2013〕288号.(2013-03-20).
[13] 汪军.碳中和时代.北京:中国工信出版集团,2021.
[14] 污染源源强核算技术指南 制浆造纸.HJ 887—2018.
[15] 王纯.废气处理工程技术手册.北京:化学工业出版社,2015.
[16] 环境噪声与振动控制工程技术导则.HJ 2034—2013.
[17] 汪劲.环境法学.北京:北京大学出版社,2015.